T0278230

MANUAL DE SÚPER VIVENCIA QUEER

EDITORIAL CÁNTICO
COLECCIÓN EL ÁRBOL DEL SILENCIO
DIRIGIDA POR RAÚL ALONSO

cantico.es · @canticoed

Editorial Cántico
Parque Logístico de Córdoba
Carretera de Palma del Río, km. 4
14005 Córdoba

ISBN: 978-84-19387-87-5
Depósito legal: CO 2087-2023

Impresión y encuadernación:
Imprenta Luque S.L.

EMMA RICCI CURBASTRO

MANUAL DE SÚPER VIVENCIA QUEER

UNA GUÍA PRÁCTICA PARA MADRES, PADRES, EDUCADORXS, ADOLESCENTES, JÓVENES Y PERSONAS DIVERSAS

EDITORIAL CÁNTICO
COLECCIÓN EL ÁRBOL DEL SILENCIO

SOBRE LA AUTORA

Emma Ricci Curbastro (1998) vive desde pequeña entre España e Italia. Está diplomada en Arte Dramático y actualmente está especializándose en un Grado en Cinematografía y Artes Audiovisuales en la Escuela Universitaria de las Artes TAI.

Destacada activista e intelectual en el ámbito queer es autora de la colección de ensayos de Lyric Analysis Books, junto con sus artículos en Binary Spain, Vulva Magazine y Caimán Cuadernos de Cine online.

Puedes seguirla en IG: @emmadearcaute

AGRADECIMIENTOS

A la aliada, psicóloga y sexóloga Andrea Martínez Fernández, quien usa su trabajo y conocimiento como herramienta de divulgación y lucha social.

Gracias por haber asesorado, cuestionado y corregido el concepto de los contenidos de esta guía.

A la artista neurodivergente, Laura Gómez Navarro por haber desarrollado las ilustraciones de nuestros monigotes.

INTRODUCCIÓN

El colectivo LGTBQ+ es una comunidad, un lugar de encuentro, y para muchxs, una familia adquirida, allí donde la biológica es prácticamente inexistente. Nunca pensé que llegaría a crear lo que para mí representa una plataforma de unión, de comprensión. Tanto para quienes se encuentran dentro del colectivo, como para quienes no forman parte de él. No se trata de dividir dos experiencias vitales distintas, sino de proveer a dar las herramientas necesarias para poder entender, y de paso, entendernos. Me gusta pensar que este libro puede llegar a ser el traductor simultáneo entre personas queer y heteronormativas, un puente de comunicación y un mapa para ayudar a ubicarse de forma respetuosa e inclusiva.

Una de las razones por las que nace esta guía es la necesidad de crear claridad entre todos los conceptos que trata, de construir puntos de referencia sencillos y accesibles para que las personas tanto fuera como dentro de la comunidad puedan investigar, crear sus propias opiniones de forma informada, completa, con referencias y recursos. Con el deseo de que, con esta forma, pueda llegar a haber más claridad y un terreno común de intercambio.

Ojalá todos los puntos tratados puedan llevar a aclarar las diferencias internas al colectivo y que con el tiempo lleven a disolverse a través de la aclaración y de encontrar un término medio entre todxs. Ya existe suficiente odio hacia quienes se fichan como "no normativxs", como para que el colectivo suponga otro lugar en el cual una persona se pueda sentir insegura de mostrar quien es.

Espero que este libro se trasforme en un lugar de referencia para personas dentro de la comunidad que quieran entender más de su mundo, para aquellas que se encuentren fuera de él y acaban de adentrarse, para familiares y amigos de personas LGTBQ+ que quieran entender su realidad, para profesionales que trabajan de forma cercana con el activismo queer. El mayor deseo que tenemos es poder quitar todas las inseguridades, desinformación y discriminación que pueda haber entorno a todas estas palabras y que la gente pueda empezar a usarlas de forma desinhibida e integrada.

Para decidir si un término refleja la propia identidad individual, solo se puede descubrir a través de las vivencias personales. Desde fuera, nadie tiene el derecho de decir qué está bien o mal a la hora de definirse a unx mismx. Solo respetando el propio testimonio y entendimiento de los acontecimientos personales y de otrxs se podrá llegar a entender cada palabra, y, por lo tanto, darle el uso legítimo. El lenguaje es un reflejo de nosotrxs mismxs, nos permite expresarnos, darnos a conocer e identificarnos: lo que decimos y cómo lo decimos, es un reflejo de nuestras experiencias, ideologías y contextos. Nuestro pensamiento está ampliamente relacionado con el lenguaje, se necesitan el uno al otro para reconocer y almacenar la realidad que se encuentra frente a nuestros ojos y la que se esconde dentro de nosotrxs.

El psicólogo ruso Lev Vygotsky analizó el papel fundamental del uso del lenguaje en nuestro desarrollo. En sus teorías plantea que a través de la interacción social se adquiere el conocimiento y eso nos permite pensar en formas cada vez más complejas. Ser capaces de comunicarnos efectivamente con los demás no solo ayuda a formar lazos, sino que crea conexiones en nuestro cerebro y nos permite desarrollar un tipo de pensamiento que refleja el idioma que hablamos, nuestras creencias e idiosincrasia.

En ocasiones casi sin darnos cuenta es común utilizar terminología como “es un vagx, un rebelde o un llorica”. Cuando decimos que algo “es” y no “está”, no estamos diferenciando entre conducta e identidad. Lo mismo ocurre cuando hablamos de determinadas problemáticas o trastornos, dista mucho decir “es anoréxicx” a “tiene anorexia”. De esta manera, al igual que en el ejemplo anterior, le estamos dando mucha entidad a esos términos en el autoconcepto de la persona; y, a su vez, estamos perpetuando esos comportamientos en el tiempo.

Si has llegado hasta este libro, es porque quieres descubrir algo más sobre el mundo del colectivo LGTBQ+, sobre sus conceptos, sus costumbres, las personas que lo componen y el "por qué se llama así" o "por qué lo definimos de esta forma". La necesidad de crear una guía específica para todos esos vocablos y nociones que rodean al mundo queer nace de la confusión. Hasta ahora, son muy pocxs lxs individuxs que han decidido tomar las riendas para ir redactando la evolución histórico-cultural de la vivencia y existencia de las distintas orientaciones sexuales, cultura camp, identidades de género –y mucho más– de lo que caracterizan la revolución LGTBQ+. Hasta en un entorno que farda de su inclusividad a menudo el caos de las palabras no ayuda a que sea realmente así, al menos en la recepción popular. Ciertas ideas acaban siendo reconocidas a medias otras, según la opinión subjetiva de tercerxs..., y en vez de desembocar en algo unido, acaban naciendo desgastadoras micro-luchas internas.

El idioma en el que hablamos puede incluir o excluir, es una estructura de poder: saber y no saber. Nos enfrentamos a un tema de lingüística, de llamar las cosas por su nombre. Las etiquetas no son para resaltar las diferencias, sino para nombrar la existencia. Quien dice que las etiquetas no sirven es porque tiene el privilegio de no necesitarlas. Las etiquetas sirven para reclamar derechos en un mundo que quiere deshacerse de lo diferente.

Pero no todo está en las etiquetas. Oscar Wilde nos recuerda que definir es limitar, pero no está mal saber cuáles son esas definiciones, conocerlas. Lo cierto es que los usos y costumbres siempre estarán por encima de las reglas, la influencia cultural y el movimiento popular, de esta forma se verá que afecta de forma más o menos directa a etimologías y definiciones. Las etiquetas son útiles hasta que dejan de serlo, pueden representar un punto de partida para el descubrimiento personal, y un concepto tras el cual la persona se alejará posteriormente, o viceversa.

La autodeterminación de la identidad es un tema complicado, pero sobre todo personal. La cuestión de escoger definiciones depende únicamente del individux, no se puede hablar en lugar de tercerxs. "Mi historia es mía, y al igual que mi persona, solo puedo contarla y serla yo." Familiarizarse con el lenguaje que describe la vida y los componentes del colectivo ayudará al sujeto y a su entorno a entender las diferentes formas en las que una persona puede vivir la identidad sexual, relacional, de género y muchísimas más.

Esta guía es un punto de partida, no de llegada, que está deseando emprender su camino.

Ojalá todo nuestro trabajo pueda convertirse en una herramienta de apoyo no solo para las personas queer y sus relaciones, sino para aquellxs individuxs que desean acercarse auténticamente a esta realidad sociocultural y que no saben por dónde empezar. Será interesante descubrir paso a paso, la historia, evolución y significado de cada término, haciendo que distintas narrativas coincidan unificándose en una todavía más grande.

PARTE I

EL "MODELO DEL ESPECTRO" DEL SEXO, DEL GÉNERO Y DE LA SEXUALIDAD

El modelo del espectro representa de forma más precisa la forma en la cual el sexo, la identidad de género, la expresión de género y la orientación sexual y romántica de un individux pueden existir en diferentes combinaciones. Aclara que la posición de una persona en un punto específico del espectro no determina que no pueda cambiarse y estar, por lo tanto, en otro.

El espectro se usa para clasificar algo en términos de su posición en una escala con puntos opuestos.

Ejemplo:
Un espectro de colores se distribuye con el criterio del color más claro al más oscuro.

Aunque el modelo del espectro siga un acercamiento binario y hetero normativo, basándose en los conceptos opuestos como mujer-hombre, pene-vagina, femenino-masculino, un segundo acercamiento más inclusivo y multidimensional ha sido desarrollado, colocando a lo largo de la línea no solo los temas principales, sino que sus subcategorías.

1. El Espectro de la Orientación Sexual

El espectro de la orientación sexual coloca las personas cuya orientación sexual y/o romántica se dirige hacia personas del mismo género y/o sexo (relaciones entre dos o más hombres y dos o más mujeres) a un extremo, y coloca las personas cuya orientación sexual y/o romántica se dirige hacia personas del género y sexo opuesto al otro (relaciones entre un hombre y una mujer, o viceversa). Según se van acercando al centro que une los dos extremos, encontramos las personas cuya orientación sexual y/o romántica se dirige a personas que se identifican con otros modelos de varios géneros.

Muchos de los términos que se suelen usar para identificar la orientación sexual se suele intercambiar y confundir con aquello que sirven para identificar la orientación romántica. Es importante recordar que un espectro no es el mismo que el otro, sino que son paralelos y en ciertos casos pueden cruzarse, pero no van nunca unidos de forma predeterminada.

2. El Espectro de la Identidad de Género

El espectro de la identidad de género visualiza el género como una continuidad entre los puntos opuestos que marcan la identidad de hombre y la identidad de mujer. Las identidades que no se identifican con ninguno de estos puntos (como son las personas del espectro no binario), se encontrarían en un punto intermedio.

3. El Espectro del Sexo

El espectro del sexo visualiza el sexo como una continuidad entre los puntos opuestos que marcan los genitales de hembra o de macho (términos que se propone usar para no usar terminología que solape con aquella de la expresión de género). Las identidades que no se identifican con ninguno de estos puntos (como son las personas intersexuales), se encuentran en un punto medio.

4. El Espectro de la Expresión de Género

El espectro de la expresión de género visualiza esta misma como una continuidad entre los puntos opuestos que marcan la expresión "masculina" y la expresión "femenina" (adjetivo que a menudo acompañan de forma automática las personas que se identifican como hombres o como mujeres, en cambio, tiene una esencia más fluida). Las expresiones que no se identifican con ninguno de estos puntos, se encuentran en un punto medio.

5. El Espectro de la Atracción

El espectro de la atracción visualiza la atracción como una continuidad entre los puntos opuestos que marcan la atracción sexual y la atracción emocional. Las atracciones que no se identifican con ninguno de estos puntos, se encuentran en un punto medio.

El Modelo del Espectro
El Espectro de la Orientación Sexual
El Espectro de la Identidad de Género
El Espectro del Sexo
El Espectro de la Expresión de Género
El Espectro de la Atracción

El Modelo Persona-Jengibre

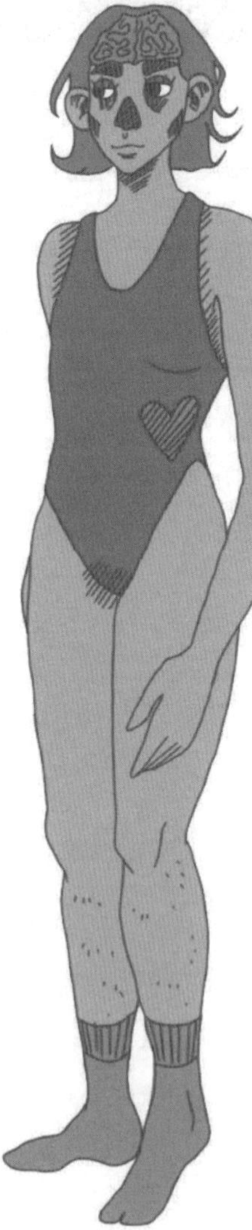

Identidad
La identidad de género es cómo te sientes respecto a ti mismx, es decir la identificación subjetiva con un determinado género.

Expresión
La forma en la que una persona se muestra al mundo y expresa su identidad de género. Es constituida por la manera de hablar, vestirse, etc.

Orientación
La orientación sexual es la atracción emocional, romántica, sexual o afectiva que se siente hacia otra/s persona/s.

Sexo
Son las características físicas y biológicas de cada persona. Estas se pueden presentar en distintos niveles como: sexo cromosómico, gonadal y genital.

LOS TIPOS DE ATRACCIÓN

La atracción es la atracción de atraer, o la fuerza que tiene una cosa para atraer a otra o hacer que se le acerque.

Ejemplo:
Las dos hojas que caen tienen idéntica masa y están sometidas a la misma atracción de la Tierra.

En este contexto, nos centramos entre los tipos de atracciones que pueden nacer entre dos o más personas. Se señala que hay una serie de factores que hacen germinar todo tipo de atracción. Esos elementos son la proximidad y la familiaridad.

Es posible que en alguna ocasión veamos a alguien que nos llame la atención de manera intensa, pero por lo general esa atracción no dura y se esfuma en poco tiempo. En cambio, ese compañero de trabajo o esa chica que nos atiende en una tienda en la que compramos con frecuencia tienen mayores probabilidades de atraernos en un momento dado, que aquellos a quienes vemos solo una vez.

Asimismo, el factor familiaridad nos dice que, si una persona nos genera cercanía o nos recuerda a algo u a alguien, será más probable que queramos mantenerla cerca.

La atracción hacia otra persona no está determinada por los caracteres sexuales de la otra (su sexo), ni por la identidad o expresión de género, ni por un modelo relacional, ni por un rasgo particular de la personalidad.

Ejemplo:
El único elemento que juega un papel relevante, puede ser la orientación sexual, ya que una persona que se identifica como lesbiana, no sentirá

atracción sexual hacia un hombre. Pero si podrá sentir una atracción romántica, estética o intelectual con el mismo.

1. LA ATRACCIÓN SEXUAL

1.1. Sensual

La atracción sensual a menudo es parte de la atracción platónica, vinculada directamente y estrictamente al toque corporal. La atracción sensual incluye el deseo de cercanía física (como abrazar, acariciar, abrazar, abrazar o besar a alguien).

> Ejemplo:
> La atracción sensual es la sensación que tienes cuando ves un gato peludo y tienes el deseo irrefrenable de acariciarle.

Este término puede ser una descripción útil de cómo a veces siente un deseo aleatorio e inexplicable (pero controlable) de tener un contacto físico con otras personas.

1.2. Sexual

La atracción sexual, también conocida como "atracción física" o como "sex appeal", se refiere al experimentar deseo sexual o excitación en relación con otra persona u otras personas.

Es la capacidad que evoca el deseo de involucrarse en actos físicos íntimos con otrx individux. Se puede sentir en diferentes intensidades: desde ninguna, a muy poca o a intensa.

> Ejemplo:
> Cuando se siente el deseo de tocar, abrazar, besar o tener relaciones íntimas sexuales con alguien.

A menudo pueden unirse la atracción sexual con la atracción romántica, haciendo que la persona no solo se sienta atraída sexualmente, atracción que no requiere de ningún vínculo afectivo, sino que la relación emocional que tiene con la otra persona juegue un papel importante en el desarrollo del deseo y de la cercanía que está buscando con otro ser humano.

Esta atracción, además de tener componentes neuroquímicos y hormonales muy concretos (véase la aparición o aumento de ciertas hormonas como la dopamina, la oxitocina, adrenalina, etc.), puede surgir sola, sin necesidad de enamoramiento. En cambio, en otros casos va acompañada de la atracción romántica, y en otras es completamente ausente.

> Ejemplo:
> Hay ciertas cualidades físicas, que son mi perdición, me da igual no conocer a una persona, con que tengan unas facciones delicadas, me siento atraídx.

No sería capaz de besar a alguien sin haber podido formar antes un vínculo emocional con ellxs.

Es físicamente agradable la sensación física que trae, pero para mí no es un elemento de deseo ni determinante para poder tener una relación.

2. LA ATRACCIÓN ESTÉTICA

La atracción estética es lo que se siente cuando miras a una persona y encuentras placer en su apariencia de una manera impersonal, no sexual, no emocional.

> Ejemplo:
> Nos sentimos atraídos estéticamente por alguien cuando sentimos placer al mirarlos, pero no deseamos ninguna relación o interacción especial con ellos. Esto es lo que siento cuando veo a una chica bonita al azar en el tren y solo admiro su presencia.

También podemos sentir este tipo de atracción hacia un animal que creemos bello o un objeto que apreciamos por su aspecto como un cuadro o un paisaje.

3. LA ATRACCIÓN ROMÁNTICA

3.1 Afectiva

La atracción romántica es una atracción no sexual, cuyo impulso nos lleva a querer estar cerca de alguien para compartir experiencias y momentos de la vida de forma cercana.

La atracción romántica a menudo se toma erróneamente como una de las dos caras de una moneda, junto con la atracción sexual. La verdad es que estos dos tipos de atracción se pueden sentir individualmente y funcionan perfectamente uno sin el otro.

Ejemplo:
Si nos sentimos atraídos románticamente por alguien, podríamos querer salir con ellos, convertirnos en una parte más importante de su vida. Conceptos como "amor", "cuidado", "protección", "compromiso" y "reciprocidad" adquieren un significado diferente y superior para cuando estamos en esas circunstancias.

3.2 Emocional

La atracción emocional es cuando siente una atracción hacia la mente y el espíritu de alguien, sin ningún componente sexual.

3.3 Platónica

También conocida como "atracción emocional", es una atracción no sexual y no romántica para alguien con quien deseas formar un fuerte vínculo emocional.

Ejemplo:
Se quiere tener una amistad con esa persona, se quiere estar cerca de ella y tener intercambios.

Cuando te sientes atraído por alguien de forma platónica, significa que con mucho gusto imaginas una relación cariñosa y amorosa con ellos sin involucrar el romance o el sexo.

3.4 Espiritual

La atracción espiritual es un tipo de atracción no sexual que destaca por la conexión emocional y mental que se crea entre dos o más personas.

Ejemplo:
Cuando se comparten las mismas ideologías o preferencias con una persona, se puede sentir una conexión espiritual.

4. LA ATRACCIÓN INTELECTUAL

También conocida como "atracción mental", es un tipo de atracción que se siente hacia una o más personas cuyo intelecto nos asombra, y nos produce interés.

> Ejemplo:
> La inteligencia de una persona despierta un deseo de entablar un intercambio que puede formar parte de una relación orientada a nivel profesional, personal o de otro tipo.

Si bien una relación intelectual o profesional puede evolucionar y convertirse en una amistad, lo que caracteriza este tipo de atracción es la intención y el interés inicial que nos produce, en específico, la mente de una persona y su inteligencia o destreza respecto a uno o varios temas.

Tras que se haya establecido una fuerte conexión emocional o mental, eso puede llevar a un deseo sexual. Esta evolución en la relación no va a modificar que el proceso de atracción de una determinada persona pase por una atracción sentimental o mental, en vez que estética y física.

Existen diferentes combinaciones de diferentes tipos de atracciones, y estas definen el tipo de relación que tenemos con los demás, cada una de ellas se puede sentir de forma más o menos intensa, y pueden aplicarse a cualquier interacción humana que podamos tener. Es importante tener en cuenta que la atracción sexual, el impulso sexual y la orientación sexual son conceptos que pueden estar relacionados entre sí, pero no son lo mismo.

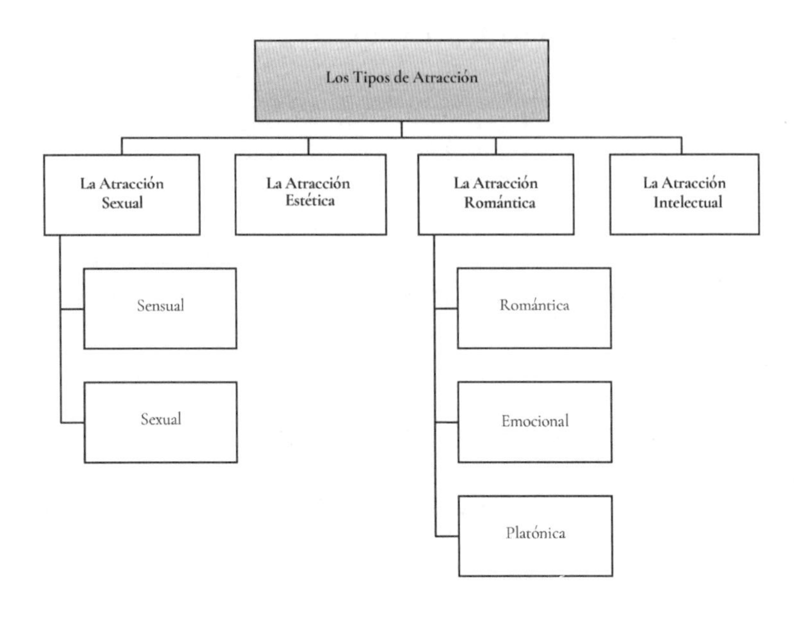
Los Tipos de Atracción
La Atracción Sexual
La Atracción Estética
La Atracción Romántica
La Atracción Intelectual
Sensual
Sexual
Romántica
Emocional
Platónica

LAS ORIENTACIONES SEXUALES

La orientación sexual no es fruto de una elección y generalmente se manifiesta de forma espontánea, para muchxs esa manifestación ocurre a lo largo de la adolescencia, pero también suele aclararse y presentarse en la fase de joven-adulto.

La **orientación sexual** es la atracción que se desarrolla sobre las bases del deseo sexual o del placer hacia una o más personas, según el sexo y género del que la persona en cuestión esté atraídx.

> Ejemplo:
> Como persona que se identifica como mujer, me atraen las personas que se identifican como hombres, pero solo tras haber establecido una relación emocional con ellxs. Soy una mujer cisgénero heterosexual y demirromántica.

Con la excepción en ciertos casos de las personas que se identifican bajo el espectro de la asexualidad y las personas que decidan o no seguir los impulsos románticos o sexuales que sienten, los factores que contribuyen en la experiencia de cómo cada unx vive su sexualidad o deseo sexual son: el género con el que se identifica la persona en cuestión y la persona a la que se siente atraída, su sexo biológico, la atracción sexual que sienta y, según el caso, la atracción romántica y/o intelectual.

Espectro de la Orientación Sexual
El espectro de la orientación sexual coloca las personas cuya orientación sexual y/o romántica se dirige hacia personas del mismo género y/o sexo (relaciones entre dos o más hombres y dos o más mujeres) a un extremo, y coloca las personas cuya orientación sexual y/o romántica se dirige hacia personas del género y sexo opuesto al otro (relaciones

entre un hombre y una mujer, o viceversa). Según se van acercando al centro que une los dos extremos, encontramos las personas cuya orientación sexual y/o romántica se dirige a personas que se identifican con otros modelos de género.

Muchos de los términos que se suelen usar para identificar la orientación sexual se suele intercambiar y confundir con aquello que sirven para identificar la orientación romántica. Es importante recordar que un espectro no es el mismo que el otro, sino que son paralelos y en ciertos casos pueden cruzarse, pero no van nunca unidos.

Por lo tanto, a lo largo de la vida de una persona, su sexualidad puede evolucionar o vivir cambios, ya que se trata de un espectro y no de una serie de categorías cerradas. La posibilidad de que esto pueda pasar, también toma en cuenta de que no es necesario, automático o una circunstancia inevitable.

Diversidad Sexual
La diversidad sexual es la gama de orientaciones sexuales e identidades de género (y corporales; por ejemplo, las personas intersex) que forman parte de la naturaleza humana.

Preferencia Sexual
La preferencia sexual se refiere al tipo de coito, estimulación o gratificación física que le gusta recibir o dar a una persona. Cuando se usa este término, muy a menudo se confundo con la "orientación sexual", creando la ilusión de que una persona tiene una elección sobre quién se siente atraídx.

Hay que tomar en cuenta que la sociedad lleva basando desde millones de años las dinámicas relacionales entre personas aplicando la ecuación de "personas cisgénero que se sienten acordes con su género de asignación al nacer, con su sexo biológico, que se identifican como individuxs heterosexuales y que establecen relaciones monogamxs", de ahí que cuando se abre el paréntesis LGTBQ+ nazcan controversias.

¿Por qué? Automáticamente se cuestiona un modelo de proceder que está tan arraigado no solo en la cultura, sino que en la forma de pensar de las personas, que según van apareciendo otras opciones, eso provoca un sentimiento de rechazo y confusión.

La palabra "**normal**" se suele entender como sinónimo de lo habitual o mayoritario, pero también como obligación, es decir una norma. Se convierte sin desear en una imposición social de cómo deben ser las cosas, el pensamiento, las personas y en este caso la sexualidad. Esto se ve claro cuando se usa en referencia al colectivo LGBT+. Se está comparando con el resto de personas que encajan en la cisheteronorma. Para una persona LGBT+ su vida es perfectamente normal, lo anormal sería contradecirse a unx mismx para adaptarse a la mayoría.

Ejemplo:
"Yo no soy gay, soy normal.". También una persona gay es "normal", sin embargo, el pensamiento socio-cultural no lo percibe así.

Como el contexto en el que se desarrolla esta situación es uno que presenta como base la **cisheteronormatividad** cuando se nos presentan otros modelos de orientación sexual, de vivencia del género o de las relaciones, automáticamente se etiqueta como "raro". Qué raro e inusual no es, pero si está menos visibilizado, y no se presenta como otra opción igual de válida que las anteriores.

La normatividad es la tendencia social a reducir a las personas a patrones normativos. Es decir, que según se defina la mayoría, las minorías deban adaptarse a estos modelos. La cisheteronormatividad se refiere, también, al peso que sienten las personas no-cis, o no-hetero, para adaptarse a la mayoría y sentirse aceptadas.

Ejemplo:
Esto es para las personas trans, la obligación de ser cisexual; y para las personas homosexuales y bisexuales, la obligación de tener un deseo heterosexual.

Obviamente, esto no es posible. La cisheteronorma actúa por medio de la generalización de un único modelo a través de las construcciones narrativas que se consumen popularmente.

Las personas suelen sentir distintos tipos de atracción, cuando se trata de relaciones las atracciones principales suelen ser la física, y por lo tanto, sexual y la romántico- emocional. Muchos individuos experimentan ambas atracciones de forma simultánea, sintiéndose atraídxs sexualmente y románticamente hacia las personas de su interés. Hasta la fecha, esta es la concepción más común en la que se acostumbra a ver las relaciones. Se acostumbra ver la orientación sexual según los cánones de género-rol de género, en vez de atracción-prácticas sexuales.

Sin embargo, muchxs individuos lo viven de forma distinta, es decir que algunas personas solo sienten atracción sexual, algunas solo atracción emocional, y en algunos de los casos ninguna de las dos.

Las Filias

El ser humano tiene una mente compleja y la diversidad entre uno y otro es infinita. El tema sobre los **gustos, aficiones o apegos**, es un tema tan curioso como complejo. En este haber, se da el caso de preferencias particularmente excesivas, por lo que la psicología ha realizado estudios sobre **qué es una filia, es decir,** el afecto desmedido por alguna situación, realidad u objeto particular.

Estas no solamente son asociadas a la sexualidad, pues también son referidas a gustos por cualquier ámbito de la vida. Cuando se habla de alguna afición, es **algo que llama la atención del individuo** o siente inclinación hacia eso, sin ser inadecuado o incorrecto. Ya no solamente es cuestión de atracción, sino de excitación sexual hacia el objeto de afinidad. Si alguna de estas manifestaciones representa algún peligro de daño para el mismo individuo o a otro, se considera que ha dejado de ser normal para convertirse en patológico.

Cabe destacar que el concepto de esta palabra al involucrar **amor, apego, inclinación, atracción o gusto,** es exactamente lo contrario a fobia, que es el miedo, temor, horror, repulsión o desprecio a algo, grupo social, situación o realidad. Los tipos de filias se dividen entre "normales" y "patológicas", en oposición a las filias existen las fobias. Estas son caracterizadas por:

El tipo de gusto o inclinación es considerado desmedido o apasionado, se refiere a simpatías hacia algo específico. En el pasado, como sinónimo de **desviación**, aberración, perversión o anormalidad, ahora las que se componen del sufijo "filia" tienden a tener un carácter más sexual. Suele pasar que algunas orientaciones sexuales se confundan con las filias, pero estas forman parte de las preferencias personales que influencia una cierta atracción.

Ejemplo:
Soy bisexual y tengo una preferencia hacia las personas pelirrojas.

No se consideran filias socialmente aceptadas ni orientaciones sexuales, todas aquellas preferencias sexuales que incluyen actos no consensuales.

Pedofilia
Atracción sexual hacia niñxs.

Necrofilia
La atracción sexual hacia cadáveres.

Zoofilia
La atracción sexual hacia animales.

La diferencia clave entre lo que determina el poder definir y practicar una orientación sexual es el consentimiento que se recibe por la persona que se encuentra al otro lado de la propuesta.

1. FASE DE CONOCIMIENTO

La fase de conocimiento, o a menudo conocida también como "**fase de realización**" y posteriormente "**fase de experimentación**" para algunas personas, determina ese periodo de tiempo en el que un individux reconoce no sentirse identificado con la orientación sexual que le ha sido asignada en la juventud, es decir, la heterosexualidad.

Este fenómeno puede desarrollarse gradualmente y de formas muy distintas. Al no presentar todas las sexualidades en el mismo plano, todas las que forman parte del contexto queer, parecen un mundo aparte, sin embargo, suponen una serie de opciones igual de válidas y a menudo correctas para el individux.

Antes de entender si una persona se identifica o menos dentro del colectivo, se suelen usar los términos *questioning* o *(nombre de la sexualidad)-curiosx.*

Questioning (Cuestionar)
La palabra anglófona questioning, traducible al español como cuestionar o conceptualmente como "Ser curiosx" o "Mostrar interés en..."

es la acción de preguntar a alguien una serie de preguntas. También puede significar el nacer de una duda u objeción.

En el colectivo LGTBQ+ el uso de este término mantiene su naturaleza de dirigir una pregunta, sin embargo, en vez de dirigirse a tercerxs, la pregunta tiene una connotación reflexiva.

Ejemplo:
Me identifico como mujer trans, no sé si me pueden atraer las personas que se identifican como mujeres, pero me lo estoy cuestionando.
Javi todavía se está cuestionando, se identifica con su sexo y con su género, sin embargo, a la hora de vestir las prendas tradicionalmente masculinas le hacen sentir que pertenece a otro cuerpo.

Es una pregunta que la persona se pone a si mismx, refleja y junta todo ese proceso de curiosidad con respecto a la exploración de la propia sexualidad y/o identidad de género.

El periodo de cuestionamiento no tiene una duración predeterminada, sin embargo, se puede considerar conclusa cuando la persona en cuestión considera haber encontrado una respuesta a su búsqueda.

Heterocuriosx, Bicuriosx, etc.

La heterocuriosidad es una calificación que se asigna a las personas que sienten curiosidad o interés hacia la posibilidad de ser atraídxs hacia personas del mismo sexo o género. Suele usarse como término paraguas para toda persona que no se identifique bajo el espectro y se estén cuestionando.

Aunque suele ser un adjetivo asignado por terceras partes, también puede ser autoasignado por la misma persona que está viviendo esta fase. Se suele tratar de personas que se consideran heterosexuales, pero sienten cierta curiosidad, ya sea a nivel experimental, romántica y/o sexual hacia personas de su mismo sexo.

Ejemplo:
La gente heterocuriosx es quien da una mala fama a las personas bisexuales, a las que luego etiquetan como promiscuas.
Soy bicuriosx, anteriormente solo he tenido relaciones con chicas, pero siempre me han llamado la atención lo chicos.

Muchas veces este término se usa como una excusa de entrada para algunas personas que no quieren comprometerse de primeras diciendo que su sexualidad es completamente o parcialmente homosexual, de ahí que adquiera una mala fama, sobre todo hacia el colectivo que está nombrando. Por esta razón las polisexualidades, desde una persona externa al colectivo y a veces también interna, son vistas como una excusa.

> Ejemplo:
> Si una chica es bisexual, se considera como una tapadera para decir que es lesbiana, y viceversa con un chico.

Tendencia

El término tendencia indica una inclinación o disposición natural que una persona tiene hacia una cosa determinada. También significa idea o corriente, especialmente de tipo religioso, político o artístico.

En el contexto queer el término tendencia suele ser usado para describir la presencia de patrones de comportamiento sexual regulares en una persona que se reconoce dentro de una determinada orientación sexual, cuyo comportamiento en ocasiones se aleja de lo que se establece clínicamente como propio de esa orientación sexual. Es decir, que denotar la presencia de patrones sexuales impropios de la orientación sexual de la que se habla.

> Ejemplo:
> Si una persona se identifica como heterosexual y presenta algún patrón de "conducta homosexual", como puede ser andar de una forma más "femenina".

Todo lo que rodea el concepto de las tendencias, se aferra en gran parte a los estereotipos.

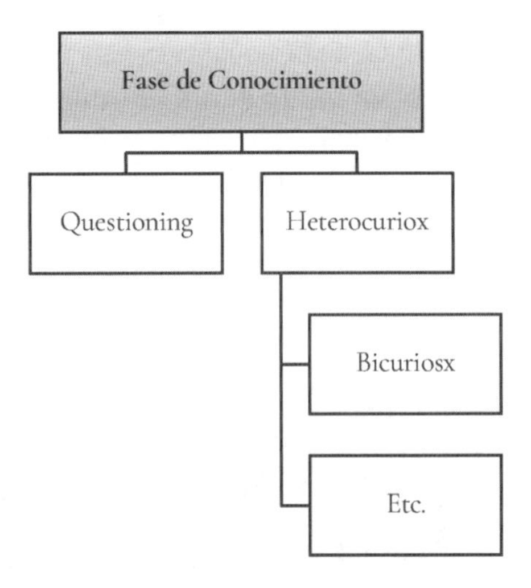

2. TÉRMINOS "PARAGUAS"

Un término paraguas, también conocido como "umbrella term" en inglés, es una palabra o frase que abarca una amplia gama de conceptos los cuales pertenecen a una categoría en común.

Ejemplo:
Orientaciones sexuales engloba todas las sexualidades.

En cambio, un **término manta**, también conocido como "blanket term" en inglés, trata de una palabra más cercana que se usa para describir múltiples grupos relacionados entre sí.

Queer

Ejemplo:
Dentro de las orientaciones sexuales, existen las orientaciones monosexuales y las polisexuales. Son dos subcategorías dentro de una categoría principal.

Es un término tomado del inglés que bajo forma de verbo significa "desestabiliza" normas aparentemente fijas en cambio, bajo forma de adjetivo se define como "extraño", "excéntrico" o "poco usual".

Desde su aparición en el siglo XVIII en lengua inglesa, queer servía para referirse al tramposo, al ladrón, al borracho y a la oveja negra, pero también a todo aquel que no pudiera ser inmediatamente reconocido como hombre o mujer. Era una manera de calificar a los "hombres afeminados" y a las "mujeres masculinas".

En la Sociedad Victoriana (reinado de Victoria I en el Reino Unido entre 1837 – 1901), donde se defendía "el valor de la heterosexualidad", agrega Preciado, queer era la palabra usada para nombrar a aquellas personas que escapaban de lo heterosexual.

No obstante, en menos de dos siglos, la palabra cambió radicalmente de uso. Originalmente, la palabra se usaba de forma despectiva para referirse a toda persona homosexual. Alrededor de las décadas de 1920 y 1930, el colectivo **reclamó el término**, una práctica común en la que un grupo de personas se apropia de un término o un concepto y lo hace proprio. En este caso, el proceso de reclamación tiene la función de trasformar eso que viene dirigido como un insulto a un elemento de empoderamiento hacia la propia identidad. Entonces muchos grupos LGTBQ+ empezaron a autodenominarse "queer" y a dar visibilidad a su orientación sexual usando esa palabra.

A final de los años 90 el término adquirió un contenido fuertemente político, estando vinculando con la disidencia sexual de la época, que rechazaba reconocer las distintas identidades de género, sexualidades y la problemática del SIDA. El movimiento queer, que extrae la lucha cultura, social y política del colectivo LGTBQ+, dio pie, al comienzo del desarrollo de la cultura queer como tal, a estudios especializados enfocados en el grupo de personas queer y, sobre todo, a la llamada teoría queer. Desarrollada ya en trabajos precursores en 1980, por parte de filósofxs, activistxs, feministas lesbianas y escritorxs, una década después se logra adquirir una connotación positiva.

Teoría Queer

La teoría queer parte de la consideración del género como una construcción y no como un hecho natural y establece la posibilidad de repensar las identidades desde fuera de los cuadros normativos de una sociedad que entiende el hecho sexual como constitutivo de una separación binaria de los seres humanos; dicha separación estaría fundada en la idea de la complementariedad de la pareja heterosexual. Lo queer deconstruye la sexualidad y la concepción de género normativa.

La teoría *queer*, con su interés por las implicaciones de sexualidad y género se dedica a la exploración de estas implicaciones en términos de identidad. Por el carácter efímero de su naturaleza, la identidad *queer*, pese a su insistencia sobre la sexualidad y el género, podría aplicarse a todas las personas que alguna vez se han sentido fuera de lugar ante las restricciones de la heterosexualidad y de los papeles de género.

Desde 2015, el término ha sido afirmado por la Comisión Interamericana de Derechos Humanos (CIDH) como categoría identitaria. Actualmente, el término tiene la virtud de ofrecer, en el contexto de la investigación académica sobre la identidad de género y la identidad sexual, una novedad que implica etimológicamente un cruce de los límites sin referirse a nada en particular, lo cual deja la cuestión de sus denotaciones abierta a la controversia y la revisión.

A día de hoy, identificarse como queer, significa definir a todas aquellas personas que no quieren clasificarse bajo etiquetas tradicionales con respecto a su orientación sexual y/o identidad sexual, también conocida como identidad de género. Una persona queer es cualquier persona que se identifica como "no hetero" y cuya identidad y expresión de género no se consideran normativas.

Actualmente, a la hora de usar este término hay que tener en cuenta que no toda persona apreciará o reconocerá su uso de forma positiva, y, sobre todo, que su función si es política. Es estar recordando reiteradamente que el binarismo social, en el colectivo, no es la base sobre la que se desarrollan las ideologías de la identidad.

> Ejemplo:
> Este término es el equivalente LGTBQ+ de la palabra "nigger" (negro) en inglés. Por la vivencias socio-culturales de las personas afrodescendientes, esta palabra ya no posee una neutralidad política ni es posible ser utilizada en algunos contextos o por personas que no formen parte del grupo marginalizado por la palabra. Lo mismo pasa con queer, sobre todo en países angloparlantes, de donde nace este insulto. En otros idiomas es recibida como una palabra más, sin embargo, su historia lleva en peso de un contexto discriminatorio, homófobo y de exclusión del cual no hay que olvidarse.

Muchos de los términos que forman la guía se caracterizan por su controversia, no por su significado, sino por la historia que han vivido. En este caso lxs aliadxs o personas externas al colectivo que quieran adentrarse en su conocimiento de costumbres y uso lo mejor que pueden hacer es informarse de ante mano y luego, sobre el terreno, hablar con representantes del colectivo para entender si su uso puede ampliarse también fuera de la Comunidad. No siempre se encontrarán opiniones unánimes, habrá gente que lo encuentre una reivindicación necesaria y otrxs que querrán que desaparezca de la lengua hablada, lo importante como en cada contexto es poder estar informadxs de que se está efectivamente diciendo cuando se decide usar una palabra en vez de otra y si es la decisión más acertada. Afortunada o desafortunadamente, las palabras no siempre serán solo "correctas" o "incorrectas", forman parte de un contexto histórico vivo y sobre todo de unas vivencias personales y subjetivas.

Por lo tanto, siempre hay que estar abiertxs a posibles correcciones y/o aportaciones de información que permitan cambiar de idea. Lo cual no es malo, y muestra un deseo de acercamiento y de escucha activa por parte de la otra persona hacia una realidad que todavía no conoce en profundidad. Como en todo, la mejor solución siempre será, preguntar desde el respeto y la curiosidad, y basarse en los testimonios de quienes tenemos cerca o de personas cuyo trabajo se dedica a sensibilizar e informar sobre el tema.

Nonce
Jerga peyorativa para referirse a "queer".

QPOC / QTPOC

De "Queer People of Color" (gente queer de otras razas) y "Queer Trans People of Colors" (gente queer trans de otras razas), abreviación usada en inglés para referirse a las personas de raza negra que forman parte del colectivo LGTBQ+.

Estas abreviaciones nacen del concepto de **interseccionalidad**, que se centra en la interacción entre varias formas y sistemas de opresión, entre los cuales el racismo, clasismo, la discriminación de género y la religión. El acrónimo QPOC une las luchas queer y las de otras razas no caucásicas, para representar de forma conjunta las vidas, retos y necesidades de las personas que viven ambas opresiones.

Pomosexual
Es una persona que rechaza, evita o no se siente identificada con ninguna orientación sexual.

El término fue acuñado en octubre de 1997, apareciendo en el libro-ensayo "PoMosexuals: Challenging Assumptions About Gender and Sexuality", de Carol Queen y Lawrence Schimel. La palabra fue creada añadiendo el prefijo pomo (abreviación de postmoderno) al adjetivo sexual (para indicar una preferencia sexual).

Ejemplo:
Roberta es tan pomosexual, es una mujer hetero, sin embargo, se llama a sí misma hombre gay. Una persona pomosexual evita las etiquetas de las orientaciones sexuales.

Al igual que queer se convierte en la etiqueta para amplia para evitar todas las etiquetas, la pomosexualidad puede ser considerada como la etiqueta anti-etiqueta. No se trata de un rechazo existencial a la claridad, sino que se plantea más bien como una necesidad que algunas personas tienen, ya que no llegan a sentirse definidas con ninguna de las orientaciones que forman parte del colectivo.

Por otro lado, como explica la andróloga Sudhakar Krishnamurthy, no se trata más que de otra etiqueta que quiere denominar un cierto estilo de vida. En este caso la pomosexualidad se basa en no creer en ninguna compartimentación, retar el significado y la realidad de las identidades y de los conceptos que conocemos y se identifican como una realidad objetiva, y negando que las categorías y que las palabras puedan dar justicia y expresar correctamente la complejidad humana.

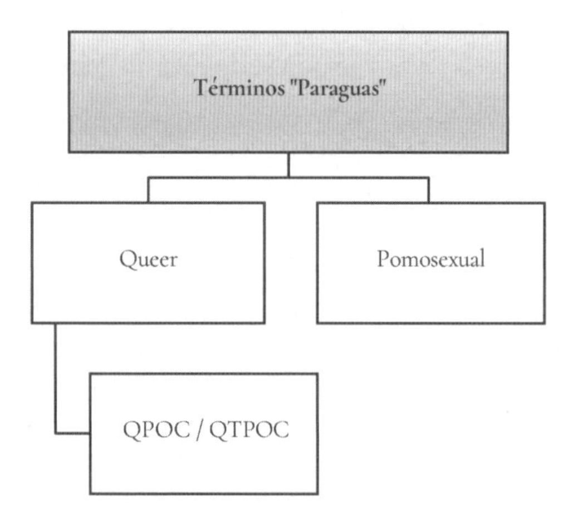

3. ORIENTACIONES SEXUALES

Alosexual (Alo)
Una persona que no es asexual, alguien que siente atracción sexual. Se utiliza para describir aquellas personas que sienten una atracción sexual hacia otras personas y que no se consideran asexuales.

Es un término usado por la comunidad asexual para referirse de forma general a todas las otras orientaciones sexuales que, si implica la atracción sexual, por lo tanto, a todas las personas "sexuales".

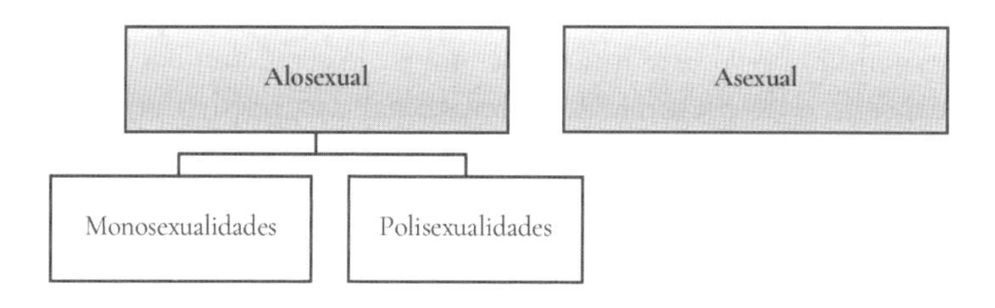

Es importante reconocer la diferencia entre **conducta sexual** y orientación sexual.

> Ejemplo:
> Un hombre homosexual puede haber tenido experiencias sexuales previas con personas que se identifican como mujeres, eso no añade ni modifica que él se identifique en su orientación sexual como hombre homosexual.

La forma de vivir la propia sexualidad no entra en una dinámica de "sí" y "no" o de blanco y negro, la realidad es que la sexualidad puede ser fluida, es decir, cambiante, pero también puede llegar tras un proceso de descubrimiento que en algunos casos incluye la experimentación directa con uno o más géneros. Y que se desemboca en un autodescubrimiento.

> Ejemplo:
> Un hombre heterosexual en un entorno como una cárcel, podrá acceder a tener relaciones homosexuales no obstante su orientación sexual no lo dicte. Al igual que personas asexuales pueden querer mantener relaciones esporádicas o constantes, sin la necesidad de que el deseo nazca de ellxs.

Una chica bisexual puede haber tenido relaciones sexuales solo con personas que se identifican como mujeres, pero su experiencia no invalida ni significa que no le atraigan personas de otros géneros.

4. ORIENTACIONES MONOSEXUALES

La monosexualidad define un patrón de comportamiento dentro de las identidades de la orientación sexual que se refleja como la atracción emocional y/o sexual hacia un determinado género, identidad de género o expresión de género.

Dentro de este espectro suele clasificarse la heterosexualidad y la homosexualidad por representar únicamente la atracción hacia un solo grupo específico de personas. La monosexualidad puede derivar en la atracción hacia personas que pertenecen a un grupo específico de personas, bajo las características de su género biológico o su identidad de género, incluyendo la posibilidad de un espectro extraordinario a la clasificación convencional de los géneros binarios.

Binarismo de Género
El binarismo de género, referido también como dualismo de género o binario de género, es la clasificación del sexo y el género en dos formas distintas y complementarias en las categorías de masculino y femenino.

La monosexualidad también define un **patrón de comportamiento sexual** en el que se prefiere la interacción sexual con solo una persona por encuentro.

Ejemplo:
Una persona monosexual se distingue por ser atraídx por un género específico: un hombre heterosexual a una mujer heterosexual o polisexual, una mujer homosexual a otras mujeres con sus respectivas orientaciones, etc. Pero también puede significar que la persona solo está interesada en mantener una relación sexual y/o romántica con la otra.

Dentro del estudio del comportamiento sexual humano y los roles de género, la **monosexualización,** refiere al proceso mediante el cual una persona de identidad polisexual se establece en un solo patrón de comportamiento sexual en el que solo interactúa con un grupo específico de personas que tienen determinado sexo biológico o identidad de género.

> Ejemplo:
> Un varón bisexual de preferencias sexuales androfílicas que ha decidido establecerse sexualmente dentro de relaciones con otros varones, apartando por el momento las relaciones con otras mujeres.

El término monosexualización no debe ser confundido con el término utilizado en diferentes campos de la biología y la sociología, **sexuación,** que refiere al proceso biológico en el que un feto adquiere mediante distintos procesos hormonales las características propias de un sexo. Dentro del campo de la sociología, el término monosexualización refiere al establecimiento del poder social dentro de un grupo de personas selecto por su género.

Heterosexual (Het)

Persona que siente atracción sexual y afectiva por personas del otro género.

El concepto que proviene de la epidemiología y se utiliza para englobar a una determinada población bajo el paraguas de la conducta sexual sin necesidad de tener en cuenta la identidad, la orientación o la opción sexual y/o el perfil sociocultural. Pretendía ser un término neutro, pero nunca fue así y ha dado lugar a una determinada manera de hacer intervenciones en salud sexual, poniendo el acento en lo biomédico y sin tener en cuenta todos los otros aspectos que están presentes en la sexualidad (como el contexto en el que se da, etc.)

"Hetero" proviene de una palabra griega que significa "otro", utilizada en la ciencia como prefijo con el significado de "diferente"; y de la palabra latina "sexualis", que significa sexo (es decir, típico el sexo o la diferenciación sexual). El término "heterosexualidad" fue utilizado por el médico norteamericano James G. Kiernan en mayo de 1892 en un artículo publicado en la revista Chicago Medical Recorder sobre la "perversión sexual" en el que la heterosexualidad era definida como un «apetito anormal» hacia las personas del sexo opuesto, de la misma forma que la "homosexualidad" sería el "apetito anormal" hacia las personas del propio sexo.

El término "heterosexual" ya había sido utilizado por otros médicos cuando se referían a los posibles tratamientos que permitieran al "homosexual y al heterosexual convertirse en seres humanos con inclinaciones eróticas naturales y con pulsiones normales". Así, la edición de 1901 del Dorland Medical Dictionary definía la heterosexualidad como el "apetito sexual anormal o pervertido por el otro sexo". Se definían, pues, tres categorías de individuos respecto a su actividad sexual -y así lo especificaba el alemán Richard von Krafft-Ebing en Pychopatia Sexualis, obra publicada en 1886-: los homosexuales, los heterosexuales y los "normales", que son aquellos que no hacen de la sexualidad una práctica autónoma o exaltada, siempre respecto del sexo opuesto, que se casan y tienen hijos. En conclusión, la heterosexualidad era definida, al igual que la homosexualidad, como una enfermedad que había que curar. Por apego a prácticas sexuales humanas repetitivas y extremas evidentes.

Esta concepción de la sexualidad fue cuestionada, entre otros, por Freud que en 1905 publicó la obra "Tres ensayos sobre la teoría sexual" en la que puso en duda que la atracción hacia el otro sexo fuera una cosa "natural". No se nacería heterosexual - dándole al concepto el significado actual- sino que la atracción sexual hacia las personas del sexo opuesto sería el resultado de un aprendizaje iniciado en la más tierna infancia

Fue así como el término heterosexual dejó de referirse a una patología o a una enfermedad y pasó a definir la sexualidad "normal". Durante un tiempo se definieron como aquel que "experimenta una atracción sexual (considerada como normal) por los individuos del sexo opuesto", finalmente en los años 2000 se eliminó el paréntesis: el heterosexual es aquel "que experimenta una atracción sexual y/o romántica por los individuos del sexo opuesto".

El uso actual del término heterosexual tiene sus raíces en la tradición del siglo XIX más amplio de la taxonomía de la personalidad. Se sigue influyendo en el desarrollo del concepto moderno de la orientación sexual, y se puede utilizar para describir la orientación sexual de los individuos, historia sexual, o la auto-identificación.

Heterosexualidad
Es la atracción emocional, afectiva o sexual que tiene una persona hacia otras de distinto género al suyo.

Cisheterosexual (CisHet)
Se trata de una persona cisgénero cuya atracción emocional, afectiva o sexual la siente hacia personas de género opuesto al suyo.

Esta identidad indica las personas cuya identidad de género corresponde con la identidad sexual que la sociedad y el pensamiento cisheteronormativo asignan.

Girlfag
Término slang del inglés "chica-marica". Es una mujer quien se siente particularmente atraidx por hombres que se identifican bajo el espectro queer, ya sea por su identidad de género o por su orientación sexual, es decir, que no sean hombres heterosexuales.

Estas personas puede que también se identifiquen en parte o completamente como un hombre queer.

Manfag
Término slang del inglés "hombre-marica". Es un hombre quien se siente particularmente atraidx por mujeres que se identifican bajo el espectro queer, ya sea por su identidad de género o por su orientación sexual, es decir que no sean mujeres heterosexuales.

Estas personas puede que también se identifiquen en parte o completamente como una mujer queer en el cuerpo de un hombre.

Homosexual
Del griego antiguo ὁμός, "igual", y el latín *sexus*, "sexo", es la atracción romántica y/o sexual entre miembros del mismo sexo o género.

A diferencia de la concepción que se tiene del término "homosexual", no se refiere solo a la atracción que puede surgir entre dos hombres, sino que también a aquella que hay entre dos mujeres. Por lo tanto, homosexual se puede usar como término paraguas de toda persona que sienta atracción hacia personas de su mismo género.

El comportamiento homosexual ha sido observado tanto en seres humanos como en distintas especies animales, en particular mamíferos y aves. La homosexualidad es una manifestación normal y natural de la sexualidad humana y no es en sí misma una fuente de efectos psicológicos negativos. Aunque el término "**homosexualidad**" no aparece hasta el siglo XIX, las distintas culturas humanas han identificado comportamientos homosexuales al menos desde el I milenio a. C., y desde entonces han existido múltiples actitudes hacia la homosexualidad: ha sido tanto admirada como condenada como vista con indiferencia.

Ejemplo:
Elena es homosexual, lleva viviendo con María siete años.
Diego es homosexual, solo ha tenido relaciones con hombres.

La palabra homosexualidad fue creada en 1869 por Karl Maria Kertbeny en un panfleto anónimo que apoyaba la revocación de las leyes contra la sodomía en Prusia. Fue incluida en Psychopathia Sexualis, 1886, un estudio de Richard von Krafft-Ebing acerca de lo que en esa época se consideraba una desviación sexual.

Otra forma de plantear este término, es el adjetivo **same gender loving (SGL),** traducido como "amantes del otro género", es usado principalmente por miembros de la comunidad afro-americana para expresar una orientación no heterosexual. El uso de este concepto nace del deseo de la black community ("la comunidad negra") de no tener que prescindir de la terminología y de los simbolismos de la descendencia europea.

Homosexual Hombre

Es una persona que se identifica con el género masculino cuyas preferencias sexuales y/o románticas se desarrollan hacia personas del mismo sexo o género, las cuales no tienen por qué reciprocar el sentimiento o compartir la misma orientación.

Gay

Adjetivo que en inglés significa "alegre" o "divertido".

La principal diferencia entre las denominaciones de hombre homosexual y gay es que este último es un término positivo, importado del inglés y elegido en 1970 por la comunidad gay de San Francisco (California, Estados Unidos) para referirse a sí mismos.

Aunque haya sido usado como término paraguas para toda persona que se identifica como no hetero, no acaba de ser suficientemente inclusivo y resulta algo reducido, ya que lingüística y conceptualmente da la prioridad a las personas masculinas dentro del colectivo.

Actualmente, el sustantivo o adjetivo gay es una manera de designar a las personas homosexuales masculinas, es decir aquellos hombres que sienten atracción romántica y/o sexual. No obstante, también hay mujeres homosexuales que también utilizan este término.

Homófilo

Es un término que hace referencia a un patrón en el comportamiento sexual en el que se siente atracción sexual por individuos del género masculino, sin importar el tipo de orientación sexual que esté presente. Sin embargo, da más atención al "amor" (del griego, -phile) más que al sexo.

Esta palabra ha sido usada en el ámbito del primer movimiento homosexual, como sinónimo e indicador de su orientación sexual, desde los años 20 hasta los años 60. También se usa para definir un individux que acepta las personas homosexuales. Posteriormente, desde la mitad del siglo XX ha sido un concepto que ha pasado a ser usado principalmente en campos de estudio como la sociología.

Andrófilo

("andro" del griego "varón", y "filia" traducción como "atracción/preferencia") es un término que hace referencia a un patrón en el comportamiento sexual en el que se siente atracción sexual por individuos del género masculino, sin importar el tipo de orientación sexual que esté presente.

El término suele utilizarse como un concepto de menor extensión que refiere únicamente a los patrones cronofílicos de la atracción por personas adultas del género masculino o a la atracción por pubescentes o post-pubescentes de sexo masculino.

En cambio, la **andromimetofilia** es un término similar a androfilia que refiere a la atracción por individuos femeninos que presentan rasgos culturales o sociales que convencionalmente se asignan a las personas del género masculino en la sociedad tradicional, pudiendo también ser aplicado en algunos casos de mujeres trans.

Homosexual Mujer

Es una persona que se identifica con el género masculino cuyas preferencias sexuales y/o románticas se desarrollan hacia personas del mismo sexo, las cuales no tienen por qué reciprocar el sentimiento o compartir la misma orientación.

Lesbiana

La palabra lesbiana deriva del nombre de la isla griega de Lesbos, hogar en el siglo VII y VI a. C. de la poetisa Safo, la cual estaba a cargo de la instrucción de grupos de mujeres jóvenes.

No ha sobrevivido mucha de la poesía de Safo, pero la que se conoce refleja los temas sobre los que escribió: las vidas diarias de las mujeres, sus relaciones y rituales. Se centraba en la belleza de las mujeres y proclamaba su amor por las jóvenes.

Antes de finales del siglo XIX, la palabra «lesbiano/a» era un adjetivo que normalmente calificaba a aquello que derivaba de Lesbos, sin embargo, el término "lesbiana" con el sentido moderno ya se usaba en la literatura francesa desde el siglo XVI y en Inglaterra, del siglo XVII.

En 1890, la palabra fue usada en un diccionario médico como adjetivo para describir el tribadismo (como "amor lésbico"), es decir la gratificación sexual de dos mujeres a través de la simulación del coito y "lesbianismo", para describir la relación erótica entre mujeres, fue documentado en 1870.

Actualmente, cuando nos referimos a una mujer lesbiana, estamos indicando una mujer que experimenta una atracción romántica y/o sexual hacia otras personas que se identifican como mujeres.

Ejemplo:
También una mujer bisexual puede identificarse a sí misma como lesbiana, al igual que lo puede hacer mujeres asexuales, pansexuales, etc. Aunque la identidad de la persona sea otra, si mantiene relaciones con una mujer y es una mujer, en lo que supone el encuentro entre las dos personas, se reconoce como un comportamiento lésbico. Cuando se para a analizar la naturaleza del individux, reconocemos que una mujer puedes ser bi y otra les, etc.
Esto se puede aplicar a toda orientación sexual: "mujeres que aman a mujeres" u "hombres que aman a hombres", sin tener que profundizar.

Lesbiana Política
Se refiere a una persona que usa activamente la identidad de persona con orientación sexual homosexual por razones políticas, pero que en su vida privada tiene una relación distinta con su identidad sexual y de género.

También se usa con el concepto de **Mujer Política,** identidad usada por una persona que no se identifica personalmente como mujer, pero que en un contexto socio-político lo usa para defender o reclamar una serie de derechos, ideologías, etc.

Ginefilia o ginecofilia
("Gine" significa mujer en griego, y "filia" se traduce como "amor" o "atracción"). Es un término que hace referencia a un patrón en el comportamiento sexual en el que se siente atracción sexual por individuos del género femenino, sin importar el tipo de orientación sexual que esté presente.

Onnabe
Es la traducción de la palabra "lesbiana" en japonés.

Ambiphilia
Es la atracción hacia personas que se identifican como hombres y mujeres. Forma parte de un modelo alternativo a la heterosexualidad y a la homosexualidad porque no hace referencia a ningún género específico. En cambio, se centra en la expresión de género, es decir la presentación estética de le persona hacia la que sienten atracción.

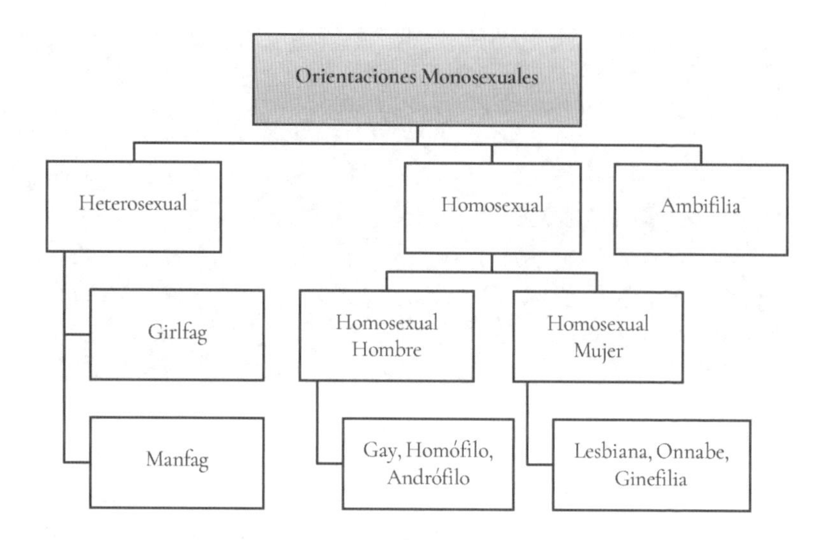

5. ORIENTACIONES POLISEXUALES

La polisexualidad refiere a un patrón de comportamiento en el que se siente atracción sexual o emocional hacia varios grupos de personas de determinado sexo biológico o identidad de género, de manera opuesta a la monosexualidad. Las sexualidades que representa son la bisexualidad, la pansexualidad, la antrosexualidad y la omnisexualidad.

Dentro de la polisexualidad puede incluirse la atracción hacia ambos géneros binarios o hacia identidades de género que no se encuentran dentro del espectro de los géneros binarios. El término no debe ser confundido con otras orientaciones, como pueden ser el poliamor o la pansexualidad.

Ejemplo:
Erick es bisexual y se identifica como hombres cisgénero. Esto significa que puede sentir atracción hacia personas que se identifican como hombres, mujeres y/o personas no binarias.

La Escala de Kinsey del Comportamiento Sexual

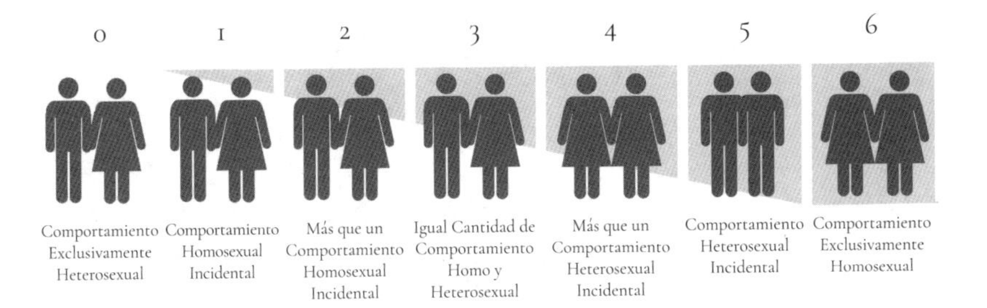

Comportamiento Ambisexual

Bisexual (Bi)

La bisexualidad ("-bi" significa "dos", "sexuales" significa sexual) es una orientación polisexual en la cual una persona puede sentir atracción sexual y afectiva hacia personas de su mismo sexo o de otros sexos.

El concepto de bisexualidad ha sido heredado por la sociedad moderna desde la cultura griega, siguiendo los romanos hasta llegar al día de hoy. La sociedad no se encuentra frente a un nuevo concepto o estilo de vivir la propia sexualidad. Se debe prestar atención al contexto en el cual se acuña el término, es decir, el de una sociedad estrictamente heteronormativa, es decir, basada sobre una visión heterosexual de las relaciones y en una identidad binaria. La categoría descrita responde a una tradicional perspectiva de sexo y género que no recoge la variedad posible de cuerpos sexuados e identidades de género que hay más allá del binarismo de hombre y mujer

Hasta los años 1800 se consideraba como **segunda homosexualidad**, y el término era usado de forma intercambiable con hermafrodita. Tras los primeros estudios sobre la sexualidad dirigidos por Alfred Kingsey en 1940, el mundo se enfrentó a la primera prueba de que el 46% de la población se involucra en actividades sexuales con personas del mismo género, independientemente de que se consideren heterosexual o bajo el espectro queer.

Percepción Personal de la Sexualidad

Independientemente de la sexualidad con la que una persona se sienta más o menos representada, siempre habrá un margen de interpretación y de cómo la persona decide vivir la sexualidad que no se encontrará en ninguna definición.

La mayoría de las definiciones, no obstante, presentan características específicas, están destinadas para ser amplias.

Ejemplo:
La bisexualidad consiste en la atracción que una persona puede ser atraída por más de una identidad de género. No hace falta especificar, cuáles son esos otros géneros. Cada persona en su experiencia encontrará la respuesta que necesite.

Es importante tener en cuenta que el término "bisexual" tiene una historia propia, en 1940 tenía un significado, sin embargo, en el año 2020, pasados ya 70 años, ha cambiado. En un primer momento, se identificaba como "la atracción de una persona hacia personas del mismo sexo o del sexo opuesto", debido al contexto binario en el que nace la palabra. Sin embargo, la definición actual constaría en "la atracción de una persona hacia personas del mismo sexo o de otros sexos".

Formas de Sentir la Atracción

A menudo con las sexualidades polisexuales, surge una cuestión que plantea la posibilidad de poder ser atraídx por distintas identidades de género. La duda consiste en querer racionalizar esa atracción.

Ejemplo:
En una relación lesbiana, en la que se atraen dos mujeres, se da por hecho que la atracción es un "100%", sin embargo, no se trata de números, ni tiene por qué ser así.

Las personas, independientemente de su identidad mono o poli sexual, posee gustos personales y arbitrarios, los mismos que podemos encontrar en las amistades o encuentros puntuales. Solo porque una persona puede sentir atracción hacia distintas identidades de género, no significa que lo tenga que hacer o que no tenga una preferencia. Esta reflexión es aplicable a todas las orientaciones sexuales.

> Ejemplo:
> Soy un hombre **"bi"** y tengo una preferencia hacia las personas que se identifican como mujer, me transmiten una sensación de bienestar que no siento con otras personas. Mi preferencia general no significa que no pueda haber excepciones u otras preferencias.
> Me gustan las personas con el pelo rubio, pero me he enamorado de personas morenas y he tenido relaciones con personas pelirrojas.

La definición de bisexual, a través de la interpretación personal puede suponer la lectura de atracción hacia dos sexualidades (normalmente la femenina y la masculina), esa hacia dos sexualidades que no tienen por qué ser binarias, y finalmente la atracción hacia uno o más géneros.

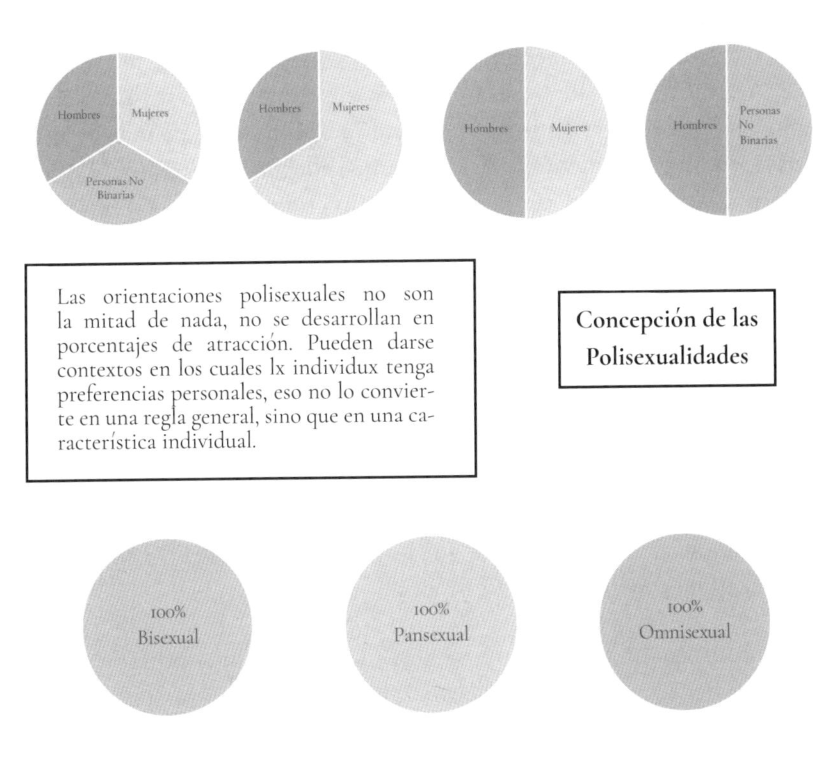

Toda persona polisexual, aunque se identifique con una definición específica, puede usar otras orientaciones sexuales para definirse, sobre todo si se encuentra en un contexto en el que se está hablando de preferencias sexuales.

Ejemplo:
(Persona bisexual) Soy tan bollera, es una pena que también me atraigan los hombres o ser gay, es de las mejores cosas que me ha podido pasar.

Pansexual (Pan)

La pansexualidad (prefijo "pan" que viene del griego antiguo y significa "todo/cada unx" y "omni" que llega del latín y significa "todo") es una orientación sexual caracterizada por la atracción sentimental, romántica, estética o sexual hacia otras personas, independientemente del género que tengan o de que no se identifiquen con ninguno.

Obviamente, esta definición no desacredita el concepto de género, sino que comprende quien siente atracción hacia las personas como seres en sí, y su género es de los elementos menos relevantes a la hora de sentir atracción hacia ellx.

El término pansexual fue atestado por primera vez en 1917, denotando la idea de que "el instinto sexual juega un papel primario en la actividad humana, mental y física" es una reflexión de Sigmund Freud. Aun así, la palabra no fue integrada completamente en la comunidad LGTBQ+ hasta 2010-15, no obstante, hubiera estado presente desde los años 90.

A menudo el término "**pan**" ha sido confundido con la bisexualidad, son términos que tienen algunas connotaciones en común, pero que poseen matices diferentes.

Ejemplo:
Soy pansexual, me siento atraídx por una persona independientemente de su sexo y género.
Soy bisexual, puedo sentir atracción hacia todas las personas, pero el género juega un papel activo en ese proceso.

Estas polisexualidades siempre se han encontrado en conflicto ya que, independientemente de sus definiciones, el uso de estas palabras se practica a través de los matices personales y de los contextos socioculturales de cada persona. De forma reciproca estas orientaciones se "acusan" por ser pan o bifóbicos al igual que tránsfobos, es decir que según su definición rechazan a las personas con identidades trans o no binarias. ¡Sin embargo, ambas sexualidades incluyen todo tipo de identidad de géneros!

Femsexual

La femsexualidad es una subcategoría de las polisexualidades. Mantiene la definición principal de la pansexualidad, es decir que se trata de la orientación sexual caracterizada por la atracción sentimental, romántica, estética o sexual hacia otras personas independientemente del género que tengan o de que no se identifiquen con ninguno. Con la excepción de que sienten esta atracción con personas que tienen una estética femenina o andrógina.

> Ejemplo:
> Soy femsexual, recuerda a la pansexualidad, pero en mi caso solo se aplica con personas que tienen una expresión de género femenina.
> Me gustan todas las razas y tipos de cuerpos, mientras tengan una presentación femenina o andrógina.

Mascsexual

También conocida como **malesexual,** es una subcategoría de las polisexualidades. Mantiene la definición principal de la pansexualidad, es decir que se trata de la orientación sexual caracterizada por la atracción sentimental, romántica, estética o sexual hacia otras personas independientemente del género que tengan o de que no se identifiquen con ninguno. Con la excepción de que sienten esta atracción con personas que tienen una estética masculina o andrógina.

Cuando se hace referencia a la estética "masculina", "andrógina" y "femenina", es inevitable retomar una idea preconcebida y estereotipada a nivel sociocultural de cómo cada una de estas formas de presentarse estéticamente y comportarse son concebidas.

Avansexual

La avansexualidad es una subcategoría de las polisexualidades. Mantiene la definición principal de la pansexualidad, es decir que se trata de la orientación sexual caracterizada por la atracción sentimental, romántica, estética o sexual hacia otras personas independientemente del género que tengan o de que no se identifiquen con ninguno. Con la excepción de que sienten esta atracción con personas que tienen una estética y/o identidad de género no-binaria.

Hasta en las orientaciones sexuales se encuentran expectativas que nacen de los roles de género.

No obstante, la pansexualidad y la bisexualidad puedan tranquilamente solaparse, algunas personas consideran la bisexualidad como la atracción hacia dos géneros (como se ve definido en su Manifiesto de 1990), la etiqueta "pan" nace *también* como aclaración de este concepto. Es decir que es la atracción hacia personas, independientemente de la identidad con la que se identifiquen.

Ejemplo:
Otra diferencia entre bi y pan es que "dos o más géneros" no significa "todos los géneros". En la revista Healthline, plantean esta distinción de la siguiente forma: "Hipoteticemos que preguntamos a un amigx su color favorito, estx puede contestar que tiene preferencia para más de un color, mientras que otrx puede decir que le gustan todos."

¿Estas identidades suponen características específicas transfóbicas, o bifóbicas? Algunas personas en particular pueden tener actitudes y pensamientos trans y bifóbicos, pero esto no se relaciona con la propia orientación sexual. La bisexualidad incluye la atracción de personas trans, y en la pansexualidad no se declara bajo ninguna circunstancia que la identidad bi sea transfóbica o viceversa.

Ejemplo:
Una mujer lesbiana puede ser bifóbica, sin embargo, no se define como polisexual y sigue formando parte del colectivo.

Finalmente, la discusión entre estas dos identidades sigue abierta, para algunos el Espectro Bi+ incluye la identidad pan, y se podría decir que ambas orientaciones son **gender-blinded**. Mientras para otros, se entrelazan y sobreponen por ciertas características, pero son identidades independientes. Ambas definiciones pueden coexistir, dando prevalencia a la validez de toda identidad a través del respeto.

En todo caso, se trata tanto en individual, como de forma colectiva, de identidades amplias, fluidas e incluyentes, polifacéticas y matizables; no limitadas y, por lo tanto, necesariamente no binarias.

Antrosexual

Una persona antrosexual no tiene una orientación sexual definida, esto quiere decir que puede ser heterosexual, homosexual, demisexual, pansexual, bisexual, hasta en ocasiones asexual. Las personas antrosexuales no controlan conscientemente sus preferencias sexuales, ya que estas cambian y fluctúan de forma continua.

> Ejemplo:
> Mientras que el individuo pansexual sabe que se sienten atraídos por todo tipo de sexualidad, los antrosexuales desconocen su orientación sexual, al mismo tiempo se sienten atraídos por cualquier persona. Una condición un poco liosa, pero tan válida como cualquiera.

Todavía hay pocos estudios alrededor de este término, pero lleva moviéndose dentro del colectivo LGTBQ+ desde principios de 2010, y se empiezan a encontrar artículos y testimonios de 2013 y 2016 hasta hoy.

Omnisexual

La omnisexual es la orientación sexual y/o romántica que describe aquellxs individuxs cuya sexualidad no se limita a una identidad de género, sexo u orientación sexual específica. En otras palabras, es la atracción hacia todos los géneros o la atracción a una persona con relevancia en su identidad de su género.

> Ejemplo:
> Una persona pansexual se siente atraída por una persona, no por una identidad de género. Esto significa que no necesitan conocer el sexo y/o género de la persona para sentirse atraídxs. En cambio, una persona omnisexual considera la identidad de género como un criterio de atracción que compone un elemento importante a la hora de sentir atracción.
> Una persona omnisexual sienta atracción sexual a través de la identidad de género de una persona, sin embargo, una persona bisexual siente atracción por la persona en todo su junto, y una pansexual por la persona independientemente de su identidad.

Todavía hay pocos estudios alrededor de este término, pero lleva moviéndose dentro del colectivo LGTBQ+ desde principios de 2010.

Spectrasexual

La spectrasexualidad es una orientación sexual que describe esas personas que sienten una orientación romántica y/o sexual hacia todas las identidades de género y sexo. En este caso, el sexo y el género son un elemento amplio y también determinante en el proceso de la atracción.

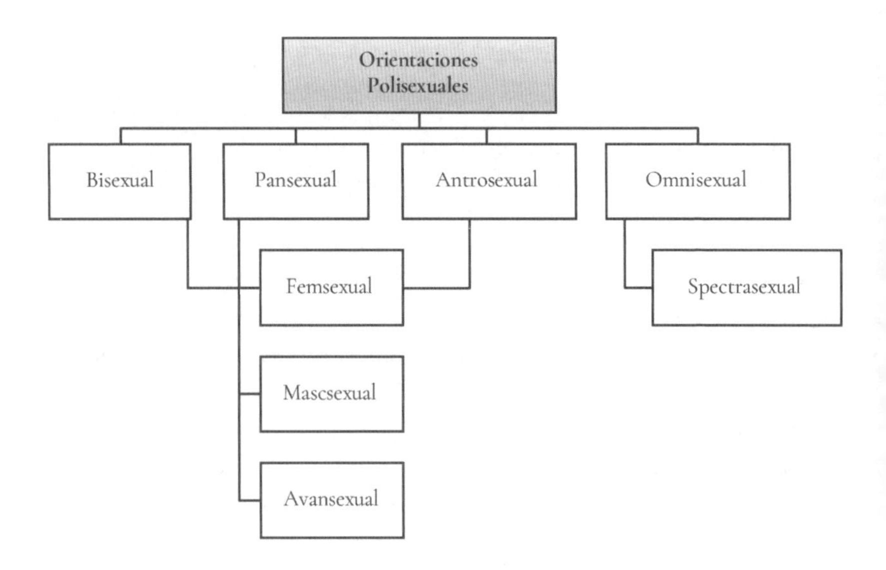

6. EL ESPECTRO ASEXUAL

El espectro asexual, contrariamente a lo que puede sugerir el nombre, forma parte de las orientaciones sexuales.

Cuando se habla de espectro asexual, hay que tener mentalizado que una relación se divide en el aspecto sexual y en el aspecto romántico. Por lo tanto, la asexualidad, como todas las sexualidades, necesita dividir estos dos conceptos y vivirlo de forma paralela.

El hecho de que una persona carezca de forma mayor o menor de deseo sexual no excluye el hecho de que pueda tener un deseo romántico activo.

Ejemplo del Espectro Sexual:
Existen personas que ven colores de forma parcial y personas que, en cambio, son completamente ciegas.

Tampoco ha de ser confundida con la **abstinencia (sexual)** o el **celibato** se refiere al deseo personal de no mantener relaciones sexuales. Las razones que llevan a esta decisión pueden ser distintas, entre ellas se encuentra las creencias religiosas, causas médicas, miedos personales o malas experiencias. Una persona asexual puede decidir ser abstinente, al igual que una de otra orientación sexual e identidad de género, pero en ningún momento su orientación determina esta elección.

Lo que caracteriza las sexualidades que se colocan bajo el espectro es su desinterés común en la atracción y/o actividades sexuales. Las personas asexuales pueden tener sentimientos románticos y/o una relación y/o atracción intelectual hacia otras personas de diferentes identidades de género. Por otro lado, además de no sentir un impulso sexual, también hay personajes que no sienten ningún tipo de atracción romántica.

Contrariamente a la concepción común, las personas asexuales pueden sentir atracción romántica y/o física, hay personas asexuales que llegan a tener un cierto tipo de deseo sexual o que, aun no teniéndolo, deciden tener relaciones sexuales. Ya sea por un deseo propio de curiosidad, por su circunstancia relacional, de descubrimiento personal o por la presión social que sienten.

Al igual que existen diferentes tipos de personas, existen distintos tipos de orientaciones sexuales y, por lo tanto, de formas en las que vivir la propia sexualidad o vida romántica. No todas las personas asexuales consideran que forman parte del mundo queer, ya que lo asocian a un colectivo que en ciertas ocasiones se ve hipersexualizado.

Ejemplo:
Una persona cisgénero heterosexual hetero-romántica puede ser asexual.

Y a veces, al reflejar todas las "características sociales" de una persona "normal", no llegan a definirse siquiera como asexuales, sino que simplemente como personas con una baja libido dentro de la heteronormatividad.

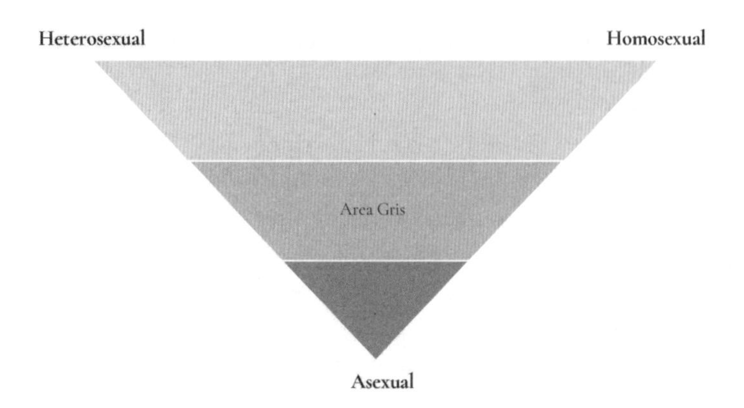

ACE

En inglés, la palabra "ace" significa "as" y se refiere al as de pique de la baraja de cartas. Con el tiempo, cada símbolo de la baraja ha llegado a representar una orientación del espectro asexual.

La sigla "ace" también es la abreviación del término asexual, ambas palabras son usadas como términos paraguas para identificar a la comunidad asexual y para describir la variación de los niveles románticos y/o sexuales que una persona bajo el espectro siente o no.

Dentro del mundo de las orientaciones sexuales, al igual que con las orientaciones románticas nos movemos dentro de un espectro que determina no solo nuestro tipo de orientación, sino también el nivel de atracción sexual que siente una persona hacia otrxs. En el espectro de la asexualidad es cuando estos límites entre deseo sexual y/o romántico se nos plantean más claramente como elemento que sí se pueden complementar, pero no necesitan coexistir para ser válidos.

Las intensidades del deseo sexual, varían de persona a persona al igual que en muchas otras categorías. Este punto nos coloca frente a la diferencia entre lo que es la atracción romántica y sexual. ¿Puede una persona sentir una atracción romántica hacia las personas de identidad femenina y, sin embargo, no sentir atracción sexual? Efectivamente, este hecho ya lo tenemos más que zanjado, pero aquí llega la trampa, en este caso, ¿cómo se identificaría la persona?

Ejemplo:
Me identifico como mujer y siento atracción romántica hacia las mujeres, entonces soy una lesbiana demirromántica. Pero también se podría decir homorromántica y/o lesborromántica.
Si no siento atracción sexual, pero aun así establezco relaciones emocionales con personas de todas las identidades de género, no es correcto usar la etiqueta pansexual, la cual indica también un componente sexual, sino que se sustituirá con panrómantico.

Las intensidades de deseo sexual que vemos desarrolladas en la "zona gris" de la asexualidad, aunque pueden ser aplicadas a otras orientaciones sexuales y/o románticas, se dividen en:

1. **Favorable en tener Sexo (Sex favorable)**: Se refiere a una persona que toma parte en tener relaciones sexuales, aunque no tengan el impulso sexual.

   Ejemplo:
   Algunas personas asexuales que tienen una relación romántica con personas (alo)sexuales pueden decidir encontrar un término medio entre ambas preferencias e inclinaciones.
   No me gusta tener relaciones sexuales ni siento la necesidad de hacerlo, pero con mi pareja hemos decidido de mutuo acuerdo que nos vale tener relaciones de forma semi- frecuente.

2. **Positivx a tener Sexo (Sex positive)**: Guarda aptitudes positivas hacia las relaciones sexuales, independientemente de la presencia de deseo sexual o de la falta de él.

3. **Aversión al Tacto (Touch aversion)**: Es un deseo de no ser tocadx por las personas, y/o no tocar a otras personas.

   Ejemplo:
   A menudo se refiere esta aversión con el contexto sexual, pero puedo presentarse en cualquier tipo de contexto, como puede ser un abrazo para transmitir un sentimiento, un roce de las rodillas contra las de otra persona, y muchas más.

4. **Indiferente a tener Sexo (Sex indifferent)**: Se refiere a una persona que se posiciona de forma neutra ante la opción de entablar cualquier tipo de actividad sexual.

5. **Repulsión Sexual (Sex repulsive)**: También cono conocido como **non- libidoist** y **sex-averse**, es una aversión personal hacia la decisión de tomar parte en actividades sexuales. Una persona que tiene repulsión sexual no es necesariamente negativx a tener sexo.

6. **Negativx a tener Sexo (Sex negative)**: Es una aversión moral hacia todo el conjunto de las actividades sexual, independientemente de que se tome parte en ellas o de que se abstenga de las mismas.

Distintas Actitudes frente a las Relaciones Sexuales
Favorable en Tener Sexo
Positivx en Tener Sexo
Aversión al Tacto
Indiferente a Tener Sexo
Repulsión Sexual
Negativx a Tener Sexo

Asexual

Una persona que se identifica como asexual puede experimentar un poco o de ninguna forma atracción sexual hacia otras personas, al igual que un mayor o menor interés en establecer relaciones o comportamientos sexuales.

La asexualidad trata de atracción, no de acción. Las personas asexuales pueden tener relaciones sexuales consentidas, aunque no por un deseo físico.

Ejemplo:
Siento que quiero pasar tiempo con esta persona y darle mi apoyo, pero no siento ningún tipo de atracción sexual.

Cada persona tiene una realidad propia y, en el caso de la relación que tienen las personas asexuales con el sexo, cada una, como toda persona, vive su propia sexualidad de forma distinta, no todxs experimentan las distintas facetas de la propia identidad de la misma forma. En este caso, una persona asexual puede decidir tener relaciones sexuales y masturbarse. El término, como en todas las sexualidades, no se define por la práctica sino por la atracción que se siente, o que no se siente.

Independientemente del deseo sexual de una persona, esta puede darse placer o decidir mantener relaciones por distintas razones. En primer lugar, siente una respuesta física agradable que desea perseguir, aunque no se presente de forma innata, por otra parte, tras establecer un fuerte vínculo emocional, estético u de otro tipo, con alguien, puede decidir mantener relaciones, aunque la razón no sea sexual. En parejas de **sexualidad mixta**, es decir de una persona sexual y otra no sexual, muchas veces se establece un acuerdo, según el cual se mantienen o no relaciones y en algunos casos se puede conceder independencia sexual con otras personas a la parte de la pareja que sí desee mantenerlas.

Las definiciones de cada sexualidad funcionan solo si la persona se auto-define, no existe ningún test que marque cuanto gay/hetero/etc. es una persona.

Sexualidad Circunstancial

Es un tipo de sexualidad que suele darse tras haber vivido una serie de maltratos y/o traumas ya sea físicos o emocionales, independientemente de que estén relacionados con maltratos de carácter sexual.

Lxs individuxs que han sido afectados por circunstancias de abuso pueden ver un cambio en su orientación sexual, en este caso pueden decidir sanarlo a través de terapia psicológica supervisada por profesionales para volver a recuperar su propia autonomía de ser y sexual, o seguir viviendo con esta nueva circunstancia adquirida. Este tipo de situación puede darse en personas de todo tipo de orientación sexual

Aun así, la propia orientación sexual ya sea definida por circunstancias ajenas a la persona o sea innata, no es algo que la gente deba modificar a priori. La sexualidad circunstancial no forma parte del espectro asexual, pero al tener matices compartidos hacia la relación del sujeto con las relaciones sexuales se la coloca en este contexto.

Grissexual

"Gray" del inglés "gris", forma parte del espectro ace, otro término paraguas. Este término se coloca en el "área gris" entre la asexualidad y la (alo)sexualidad. Estas personas no se sienten completamente asexuales o arománticas, esto significa que, si viven un tipo de atracción sexual, pero no al mismo nivel o con la misma frecuencia de aquellas personas que identifican su orientación sexual completamente fuera del espectro asexual.

Ejemplo:
Adrián: ¡Mira cuántas personas atractivas, madre mía!
Oscar: Meh...
Adrián: ¿Qué pasa? ¿No te gustan?
Oscar: A ver, puedo ver que estamos rodeados de personas atractivas, pero eso no significa que me quiera acostar con ellxs o que me sienta excitado o atraído.

Demisexual

El término demisexual proviene del sufijo inglés "demi", que se traduce con "a medias", más el sustantivo latino "sexus". Una persona demisexual solo puede sentir atracción sexual hacia personas con las que ha desarrollado previamente lazos emocionales.

Se tiende a pensar que un demisexual elige no mantener relaciones con alguien, pero no se trata de una preferencia sino de una condición natural. El tiempo para conocer a una persona y poder conectar con ella como para poder desear mantener relaciones varía de un individux a otrx.

Ejemplo:
Sí siento atracción, pero no sin una conexión emocional previa.

Sapiosexual

Del latín "sapiens", "sabio", alude a aquellas personas que sienten atracción sexual por la inteligencia del otrx.

Es una orientación sexual cuya característica principal es que la atracción que una persona puede sentir pasa primero por la inteligencia, más que por la atracción física o una conexión emocional, y que al final acaba desembocando en esa misma.

Ejemplo:
Cuando José habla de literatura inglesa me excito muchísimo, objetivamente no me parece un hombre guapo, sin embargo, su mente hace que me atraiga de una forma muy fuerte.

El grupo al que pertenece la sapiosexualidad todavía está en fase de discusión, sin embargo, dada a su naturaleza que rechaza en un primer momento el deseo sexual, dando prioridad a una conexión intelectual, hace que se coloque como subcategoría dentro de la demisexualidad. La Universidad de Montreal en Canadá y la de Louvain en Bélgica, reconocen esta orientación, ya que está demostrado que la inteligencia erótica y que los estímulos intelectivos son fundamentales para alcanzar placer, y entre otros, placer sexual.

Fraysexual

El término fraysexual, también conocido como **ignotasexual**, proviene del sufijo inglés "fray" que significa "desconocido" más el sustantivo latín de "sexus". Define cuando alguien solo siente una fuerte atracción hacia alguien cuando no tienen ningún tipo de conexión con la otra persona.

Ejemplo:
Guille es homorromántico y grissexual, significa que cuando siente atracción sexual solo es hacia personas de su misma identidad de género.

Esta orientación se considera como el opuesto de la demisexualidad.

Cupiosexual

Describe a aquellas personas asexuales que no sienten atracción sexual, pero que siguen deseando mantener relaciones sexuales.

Lithosexual

También conocido como **akoisexual**, siente atracción sexual, pero no tiene el deseo de que sea reciproca.

Una persona lithosexual puede sentir incomodidad al saber que una persona está sexualmente interesadx en ellx, y esto provoca que la persona pierda interés sexual, pero no su interés romántico.

Placiosexual

"Placio" de "complacer". Querer tener relaciones sexuales con alguien deseadx, pero está de acuerdo si no son recíprocas. (Se trata de la acción, no de la atracción).

> Ejemplo:
> El otro día hice sexo oral con Paula, ella no me hizo nada, pero así queríamos que fuese.

Iamvanosexual

Es la orientación sexual bajo el espectro asexual que define aquella persona que le gusta recibir estimulación sexual, pero que no le gusta practicarla.

Esta orientación no tiene que ver con una actitud sumisa, egoísta o que determina la preferencia sexual de la persona. A menudo, las personas iamvanosexuales sienten una fuerte **repulsión** o un sentimiento de incomodidad que puede causarle una pérdida en el deseo sexual.

Autochorisexual

"Autochoris" significa "sexualidad sin identidad", también conocido como **aegosexual**, "a-" significa "sin" y "ego" significa "persona", es la desconexión que siente una persona entre uno mismo y el punto/objetivo de atracción.

Este término fue creado por el psicólogo Anthony Bogaert, quien se especializa en la sexualidad humana en 2012. La clasificó como una parafilia, previamente conocida como una perversión sexual, al ser que la asexualidad todavía se consideraba como un trastorno.

Obviamente, esta circunstancia causó bastantes controversias: había personas a las cuales no les importaba la connotación negativa de la palabra, y a otras a las que sí. Por esta razón nació el término "aegosexual", creado por un usuario de Tumblr, *sugar-and- sprite*, en 2015. Este término nace con el objetivo de tener el mismo significado que autochorisexual, pero ha sido formulado con raíces latinas para que fuera más sencillo de pronunciar y para quitarse de encima la connotación negativa.

Apothisexual

"Apothi-" es un prefijo griego que significa "repulso". Identifica a una persona que se identifica bajo el espectro asexual y siente repulsión hacia el sexo.

Reciprosexual

"Recipro-" significa "recíproco". Se siente atraídx hacia personas cuando sabe que es el sujeto del deseo de esa persona.

> Ejemplo:
> Cuando Emma se me declaró empecé a mirarla con otros ojos, tanto que me llegué a enamorar de ella.

Novosexual

Es la orientación bajo la cual se identifica una persona que no consigue entender cuál es su sexualidad o identidad de género, por qué no es permanente. Una persona se considera novosexual solo cuando su orientación sexual cambia junto a su identidad de género ya que los dos cambios se acompañan.

Estas personas fluctúan de una orientación sexual a la otra, al igual que de una identidad de género a otra, nunca se sabe con claridad cuánto durará esa fase.

> Ejemplo:
> La novosexualidad es muy rara, yo me identifico como abrosexual y genderfluid, por lo tanto, soy novosexual.

Esta orientación se diferencia de la fase de cuestionamiento, ya que en esta se recorre un proceso de autoconocimiento con el objetivo de descubrir cual es la propia orientación sexual y/o identidad de género, en cambio, la novosexualidad es una identidad que mantiene el equilibrio según el género y la sexualidad cambian con frecuencia.

Abrosexual

Es la orientación sexual o identidad de género que fluctúa entre diferentes orientaciones.

Cuyas personas que se identifican bajo esta orientación pueden sentirse identificado con una orientación sexual u otra o más de una a la vez. Esta identidad no concierne solo la orientación sexual, sino que también las identidades de género.

Ejemplo:
Un día me siento heterosexual, y al otro grissexual.

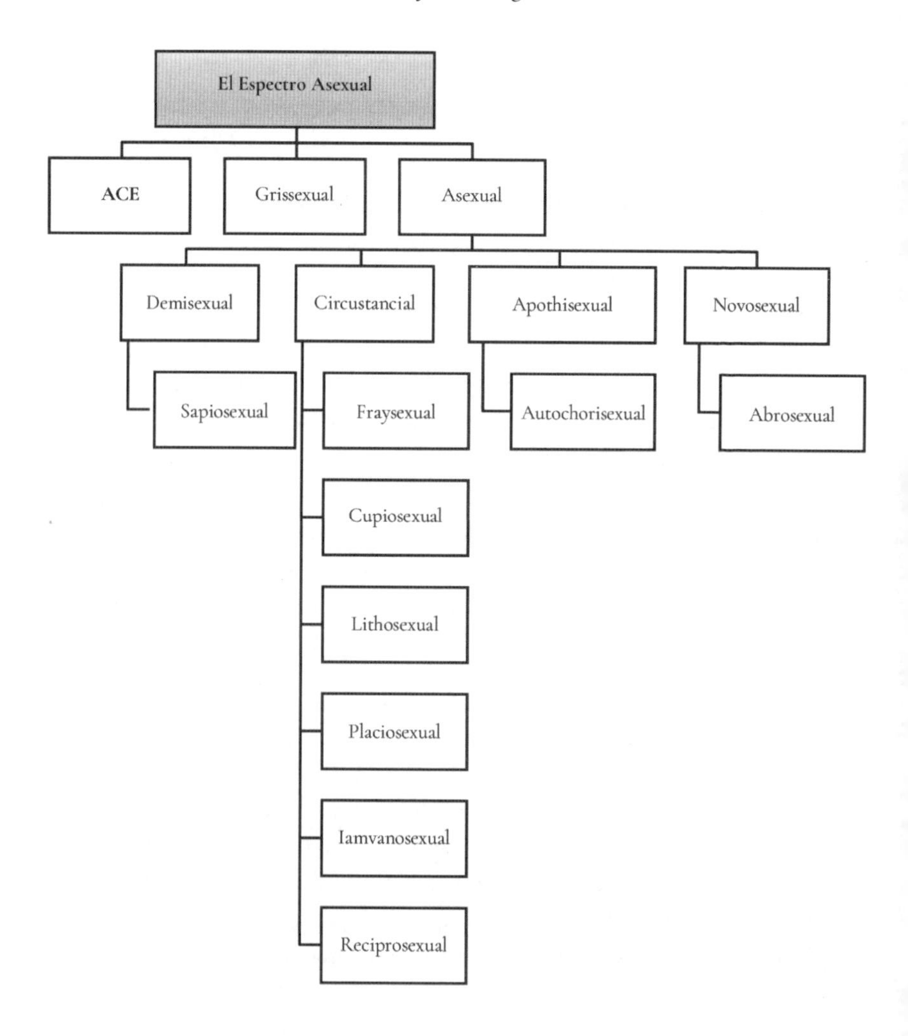

LAS ORIENTACIONES ROMÁNTICAS

La orientación romántica se refiere a la variación de la atracción romántica de un sujeto, que según el caso puede llegar a desembocar también en deseo sexual o no, hacia una o más personas, pero no está directamente ligado al mismo. Por esta razón, es un término utilizado tanto alternativamente como junto a la experiencia de sentir atracción sexual. Está basado en la perspectiva de que la atracción sexual es tan solo un componente que aporta una serie de características a una situación mayor y más compleja.

Algunas personas perciben la atracción romántica de forma independiente a la atracción sexual, sin embargo, para otras las dos no solo se acompañan, sino que se complementan.

En algunos casos la orientación sexual y la romántica pueden coincidir, al igual que coincide que el género por el cual se enamoran es el mismo por el cual sienten atracción sexual.

> Ejemplo:
> Una persona bisexual puede sentir atracción romántica solo hacia personas que se identifican como hombres (lo cual significa que no tiene atracción sexual), y con aquellas que se identifican como mujeres siente tanto atracción romántica como sexual.
> Las razones por las que estas diferencias son presentes son meramente subjetivas, y no solo varían según la persona, sino que es probable que se modifique dependiendo de la persona con la que se tiene en ese momento una relación exclusiva. A lo mejor la persona bisexual del ejemplo, de repente, se encontrará en una relación con un hombre por el que sí sentirá atracción sexual, o viceversa con una mujer.

> No dejemos de ver que estos cambios residen en la *fluidez* con la que se pueden presentar evoluciones y situaciones distintas a anteriores que presentaban las mismas características, es decir estar en una relación. En cambio, para una persona monosexual, la falta de atracción física recaería bajo el espectro asexual, y, por lo tanto, tendría o no su respectiva orientación romántica. Sin embargo, para otros, las orientaciones sexuales y románticas no son coincidentes. La distinción entre ambos términos no ha sido reconocida del todo: algunxs autorxs describen a la orientación sexual de un modo que incluye tanto a los componentes sexuales como románticos. A su vez, el término de amor romántico ha sido descrito como "amor con fuertes componentes de sexualidad". No les han sido dedicados estudios suficientemente extensivos como para sentenciar una verdad concreta.

En los últimos años y sobre todo gracias al aumento de visibilidad que ha adquirido el colectivo asexual, el "paquete de amor romántico" sobre el que se han basado socialmente las relaciones ya no son válidas. O al menos, no para una parte de la sociedad, de ahí la necesidad de descomponer todos los tipos de atracciones que una persona puede sentir parcial o completamente hacia otra. De esta forma se quiere lograr alcanzar una representación inclusiva y que represente todos los diferentes matices presentes en la sociedad actual.

Otros autores contradicen esto y dicen que la atracción sexual y la romántica no están vinculadas necesariamente. El término de orientación romántica es ampliamente usado por la comunidad asexual, aunque también puede aplicarse a personas alosexuales. Al no sentir atracción sexual, el concepto de atracción romántica puede ser más útil en medir la atracción que se siente hacia una persona, ya que es el término de comparación más latente que se tiene y con el que viven a diario. Desde vínculos de amistad a relaciones más o menos comprometidas.

La atracción romántica se puede definir como el deseo de establecer una relación con una vinculación emocional fuerte con una persona particular. A diferencia de la atracción sexual, está vinculada con los aspectos emocionales y afectivos de nuestras relaciones íntimas. Puede abarcar tanto los enamoramientos pasajeros, como el brote gradual de sentimientos románticos y la construcción de relaciones afectivas estables.

Es posible encontrar referencias a esta atracción/orientación afectiva ya en la segunda mitad del siglo XX, en artículos como "*Components of Sexual Identity*" (escrito por Shively y De Cocco, 1977) y en material sobre educación sexual publicado en los años 90. El concepto actual de atracción y orientación romántica aparece dentro de la comunidad asexual online a principios de los 2000, como una forma de explicar por qué muchas personas asexuales desean tener relaciones afectivas.

Por otro lado, la feminista y psicóloga Lisa M. Diamond constata que la diferencia entre la orientación romántica y la sexual de una persona pueden diferir entre sí. Este tipo de discordancia también es conocida como "**cross orientation**", es decir la orientación entre cruzada, coloca frente a la posibilidad y a la naturalidad que la fluidez antes esta separación se haga paso ante un temprano reconocimiento.

Ejemplo:
1. Para las personas bajo el espectro asexual, muchas veces la orientación romántica es una forma de medir la atracción más útil que con el de la atracción sexual.
2. Una persona puede identificarse como lesbiana birromántica, significando que sexualmente solo les atraen las mujeres, sin embargo, románticamente le atraen todas las otras identidades de género.
3. Una persona pansexual puede sentir atracción sexual hacia persona independientemente de su sexo, sin embargo, puede sentir atracción romántica solo con personas de identidad no binaria.

Algunas personas solo prefieren identificarse con su orientación romántica, algunxs porque no sienten deseo sexual y otrxs porque sienten que transmite de mayor forma los sentimientos y el compromiso que tienen hacia su/s interés/es románticos.

Toda orientación romántica suele tener su respectivo correspondiente en orientación sexual.

Alorrománticx

Es el término paraguas de todas aquellas personas que experimentan atracción romántica hacia otras personas.

Este término es aplicable a cualquier orientación sexual en la cual parte de su atracción dependa de la conexión romántico-emocional. Es preferible hablar de "alorromántico" y no de "romántico" para referirse a esto, puesto que "romántico" tiene un significado clásico diferente con el que se puede confundir.

Ejemplo: Las personas homorrománticas, panrománticas, pero no los arrománticos.

Actualmente, existen dos grandes grupos de orientaciones románticas que se subdividen consecuentemente en categorías inferiores, se trata de las orientaciones monorrománticas y las polirrománticas.

Arromanticx
Es el término paraguas de todas aquellas personas que no experimentan atracción romántica hacia otras personas.

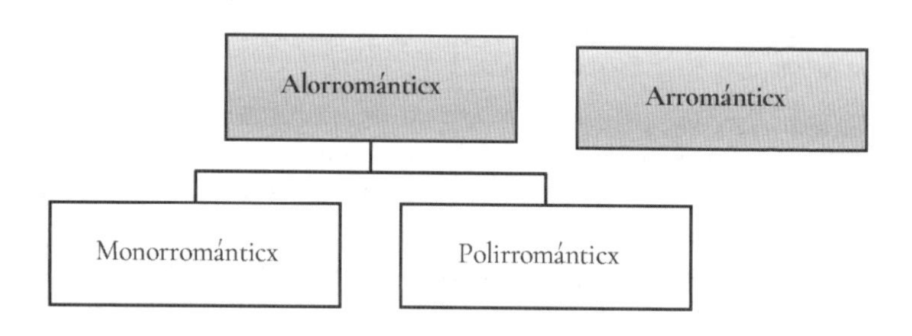

1. ORIENTACIONES MONOROMÁNTICAS

Heterorrománticx
Atracción romántica por una persona de distinto género.

Homorrománticx
Atracción romántica por una persona del mismo género.

Homosexual Hombre
Atracción romántica hacia personas que se identifican bajo el espectro masculino. Esto puede corresponder tanto a su identidad de género como a su expresión de género.

Minrománticx
Atracción romántica hacia personas que se identifican bajo el espectro masculino. Esto puede corresponder tanto a su identidad de género como a su expresión de género.

Homorromántica Mujer
Atracción romántica hacia personas que se identifican bajo el espectro femenino.

Finromántícx

Atracción romántica hacia personas que se identifican bajo el espectro femenino. Esto puede corresponder tanto a su identidad de género como a su expresión de género.

Ambirrománticx

Es la atracción hacia personas que se identifican como hombres y mujeres. Forma parte de un modelo alternativo a la heterosexualidad y a la homosexualidad porque no hace referencia a ningún género especifico. En cambio, se centra en la expresión de género, es decir la presentación estética de le persona hacia la que sienten atracción romántica.

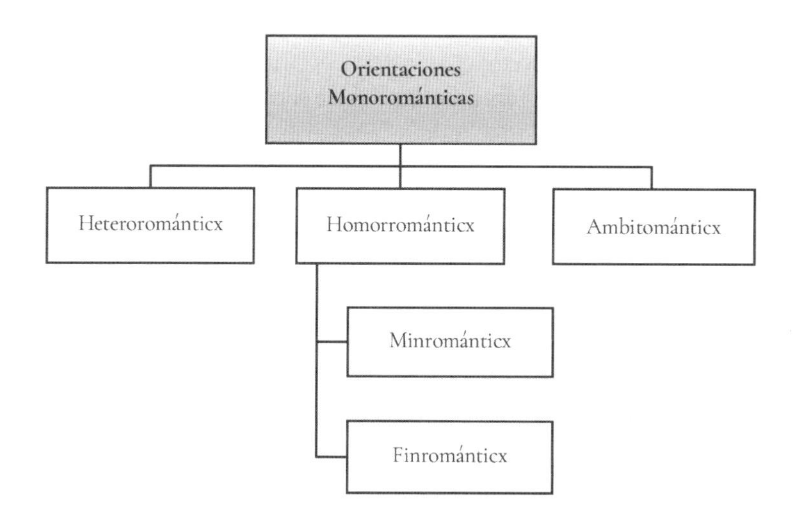

2. ORIENTACIONES POLIROMÁNTICAS

Birrománcx

Atracción romántica hacia personas de dos o más géneros.

Panrománticx

Atracción romántica hacia personas de cualquier género independientemente de su identidad género.

Antrorrománticx

Una persona antrorromántica no tiene una orientación romántica definida, esto quiere decir que puede fluctuar desde orientaciones alorrománticas como arománticas.

Polirrománticx

Atracción romántica hacia personas de todos los géneros, poligéneros y/o expresiones de género.

Femrománticx

Es una subcategoría de las orientaciones polirrománticas. Mantiene la definición principal del panrromanticisimo, es decir que se trata de la orientación romántica caracterizada por la atracción sentimental, romántica, estética hacia otras personas independientemente del género que tengan o de que no se identifiquen con ninguno. Con la excepción de que sienten esta atracción con personas que tienen una estética femenina o andrógina.

Mascrománticx

También conocida como **maleromántic,** es una subcategoría de las orientaciones polirrománticas. Mantiene su definición principal, es decir que se trata de la orientación romántica caracterizada por la atracción sentimental, romántica, estética hacia otras personas independientemente del género que tengan o de que no se identifiquen con ninguno. Con la excepción de que sienten esta atracción con personas que tienen una estética masculina o andrógina.

Avanrománticx

Es una subcategoría de las orientaciones polirrománticas. Mantiene su definición principal, es decir que se trata de la orientación sexual caracterizada por la atracción sentimental, romántica, estética hacia otras personas independientemente del género que tengan o de que no se identifiquen con ninguno. Con la excepción de que sienten esta atracción con personas que tienen una estética y/o identidad de género no-binaria.

Omnirománticx

Atracción romántica hacia cualquier persona independientemente de su identidad de género y/o sexo biológico.

Spectrarománticx

Es una orientación romántica que describe esas personas que sienten una orientación romántica hacia todas las identidades de género y sexo. En este caso el sexo y el género son un elemento amplio y también determinante

Como toda orientación poli romántica, las preferencias de cada individux puede prevaler por algunxs géneros y/o fluir en el tiempo, es decir que no son necesariamente estables. El hecho que se tengan preferencias generales o temporales no invalida que la persona en cuestión si sienta atracción hacia otros géneros, aunque no pase en ese momento.

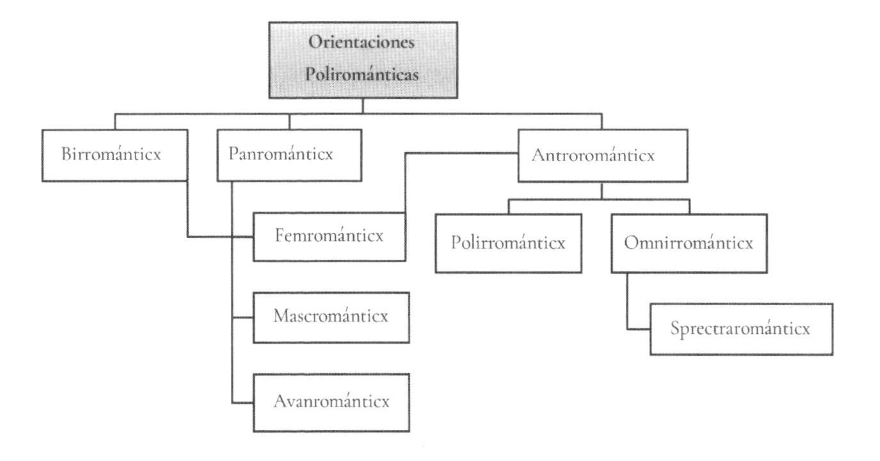

3. ORIENTACIONES ARROMÁNTICAS

Arrománticx (Aro)

Es una persona que no tiene ningún deseo de formar una relación romántica. Algunas personas sienten repulsión hacia este tipo de lazo, otras simplemente no les gusta.

Hay quienes deciden priorizar su orientación romántica sobre la sexual cuando explican su sexualidad, al igual que hay quienes prefieren priorizar su identidad sexual por sobre la romántica. También hay quienes las consideran de igual importancia en sus vidas, o que priorizan una u otra dependiendo de la situación en la que estén.

Hay quienes no sienten atracción romántica y/o no sienten la necesidad de establecer relaciones románticas con otras personas. El arromanticismo no está vinculado a un determinado comportamiento ni historial de relaciones, las personas arrománticas pueden ser de cualquier género o edad. No todas las personas que se identifican con una orientación romántica son asexuales. Estas personas no carecen de una conexión emocional/persona, simplemente no tienen una necesidad instintiva de desarrollar conexiones de naturaleza romántica.

Es importante mencionar que los arrománticos no carecen de una conexión emocional/personal, simplemente no tienen una necesidad instintiva de desarrollar conexiones de naturaleza romántica. Los arrománticos pueden tener tanta necesidad de apoyo empático como los alorrománticos, pero estas necesidades pueden ser satisfechas de una forma sin romance. Para un arromántico es posible estar envuelto en, y disfrutar, una relación de compromiso con otra persona, pero estas relaciones suelen ser más cercanas a la amistad,

También es posible para los arrománticos formar relaciones románticas, así como es posible para los asexuales formar relaciones sexuales. Los arrománticos pueden experimentar **arrobamiento** que es el equivalente arromántico al enamoramiento romántico. Una persona en cualquier lugar del espectro sexual puede ser arromántica.

Grisrománticx

Conocido en inglés como "gray romantic", es la atracción romántica que describe las personas cuya atracción romántica existe entre los límites del "área gris" entre romántica y arromántica.

Esto significa que muchas personas quienes se identifica como grisromanticxs si experimentan una atracción romántica, pero no suele ser al mismo nivel o frecuencia que aquellas personas cuya orientación sexual y/o romántica no se encuentra bajo el espectro asexual.

Demirrománticx

Una persona que tiene poca o ninguna capacidad de experimentar atracción romántica hasta que se forme una fuerte conexión emocional con alguien, a menudo dentro de una relación. Personas que solo están atraídas románticamente por aquellos individuos con los que han tenido previamente una conexión emocional.

Ejemplo:
A su vez, pueden existir declinaciones de otras identidades en la demirromanticidad. Por ejemplo, demi-heterorrománticx, demi-homorrománticx, etc.

WTFromantic

(Qué Cojones Románticx). Es un término inglés para describir a una persona en el espectro arromántico que no ve una línea que marque la diferencia entre una relación romántica y una de amistad.

Otras definiciones incluyen que estxs individuxs, no pueden definir qué es para ellxs la atracción romántica y, por lo tanto, no saben si lo viven, tienen emociones entre la atracción afectiva no romántica o si quieren estar en una relación afectiva particular.

Se utiliza generalmente por alguien que sabe que no es totalmente romántico, pero no tiene ningún término mejor para lo que es. Los significados específicos de la identidad dependen de cada individux, ya que es un concepto que todavía se está desarrollando.

WTFromantic se utiliza generalmente como un término comodín para aquellos que caen en algún lugar en la categoría de **semirrománticxs** (también conocido como demirromanticismo) o **alternativamente románticxs** (persona que difiere de la concepción común de lo que una relación romántica supone), pero no encajan mejor en ninguna otra etiqueta.

AroAce

Es la abreviación y unión de “asexual” y de “a-rromántico”, se refiere a una persona con orientación aroace es alguien quien se identifica tanto como a-rrománticx como asexual, pero siente distintos tipos de atracción que fluyen entre estas dos definiciones.

Por lo tanto, estas personas sienten poca o nula atracción sexual y/o romántica. Aun así, pueden decidir tener relaciones platónicas, de amistad o de otro tipo.

Ejemplo:
Una chica lesbiana aroace puede no sentir atracción sexual ni una atracción romántica hacia otras personas que se identifiquen como mujeres, aun así, puede sentir una fuerte atracción emocional, sensual y/o estética.
Por esta razón la chica en cuestión sería aroace, y se consideraría lesbiana ya que las otras formas en las que siente atracción que es siempre hacia personas femeninas.

Idemromántícx

"Ídem" del latín significa "igual".

El ídemromanticismo siente emociones de atracción románticas y platónicas de forma parecida. Categoriza las relaciones y los sentimientos como romántico o platónicos, pero no percibe ninguna destacada diferencia entre ambas.

Puede que categoricen una relación como "romántica" en vez de "platónica" por la edad,

la compatibilidad de personalidad, la cercanía emocional y otra serie de factores, pero esta decisión más racional no quita el intercambio ecuo que hay entre su concepción de romanticismo y de platonismo.

Ejemplo:
Para estas personas una relación "romántica/platónica" no es distinguible, por lo tanto, la pueden reconocer como parecida, a una relación de amistad o de tipo de cercanía familiar.

Lithorománticx

También conocido como **akoinerománticx**, palabra ya en desuso. Es una persona que experimenta una disminución de la atracción si la atracción es recíproca.

Un lithorromántico puede sentir una atracción romántica hacia los demás y también disfrutar de tener relaciones románticas, pero solo en teoría. No necesitan que el afecto sea recíproco y, como tal, generalmente no se sienten obligados a buscar una relación con su enamoradx. Algunxs lithorrománticas también pueden dejar de sentir su atracción romántica una vez en una relación.

El término "akoiromántic" ha sido sugerido en lugar de "lithorrománticx", debido a la controversia sobre la apropiación de la cultura lésbica y transmasculina. La palabra lithorrománticx, desarrollada por

Ian desde el blog stopanthropomorphizingme, nace del griego donde "lithos" significa "piedra".

Stone o Stone Sexual Identity
Es un término paraguas de la identidad sexual stone que une una serie de amplias características de límites, principalmente sexuales, pero que pueden tener connotaciones emocionales.

Quienes se identifican bajo este término suelen ser personas con una armadura emocional, es decir que tiene estrategias con las que protegen lo que sienten escondiéndolo o manteniéndolo en secreto; tienen límites con el contacto físico, desde la penetración al tacto más leve; no está interesadx en ser sexualmente receptivx; siente una repulsión visceral en ciertos tipos de tacto; a la hora de tener relaciones sexuales, el placer se centra en lx otrx de forma primaria.

Este significado ha caído del uso popular, entre los años 50 y 60 en los EE. UU. Las características se pueden aplicar a cualquier orientación sexual y/o identidad de género, aunque tienen una tradición arraigada en la comunidad lésbica, a menudo fundada en los prejuicios y estereotipos de la misma. A menudo se considera erróneamente que las personas stone se identifican así por un pasado traumático, ligado principalmente con un trauma sexual.

Reciproromántícx
La persona en cuestión nunca siente atracción romántica, solo hasta que se da cuenta de que a alguien le atrae románticamente.

Cupiorromántícx
Describe a personas que nunca experimentan atracción romántica, pero aun así desean tener una relación romántica con una persona.

Frayromanticx
El prefijo proviene de la palabra en inglés antiguo para "extrañx / que se siente atraído por extrañxs". Atracción romántica de cuando alguien solo experimenta atracción romántica hacia personas con las que está menos familiarizado y pierde interés cuando conoce a la persona.

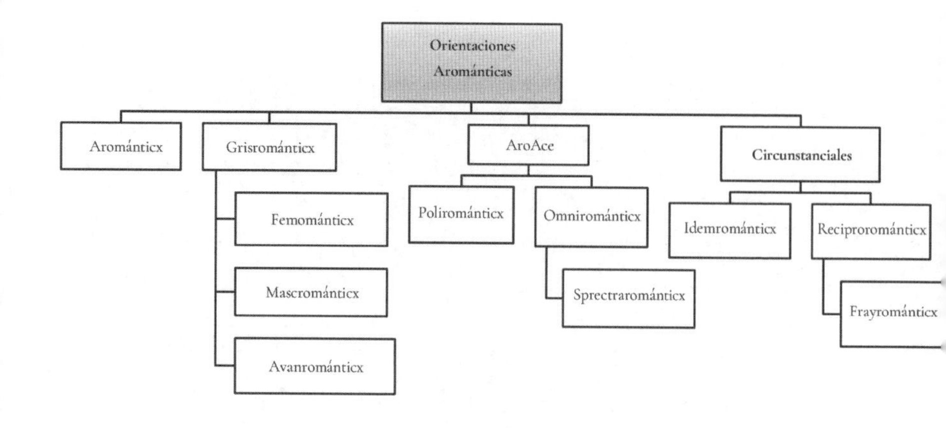

4. ORIENTACIONES ROMÁNTICO-ESPIRITUALES

ATRACCIÓN ESPIRITUAL

Es la capacidad que evoca el deseo de involucrar a uno mismo en un comportamiento íntimo basado sobre una experiencia, a través de una interpretación personal o en la creencia de algo sobrenatural.

Ejemplo:
Sentir una conexión particular con la naturaleza, o con una enseñanza religiosa.

RELACIÓN QUEER-PLATÓNICA

El término tiene origen del concepto de proporcionar un elemento queer a las relaciones o de volver a definir la percepción de las mismas. Aun así, el término es usado principalmente por la comunidad ace, pero cualquier persona puede vivir una relación queerplatónica, independientemente de su orientación sexual.

Es una relación que no se considera romántica, pero sí que presenta una intensa conexión emocional.

Ejemplo:
Representa más de la intensidad afectiva de una amistad, pero menos de la que supone una relación romántica de pareja.

Zucchini
"Calabacín" en inglés, es una palabra coloquial que se refiere a un "partner queerpltanónicx". El uso de este término empezó en redes sociales en el año 2000, tras que se difundiera un meme por la comunidad asexual. Seguido por un debate interno en la comunidad sobre la falta de términos para hablar de las relaciones que no se distinguían por ser románticas, pero tampoco platónicas, se escogió de forma unánime el nombre de la verdura.

Squish
Es como se llama un *crush* de carácter arromántico, representa el fuerte deseo de mantener una relación platónica con alguien.

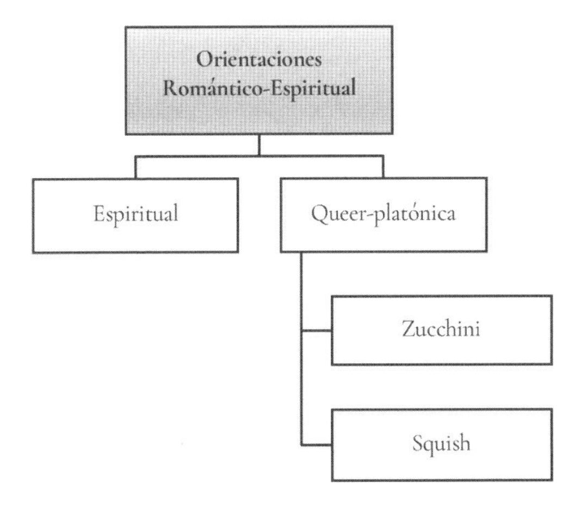

CONCEPTOS RELACIONADOS

Amatonormatividad
Es la suposición y la expectativa que el amor romántico se experimenta y desea de igual para entre todas las personas, y que el romanticismo es el vínculo interpersonal más valioso y significativo.

La amatonormatividad se perpetúa entre las normas culturales que implican más o menos de forma directa, que una persona no es completa o que su vida no tiene un sentido completo hasta que ha encontrado una pareja romántica. Quitándole el valor a relaciones socialmente percibidas como "secundarias", como la familia, las amistades, los vínculos creados con compañerxs de trabajo, etc. Es una perspectiva que quita valor y anula la existencia de todas aquellas **relaciones** íntimas **no románticas**.

Orientación Romántica

También conocida como atracción romántica, es la experiencia de tener una respuesta emocional que resulta en un deseo romántico hacia otra/s persona/s. La atracción romántica puede presentarse en conjunto con la atracción sexual, pero no depende de ella y pueden encontrarse de forma individual.Es la capacidad de un individux de querer tener un comportamiento romántico (como salir con alguien, compartir momentos especiales), y se vive con diferentes intensidades (desde el ser nula a una fuerte intensidad).

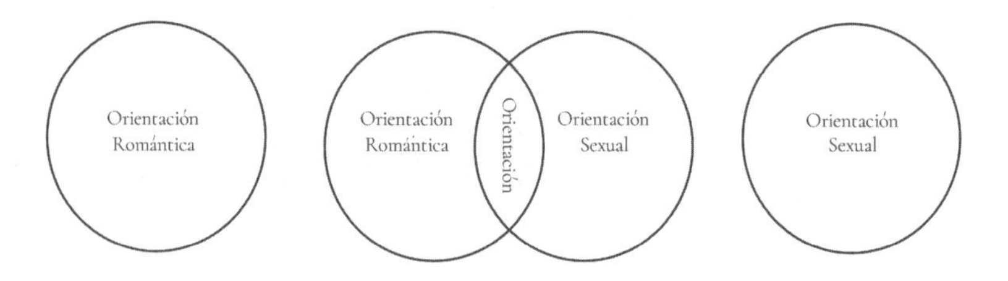

Como se puede apreciar a través de los gráficos, la atracción romántica puede presentarse de forma individual o acompañada por la atracción sexual, y viceversa. Dentro de la misma atracción y orientación, existe un espectro más específico en el cual cada unx se ubica:

Cada orientación sexual tiene su respectiva orientación romántica, en general suele mantener las mismas características de la definición sexual, pero centradas en el espectro romántico y aisladas de cualquier forma híbrida que pueda nacer de la unión de más de una orientación junta.

LAS ORIENTACIONES RELACIONALES

La tradición establece una única orientación relacional que automáticamente se transmite como parte de una herencia cultural y de costumbres. Al igual que las orientaciones sexuales, o de la percepción del género, nos criamos en un entorno que nos presenta distintos modelos de actuación que reflejan la sociedad en la que vivimos, y que suele ser en su mayoría unilateral. Es decir que ante las muchas posibilidades que presentan realmente las facetas del ser humano, se elige una que es asociada como correcta y, por lo tanto, "normal". Sin embargo, lo único que llega realmente a ser es común.

La orientación relacional es una formación que sirve para entender las relaciones, del mismo modo que cualquier otra disciplina nos sirve para entender el tema del que es objeto y para dejar de funcionar en ella por ensayo y error. Parece que, al ser un tema presente en nuestras vidas desde edades muy precoces, ya sabemos cómo tratarlo, qué estamos buscando y de cierta forma cuál es nuestro objetivo personal con aquello que deseamos. Sin embargo, se pone en acto un mecanismo de réplica según el cual se imitan comportamientos vistos por terceros que han sido interiorizados como propios. Hasta que no se alcanza un pensamiento independiente y un conocimiento de sí, es imposible plantear que alguien logre reconocer que quizás la realidad que vive, bajo todos sus aspectos, puede no ser del todo lo que realmente desea, sino que es el producto de preferencias, opiniones e influencias de otrxs.

La orientación relacional debería servir para obtener una visión de conjunto sobre las relaciones personales con el fin de que dejemos de afrontarlas a ciegas. La sociedad basa el modelo de relaciones de forma jerárquica, distribuyendo los lazos afectivos de más a menos cercanos, desde el contexto laboral o de estudios, a las conexiones familiares, de amistad y de interés amoroso. Cada una de estas tipologías da a entender una dinámica, cierto es que hay elementos en común e intercambiables y que la relación con cada persona de nuestra vida no solo es distinta, sino que según a donde se quiera llevar no tiene por qué mantener la concepción social de la misma.

Ejemplo:
Independientemente de la razón de la circunstancia, una abuela puede suplir el rol socio-cultural que una persona puede tener con su madre. Al igual que una amistad, relación que no suele incluir relaciones sexuales, según un posible acuerdo de las personas incluidas, puede llegar a tenerla, convirtiéndola en una amistad con privilegios sexuales.

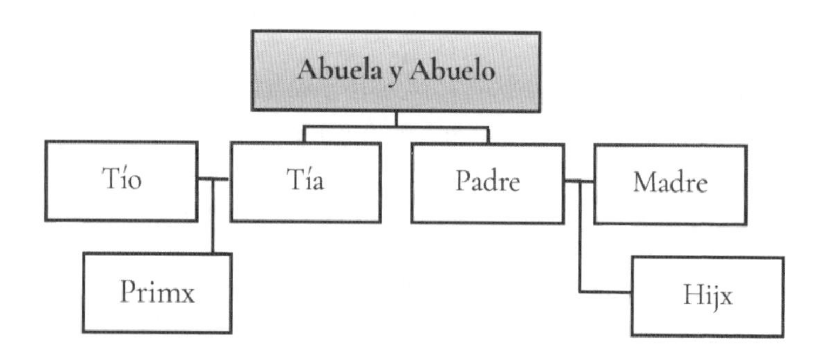

La razón por la que se dividen las orientaciones relacionales entre los grupos de personas hacia las cuales se puede sentir atracción sexual y/o emocional, y los grupos de amistad o familiares es la diferencia de la intensidad y del interés emocional y sexual. No en todos los modelos relacionales se traza esta línea que divide quienes forman parte de nuestra vida y aquellxs individuxs por los que se puede tener una preferencia personal, sin embargo, es importante recordar que se plantea a priori una estructura relacional distinta. Otra vez, esta sí que es la base de partida que predispone la sociedad, más adelante cada persona puede decir según qué términos vivir estas otras relaciones.

Ejemplo:
Llevo tres años sin hablarme con mi padre y no me afecta. Una situación positiva en casa favorecería la comunicación, pero dada la realidad, prefiero alejarme de él.

> Con mis amigxs más cercanos comparto todo lo que me pasa, pero con quienes tengo menos confianza trazo un límite distinto.

Con esto, se demuestra que hay una versión moralmente aceptable de los conceptos y una que... gusta menos, ya que se aleja de la binariedad, del patrón blanco y negro que sí es fácil de entender, pero no refleja la variedad de estilos de vida que realmente existen.

A despecho de todo lo críticxs que seamos con nuestro modelo educativo, entendido en el sentido más general, podemos ver que su aspiración es ofrecer a cada persona los rudimentos necesarios para entender el mundo en el que vive, por eso se hace una selección de materias, que deja de lado a las que considera superfluas, y por eso las materias se presentan con una programación, que filtra y ordena el conocimiento según su importancia para la vida.

No somos especialistas de todo, y a prescindir de los temas que intentemos profundizar, funcionamos en la mayoría de los ámbitos de nuestra experiencia cotidiana de forma amateur, basándonos en nuestra experiencia individual de la realidad. Como bien se sabe, en las muchas asignaturas las relaciones no aparecen por ningún lado. Sí, en los trabajos de grupo, en una excursión, pero no de la forma interpersonal que requiere en la vida real. Salta a la vista que no son precisamente un tema superficial, ni uno que vayamos a necesitar solo de vez en cuando.

No se enseña cómo funcionan las relaciones y esto hace que la gente pase la vida sin bases sobre las cuales poder moverse, independientemente de que las acepte como propias o no. El analfabetismo relacional, al igual que muchos otros, impiden parte del desarrollo personal. La educación relacional no existe, porque si así fuera las relaciones tendrían una base común y racional, sin embargo, la estabilidad presenta una amenaza. Es más sencillo basar los sentimientos románticos hacia "impulsos incontrolables", locura, corazonadas en vez de analizar qué pasa en nuestra persona, por qué nos afecta y cuál es la mejor decisión que podemos tomar desde el punto de vista de un interés personal.

La orientación relacional pretende suplir esta carencia. Al igual que la orientación sexual o la identidad de género suponen un recorrido personal, a nivel relacional es importante conocer la propia biografía sexo-sentimental. Es necesario entender dónde estamos con respecto a las personas que nos rodean, e incluso con respecto a la cultura social a la que pertenecemos, dónde estamos con respecto a la evolución relacional de dicha cultura.

Aunque nuestra cultura esté atravesando una profunda crisis en su sistema relacional, prefiere estacionarse y mantener las relaciones de una manera determinada, ya que es más conveniente que actuar un cambio. Sin embargo, el modelo relacional tradicional se viene abajo, y sus alternativas, todavía no están claramente definidas, ni se sabe cuán estables y verdaderas pueden llegar a ser.

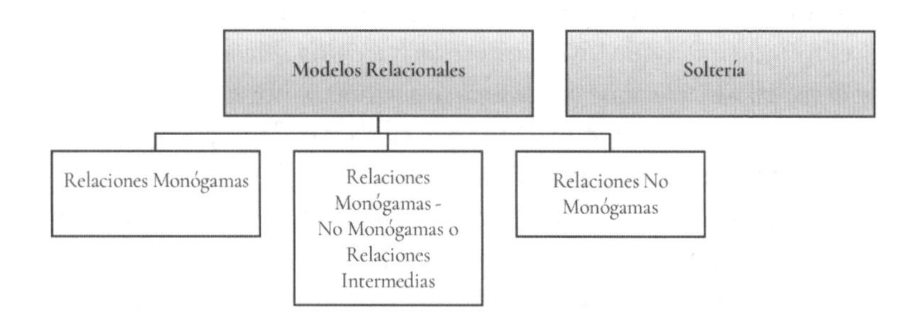

PRÁCTICAS DE SOLTERX

Una persona soltera es aquel individux que no está unidx en matrimonio o que se encuentre en una relación con otra persona.

Independientemente de su estatus relacional, exactamente como en la orientación sexual, por estar solx una persona no cambia. Aunque se dé el caso de que una persona monógama tenga una serie de relaciones esporádicas, eso no cambia su orientación, al igual que una persona no monógama puede decidir estar solo con una persona o solterx.

Las prácticas sexuales que pueden ponerse en práctica estando solx, son independientes de la propia orientación.

Sexo Esporádico

También conocido como sexo casual, hace referencia a la práctica de sexo entre personas cuyo vínculo no se desea que dure más de un momento concreto, y que no perdure en el tiempo.

Ejemplo:
"Estoy demasiado ocupadx para tener una relación. Y les pasa lo mismo a todas mis parejas." Puede englobar desde un encuentro de una noche hasta una relación romántica.

Amigxs con Derechos

La **amistad con derecho a roce**, también llamado por la costumbre como **amigos con derechos** o **folla amigxs**, es una relación de pareja que intenta combinar la vinculación afectiva de la amistad con la posibilidad de mantener relaciones íntimas o sexuales.

1. RELACIONES MONÓGAMAS

La **monogamia** (del griego mónos, "uno", y gamos, "unión"), en el mundo animal, se refiere a la relación de la pareja que mantiene un vínculo sexual exclusivo durante el período de reproducción y crianza (de las crías). En los humanos, la monogamia es un modelo de relaciones afectivo-sexuales basado en un ideal de exclusividad sexual por un periodo de tiempo indefinido entre dos personas que se suele vincular tras la unión por un vínculo sancionado por el matrimonio.

Monogamia Ideal

La monogamia, también conocida como **monogamia estricta,** (del griego *monos*, "uno", y *gamos*, "unión"), es un modelo de relación basado en un ideal de exclusividad afectivo- sexual por un periodo de tiempo indefinido entre dos personas.

Cada orientación relaciona es individual según la persona. Algunas personas monógamas pueden decidir unir su vínculo por el matrimonio, por la ley o por el derecho consuetudinario. Sin embargo, una persona no deja de ser monógama independientemente de que se encuentre de forma activa o no en una relación y de la durada, calidad y dinámicas de la misma.

Ejemplo: "Clara y yo llevamos casadas 8 años, somos monógamas. Claro que siento cariño y afecto hacia mis amigxs, pero no en el mismo nivel que con mi pareja."

Monogamia Seriada

Se refiere a la práctica de restringir el contacto sexual o amoroso a una sola persona, por un tiempo limitado, después de lo cual se termina la relación para empezar alguna otra.

Aunque se entiende que nunca hay más de una pareja al mismo tiempo, en la práctica, suele haber un período de traslape con la nueva pareja, pero también suelen existir períodos sin relación o de soltería.

> Ejemplo:
> Soy una persona monógama, en estos últimos tres meses he salido con Susana y Roberto. Ninguna relación llegó a evolucionar, pero llegué a compartir un tiempo de mi vida con ambos, sin que las relaciones fueran contemporáneas.

Este es el modelo relacional bajo el cual se estructura la sociedad y, por lo tanto, el más común y replicado. Está basada en la idea en la que tú y tu pareja no podéis tener relaciones sexuales, afectivas y románticas fuera de la pareja. La relación monógama se hace que perdure lo más posible y según los casos, hay quienes encuentran a otra persona enseguida y otras que dejan espaciar ese encuentro en el tiempo.

La culturización que impuso la expansión europea expandió la monogamia a todas las colonias, y de ahí al mundo occidental hasta la actualidad. La tradición del matrimonio y la idea de relaciones monógamas están ampliamente enraizadas en la sociedad occidental, especialmente en las esferas de la tradición judeocristiana que lo considera la única manera natural y moral de sexualidad, pero también en la esfera política y social por sus leyes y normas. Se considera engaño cualquier otra relación sexual o romántica fuera del vínculo de la pareja, aun cuando sea un mero coqueteo.

La sociedad occidental establece como forma aceptable y deseable de relación humana la monogamia, bajo un paradigma basado en el amor romántico que en la actualidad domina el pensamiento planetario. En una forma inconsciente, las personas buscan afanosamente establecerse dentro de algún vínculo de pareja, pues admiten que la relación es factible solo entre dos personas. Hoy en día se incluye en dichas personas, a todas las preferencias sexuales. Su alto sentido de posesividad otorga seguridad, pero también sometimiento, y encuentra su contraparte, en la inseguridad y el celo.

A pesar de la expansión de la cultura occidental, en la tradición musulmana y en ciertos grupos étnicos adeptos a la poliginia o poliandria, se han logrado mantener su cultura de relación hasta nuestros días y hasta cierto punto. En unos casos, incrementando la poligamia por despoblación ante problemas de guerra y desastres naturales, y en otros reduciendo sus integrantes a la pareja, por factores globales de economía y sobrepoblación.

Endogamia

Del griego antiguo "dentro", y de "gamos", que significa "casamiento", es la denominación que se da a una unión entre individuxs de ascendencia común, ya sea entre personas de la misma familia, de grupos religiosos, étnicos, etc. Se refiere al cruzamiento entre individuxs que comparten una o más características comunes específicas.

La razón de ser de todo sistema endogámico es defender la homogeneidad de un grupo, de manera que este se mantenga siempre igual a sí mismo y diferenciable de todos los demás.

> Ejemplo:
> Una relación endógama ocurre entre dos personas del mismo contexto social, que desean no perder su estatus.

En el colectivo suelen darse casos de endogamia entre grupos de amistades, ya sean completamente femeninos o masculinos, este fenómeno socio cultura es característico de los entornos queer, ya que en muchos casos es más complicado encontrar personas con la misma orientación sexual. Por esta razón dentro de ciertos grupos ocurren dinámicas endógamas, en las que al cabo de un tiempo la mayoría de las personas han tenido relaciones de algún tipo con las otras.

Monogamia Realista

Es una relación monógama que decide mantener su exclusividad entre dos personas, aunque reconozcan sentir atracción hacia tercerxs.

2. RELACIONES MONÓGAMAS NO MONÓGAMAS

También conocidas como **relaciones intermedias,** este tipo de relaciones se caracterizan por tener una base monógama, sin embargo, algunas de sus prácticas pueden recordar a modelos relacionales no monógamos, lo cual no significan que lleguen a formar parte de esa categoría. Este punto intermedio marca la distancia entre lo que es una orientación relacional y las prácticas sexuales que se quieren vivir dentro de ella.

Las relaciones a seguir se desarrollan al interno de un contexto y estilo de vida monógamo en el que ambas partes de la pareja desean tener una vida sexual más amplia, pero de alguna forma compartida en todo momento. Se está pidiendo libertad sexual, sin que haya vínculos emocionales y sin que impliquen problemas dentro de la relación.

Relación Abierta

Una relación abierta es un término paraguas de la monogamia, que puede presentarse bajo forma de **unión libre** (es la unión afectiva de dos personas físicas, con independencia de su sexo, a fin de convivir de forma estable, en una relación de afectividad análoga a la conyugal) o de matrimonio, donde ambas partes acuerdan tener permiso para tener relaciones íntimas fuera de la pareja, sin considerar esto como una infidelidad.

Relación a Ojos Cerrados

Es una relación formada principalmente por dos personas monógamas, solo que una está cometiendo adulterio sin saber que su pareja es consciente y acepta la situación sin enfrentarse al posible conflicto que surgiría si exigiera exclusividad u otras opciones.

Este término también es aplicado en relaciones de amor libre donde una parte de la pareja permite que la otra tenga relaciones fuera de ese núcleo, con la característica de que la persona que mantiene la monogamia no sepa de estos encuentros.

Amor Libre

El término amor libre es una expresión utilizada para describir un movimiento social que rechaza la institución del matrimonio, que es visto como una forma de esclavitud social.

El objetivo inicial del movimiento fue separar el Estado de los asuntos personales de una pareja como podían ser las relaciones sexuales, el matrimonio, el control de la natalidad, y el adulterio. Gran parte de la tradición del amor libre es una rama del anarquismo, y refleja una filosofía civil libertaria que busca la libertad de la regulación estatal y de la interferencia de la Iglesia en las relaciones personales. Según este concepto, las uniones libres de adultos son relaciones legítimas que deben ser respetadas por todas las partes mientras estén en relaciones emocionales o sexuales.

Según sus facetas, la relación abierta puede ser vista como el estado intermedio entre la relación tradicional que representa la monogamia y las relaciones no monógamas. Sin embargo, la idiosincrasia de cada relación abierta es definida por lxs individuxs involucradxs. No existe un conjunto de reglas o límites para una relación o matrimonio abierto; cada pareja es única al definir lo que funciona para ellxs o no en un tiempo dado.

Esta, es una etiqueta que ha sido usada, y con el tiempo desgastada, juntando conceptos desde el amor liberal, todo el espectro del poliamor y la subcategoría de las exclusividades dentro de una relación. Se han metido tantas terminologías bajo el significado de este término, que en la actualidad significa "todo y nada". Con el tiempo este término, usado para describir y unir todas esas relaciones que no se podían ubicar bajo el modelo monógamo, se han reubicado en este cajón, que ahora se puede sustituir con el término "Relaciones No Monógamas", es decir aquellas relaciones en las que no se requiere exclusividad afectiva y/o sexual.

A la hora de ser aplicada la concepción de relación abierta va más allá de su propia definición, en un contexto monógamo se entiende como una relación cerrada que no tiene exclusividad sexual, es decir que ambas partes pueden tener encuentros íntimos con personas que estén fueran del núcleo de la pareja sin entrar a formar parte de la misma. Sin embargo, en un contexto poliamoroso se puede dar en todas las vertientes que incluyan exclusividad afectiva, pero no se llamará "relación abierta" como tal, sino relación no monógama (incluyendo todas sus diferentes formas) sin exclusividad sexual.

Relación Semiabierta

También conocida como "pareja monogamish", se trata de una relación mayormente monógama, pero en la que se permiten, con limitaciones en la frecuencia o en la manera, algunas relaciones íntimas con tercerxs.

Sería cualquier relación abierta, pero con restricciones y dentro de esa definición caben distintas posibilidades según los acuerdos a los que quiera llegar una pareja. Es un sistema usado por parejas tradicionales que quieren entablar una relación semiabierta de manera gradual, limitada y equilibrada. La pareja empieza de muto acuerdo a poder tener otrxs compañerxs sexuales.

Relación Liberal

Las parejas liberales son relaciones de exclusividad emocional entre dos personas que permiten a la pareja la posibilidad de tener varios encuentros sexuales con la misma persona fuera de la pareja a lo largo del tiempo.

Se tiene una única pareja afectiva estable con la que desea tener una relación principal, a la que se añadirían otras parejas sexuales-estables las cuales conocen a la pareja principal y viceversa, pero en ningún momento las parejas sexuales- estables pasarían a involucrarse emocionalmente.

Relación Híbrida

Son aquellas parejas en las que una de las dos personas tiene, por consentimiento de ambas partes, libertad completa para mantener relaciones sexuales con otras personas, mientras que la otra no lo hace.

Ejemplo:
Una pareja donde haya una persona monógama y otra no monógama.
Una pareja en el que unx de sus componentes sea asexual y otrx no.

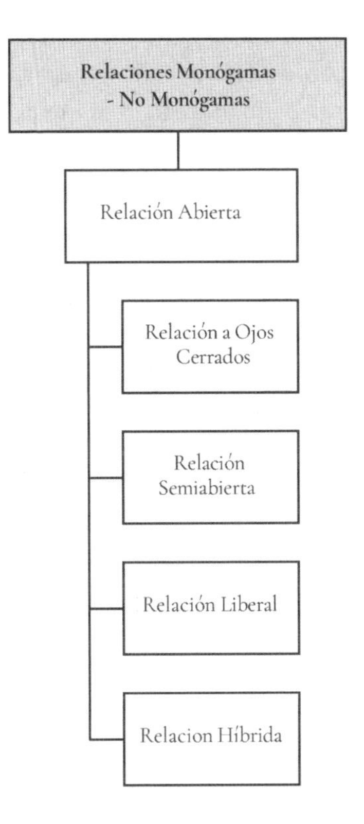

3. RELACIONES NO MONÓGAMAS

Las **no monogamias**, a menudo reconocidas, según el caso, como **no monogamias éticas** o **consensuadas**, son un grupo diverso y amplio en el contexto de relaciones interpersonales.

En sus diferentes versiones, estas se caracterizan por la no exclusividad sexual y/o emocional hacia una sola persona, aportan la idea de que una sola persona no precisa satisfacer todas nuestras necesidades para ocupar un lugar íntimo y de privilegio en nuestras vidas. Por otra parte, estas relaciones se caracterizan por la base sobre la que se desarrollan, al estar implicadas más personas la honestidad, los cuidados hacia todas las personas implicadas y la comunicación son los ideales comunes sobre los que se basan.

Este es un espectro que incluye distintos tipos de modelos relacionales. A menudo se confunden, pero cada uno tiene matices muy específicos que luego cada pareja arregla a su medida. Los tres conceptos que suelen tener en común son la exclusividad o no de índole sexual, la emocional y la romántica. Es decir que una persona puede tener relaciones de diverso tipo, más allá de su (o no) relación principal.

Independientemente del propio modelo relacional, cada relación o deseo de ella que se respete, se basa en los principios de honestidad, confianza, respeto, comunicación y dignidad. Se busca que la comunicación y la negociación sean la base para evitar posibles malos entendimientos y molestias. Se busca la estabilidad y el apoyo emocional. *El objetivo no es tener múltiples parejas sexuales, sino construir relaciones estables, amorosas y de respeto.*

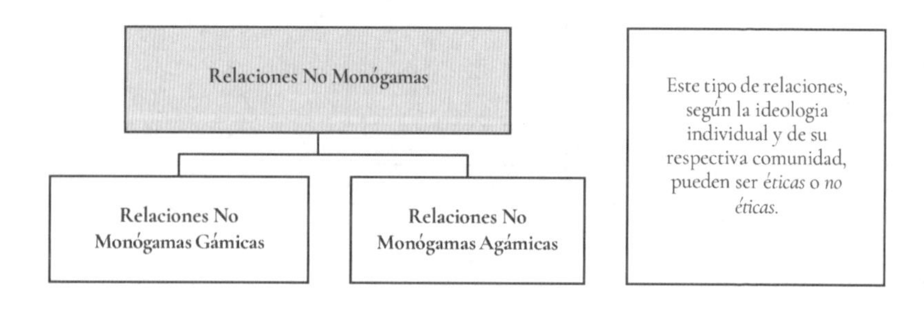

3.1 RELACIONES NO MONÓGAMAS GÁMICAS

Relación Gámica o No Gámica
Es un matiz aplicable dentro de los modelos relacionales no monógamos en los cuales una persona puede decidir ser gámica, es decir formar parejas, o no gámica, rechaza formar parejas. En esta segunda, la base de la relación es lx individux y no el conjunto de la pareja.

Polifidelidad
La polifidelidad es el umbrella term dentro del poliamor, que establece por acuerdo y consenso de todas las partes cerrar la relación sin importar de qué modelo sea.

Este modelo relacional se aplica dentro de un grupo de personas que se comprometen de igual forma a respetar las reglas comunes que se han establecido entre todxs.

Ejemplo:
Una trieja cerrada, un grupo de personas, etc. Por ejemplo, algunos grupos pueden decidir no mantener relaciones sexuales, afectivas o amabas con personas que estén por fuera de ese grupo.

Sin embargo, siempre está presente el elemento de la elección personal y del libre albedrío, lo cual influye que cada relación sea diferente, y que los límites y preferencias de cada unx influyan en la connotación que se dé a la relación. Por ejemplo, añadiendo o quitando privilegios de exclusividad.

Esto puede ocurrir en una relación formada por más personas como puede ser una **trieja**, un **cuarteto**, un **quinteto** – el número puede llegar a ser infinito, y refleja siempre en número de personas que forman parte de la relación. A menudo, se puede usar el concepto de "**constelación** + número", para exponer cuántas personas forman parte de la relación y su distinta distribución jerárquica, en el caso de que con cada individuo mantenga distintas uniones de exclusividad.

Parejas Swinger

También conocida como práctica **swinging** o **swinger**, este modelo relacional se basa en que entre las dos personas o más personas que forman la pareja, exista una exclusividad afectiva, pero no una exclusividad sexual, con la peculiaridad de que tu pareja tiene que estar presente cuando se producen los intercambios sexuales con otras personas.

Esta práctica se desarrolla en un entorno prevalentemente monógamo, en el cual ambas personas tienen un deseo o fetiche de acostarse con otras personas, sin perder lo que representa su relación principal. En algunos casos, el interés es puramente sexual, aunque las parejas con las que se hace el intercambio pueden volverse fijas y establecer o no también una relación emocional o pueden seguir cambiando según lo que quiera cada unx. Obviamente, esto depende siempre de la orientación relacional de la pareja en cuestión. Sin embargo, con el tiempo ha ido abarcando todos los modelos relacionales y obviamente también las personas solteras que puedan identificarse con este tipo de acercamiento a las relaciones interpersonales. Esta práctica implica un cierto estilo de vida que se desarrolla principalmente en clubs, locales, fiestas, todo entorno en el cual las otras parejas que se encuentre también estén buscando lo mismo.

A las personas que se relacionan de esta manera, pero mantienen su soltería, se las llama **personas liberales**, es decir que mantienen una vida sexual activa independientemente de que tengan o no una pareja.

Aquí suelen darse los **"intercambios de parejas"**, es lo que pasa cuando una pareja encuentra a otra pareja que ambos miembros consideran igualmente atractiva y con la cual deciden tener relaciones sexuales. Aunque se llame intercambio, suele haber casos en los cuales no todos los miembros participan. Esto puede darse por diferentes razones, no todos están atraídos de igual forma a los otros componentes, pueden no apetecer, quizás se quiera participar solo en parte o simplemente mirar, por lo tanto, se interviene de vez en cuando. Estos matices suelen variar de persona a persona y según el contexto y la ocasión.

Las subcategorías del swingering pueden ser infinitas y se adaptan respectivamente al modelo relacional del individux, de la pareja o de las parejas no monógamas:

Swingering Suave

Es una práctica sexual que suele ejercerse en parejas que no desea intercambiar su propix partner, pero si desean formar parte del estilo de vida swinger.

> Ejemplo:
> "Nos gustan los locales swingeres y el sexo en público, pero solo lo practicamos entre nosotrxs."

Swingering en Trieja, Grupo Cerrado, etc.

Es una práctica sexual dentro del mundo swinger en el que el intercambio de parejas es consentido entre grupos cerrados de parejas estables.

Ejemplo:
"Nos gusta el intercambio de parejas, pero solo con personas que conocemos. Como con Alicia y Matteo, o con Greta y Sara."

BDSM & Dominante (D) en la No Monogamia

BDSM se trata de una sigla que combina las letras iniciales de las palabras bondage, disciplina, dominación, sumisión, sadismo y masoquismo. Es un término creado para abarcar un grupo de prácticas eróticas libremente consensuadas que, en algunos casos, son consideradas como un estilo de vida.

No todos los componentes de la pareja pueden estar interesados en participar en esta práctica, por eso se permite el intercambio de algunas personas para sustituir el rol de Dominante (D) o Sumisx (S), para que la propia pareja pueda cumplir sus fantasías dentro del consentimiento interno a la relación.

Ejemplo:
"Puedes hacer de D, pero solo si hay sexo y no hay conexión emocional", "Puedes hacer de D/s (Dominante/sumisx) solo si no hay sexo".

O "A mi pareja no le gusta el BDSM, así que hemos acordado que puedo buscar a alguien a que sí le gusta con quien hacerlo", "Me gusta ver como otra persona domina a mi actual pareja."

Cuckolding

Viene del cuco, "cuckoo", porque las crías del cuco son criadas por machos de otras especies por engaño, se refiere a una persona que tiene una pareja adúltera y disfruta viendo cómo mantiene relaciones sexuales con tercerxs. En esta práctica-fetiche hay tres vértices: el cuck, es lx compañerx del sumisx; el bull es la tercera parte que no forma parte de la pareja de forma estable; y el cuckoldress, es la persona de la pareja que mantiene relaciones sexuales.

Saliendo con Gente

Ejemplo:
"Nunca he especificado que no seamos exclusivos. Tampoco he dicho que lo seamos."

Polisexo

Es una práctica sexual que se ejerce dentro de una pareja compuesta por más personas en el contexto del poliamor, en el cual participan todas las personas que componen la relación.

Poligamia Religiosa y/o Social

Es un tipo de polifidelidad que se da dentro de contextos culturales y religiosos. Consiste en un grupo de personas que normalmente se comprometen en no tener relaciones sexuales o afectivas con personas que no formen parte de ese grupo.

A menudo quienes practican la poligamia forman lo que se llega a ver como grandes familias a través de la ceremonia del matrimonio. Son relaciones cuyo objetivo es que sean duraderas y que formen una comunidad. En este contexto, la herencia relacional de la cultura es la poligamia, sin embargo, puede haber individuxs que decidan distanciarse y practicar la monogamia u otros modelos relacionales.

> Ejemplo:
> Mi marido murió, como hermano suyo es tu deber darme un hijo. Como líder de esta nueva religión, tengo derecho a un harén. Yo os declaro marido y mujer y segunda mujer. Ya que ese es el deseo del Profeta, debemos casarnos.

Este tipo de poligamia se cuestiona si definirla ética o no, dado que establece y mantiene privilegios de género.

Existen distintos tipos de poligamia según cual sea el género dominante, esta persona supone la parte privilegiada de la pareja además de ser quien lidera. Por esta razón no tienen el mismo poder o relevancia.

En este tipo de relaciones jerárquicas, las otras mujeres o maridos no tienen relación sí, sino solo con la persona principal del lazo afectivo.

1. **Poliandria:** Es cuando una mujer tiene distintas relaciones con varios hombres, en un grupo cerrado, y ella es núcleo que mantiene unida la relación.
2. **Poliginia:** Es cuando un hombre tiene distintas relaciones con varias mujeres, en un grupo cerrado, y ella es núcleo que mantiene unida la relación.

La mayoría de nosotrxs llegamos al considerar las relaciones no monógamas, tras un recorrido personal. Por lo tanto, nuestra elección de indagar y de escoger ese camino es puramente personal, la persona se ha dado cuenta de que la monogamia lx limita o que no forma parte de cómo vive la experiencia de estar en una relación. Es en todos los sentidos una elección personal, mientras que la poligamia no se elige, es un modelo relacional que es dado por el contexto en el que naces, como puede ser en otras partes del mundo la monogamia.

Relación Grupal y Matrimonio Grupal

El término fue popularizado por lxs novelistas Robert Heinlien y Valentine Starhawk, esta práctica suele darse en sociedades comunales. Es una relación polígama donde se considera que todos los miembros están igualmente asociados unos entre otros.

Poliamor

El concepto se originó en el ámbito angloparlante, y se designa mediante la palabra "polyamory". Para traducir este concepto al idioma español, se utiliza la palabra poliamor y no poliamoría. La palabra "polyamory" está compuesta por una partícula tomada del griego (poly) y otra tomada del latín (amory). El poliamor es un término paraguas que se refiere a mantener relaciones amorosas y/o sexuales de manera simultánea con una o más personas, con consentimiento y conocimiento de todxs lxs involucradxs.

Las personas que se identifican como poliamorosas típicamente rechazan la visión de que la exclusividad sexual y/o la emocional son necesarias para tener relaciones amorosas profundas, comprometidas y a largo plazo. Siendo solteros o estando ya en una relación monógama o abierta. El sexo no es necesariamente un interés primario en las relaciones poliamorosas, que usualmente consisten en la búsqueda de construcción de relaciones a largo plazo con más de una persona basados en acuerdos mutuos, donde el sexo es solamente un aspecto más en dichas relaciones. En la práctica, las relaciones poliamorosas son bastante diversas e individualizadas de acuerdo con aquellxs que participan en ellas. Para muchos, estas relaciones se construyen idealmente sobre valores como la confianza, lealtad, la negociación de límites y la comprensión. Las habilidades y actitudes necesarias para manejar relaciones poliamorosas agregan retos que no se encuentran frecuentemente en el modelo tradicional de relaciones a largo plazo de "parejas y matrimonios".

En las relaciones poliamorosas no hay exclusividad sexual ni exclusividad afectiva, es decir que tanto tu como tu pareja podéis mantener relaciones sexuales y afectivas con otras personas ajenas a la relación. Es muy importante que por ambas partes haya consenso y que haya conciencia de la situación.

Un individuo que tiene pareja y cuyas otras relaciones, supuestamente poliamorosas, que mantiene son a escondidas de la pareja misma, no se puede considerar como poliamor. Eso es **traicionar** y mentir al propix compañerx, todo lo que pase en una relación poliamorosa debe ser acordado y establecido entre las personas que la componen, no a escondidas de una u otra.

Ejemplo:
"Sofía y Alessandro decidieron abrir su relación con Amanda", "Este es mi marido que viene con su novio, mi novio y nuestra novia Jessica. Su marido llega más tarde."

EL POLIAMOR ES	EL POLIAMOR NO ES
• La filosofía y práctica de amar a varias personas simultáneamente de forma no posesiva, honesta, responsable y ética • Vínculo serio, íntimo, romántico y cariñoso que una persona tiene con otra o con un grupo de personas, basados en acuerdos y compromisos • Puede implicar o no intimidad sexual • Existe lealtad y fidelidad hacia el resto de compañeros/as sentimentales • Existe igualdad en ambos géneros • Se elige conscientemente con cuantas personas se quiere estar involucrado/a • Se tiene claro que la/s pareja/s no son de su propiedad. • Existe igualdad sexual. • Existe apertura a todas las orientaciones sexuales (opcional). • Se goza con la felicidad de la/s pareja/s.	• Sinónimo de poligamia, establecida como sistema social en el que no todos los individuos tienen los mismos derechos, pues generalmente se favorece al género masculino. • Tampoco la poliginia (un hombre casado con varias mujeres) ni la poliandria (una mujer casada con varios hombres) ya que no hay igualdad de géneros y por lo general no aparecen juntos en una misma sociedad • Relaciones extraconyugales o infidelidades, las cuales se viven frecuentemente con preocupación, engaño, vergüenza, culpabilidad, tristeza y rencor. Se relaciona en general con la traición. • Tener varias parejas sexuales, sin que estas tengan el conocimiento de la situación. • Relaciones casuales, sin ningún tipo de acuerdos ni compromisos. • Orgías, swingers.

Se trata de responsabilizarse de las emociones del otrx, es decir, darse cuenta de cómo los propios actos afectan emocionalmente al resto de personas implicadas, aprender a amar desde la libertad, comprometerse a trabajar la propia autoestima, a cuestionar el heteropatriarcado, cultivar relaciones honestas y acordes con quien se es y tomar las riendas de la propia afectividad.

Poliamor Neoliberal
Es una visión de las relaciones no monógamas, que se basa en el consumo de cuerpos y no en crear vínculos afectivos, tiene su base en la idea social de que "más es mejor".

Puede darse el caso de que muchas personas que dicen tener relaciones no monógamas, no se comprometen afectivamente con sus parejas. Desgraciadamente, no todx el mundo que se adentra en el mundo de las parejas con más de dos personas involucradas, aunque esta misma actitud se puede encontrar en parejas monógamas, de relación esporádica, o de algún otro tipo como la amistad, se toma como una verdadera responsabilidad sus deberes éticos hacia la/s otra/s personas/. Obviamente, cada individux es libre de llevar sus relaciones como quiera, pero siempre hay que ser conscientes de que cuando nos relacionamos con otra persona hay emociones de por medio y, siempre debería haber, escucha y respeto.

Este tipo de acercamiento a las relaciones poliamorosas puede resultar nocivo, ya que carece de ética, puede acabar basando la autovaloración en la cantidad de relaciones que unx tiene, y no en su calidad. Algo que define este tipo de relaciones son la falta de cuidado, de responsabilidad afectiva y la presencia de conductas tóxicas.

Existen distintas estructuras relacionales dentro del poliamor:

1. **Poliamor Trieja**
   Es una relación poliamorosa formada por tres personas, en la que todxs sus componentes se relacionan entre ellxs y mantienen una exclusividad afectiva entre sí.

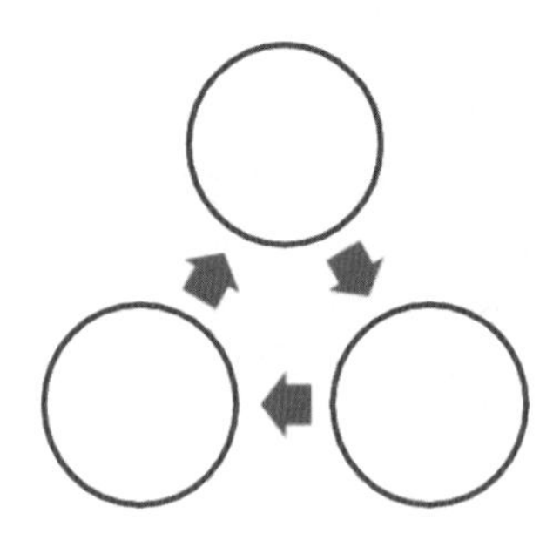

2. **Poliamor Triángulo (o "V")**
   Es cuando una persona mantiene una relación estable con dos personas que no tienen una relación entre ellas, sino solo con la principal.

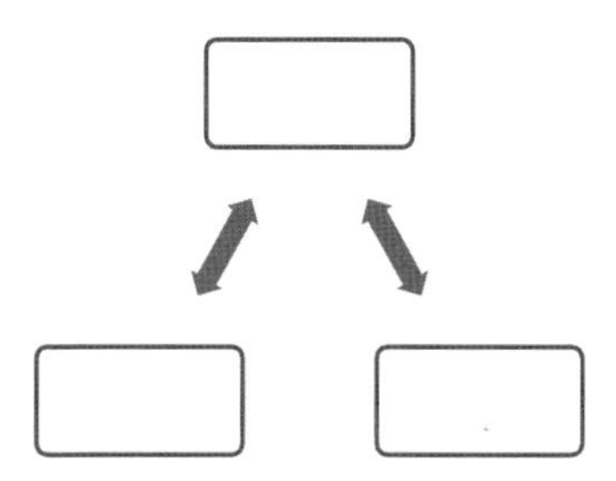

3. **Poliamor Jerárquico**
   Es cuando se mantiene una **relación principal** y el resto de relaciones son parejas secundarias. Es piramidal. Hay una relación principal, y la jerarquía se basa en una gestión de privilegios (el hogar, la familia, el tiempo), más que en una clasificación del nivel de afectividad. Lo que distingue estos dos grupos es que con la relación principal se comparte un plan de vida en común, con las responsabilidades que ello comporta.
   Nos referimos a una orientación relacional en la que más de una persona se etiqueta como pareja, pero existiendo una principal, que tiene derecho a **vetar (veto)**, es decir a exponer su propia opinión y sus propios límites hacia una pareja secundaria de su pareja primaria, otras posibles relaciones, las parejas secundarias entran en juego con el beneplácito de la principal. También conocido como **multipareja** o **arreglos geométricos**, se describe por el número de personas involucradas y su relación de conexión.

   Ejemplo:
   Una tríada o cuadra, presentan un vértice que corresponde al individuo que tiene dos conexiones. Cuando mantienen relaciones todxs entre todxs se denomina triángulo o trieja (en caso de ser tres), cuadreja (en caso de ser cuatro) y así sucesivamente.

Cuando el poliamor jerárquico se extiende, se crea una **red de relaciones conexas ponderadas**, donde cada persona puede tener varias relaciones, en diversos grados de importancia, con varias personas.

- **Relaciones primarias:** la/s relación/es más cercanas y con la/s que existe mayor nivel de intimidad y compromiso, se suele tener un vínculo de matrimonio, de vivienda, económico y/o de hijos/as. Se tiene un plan a largo plazo.
- **Relaciones secundarias:** relación cercana, pero a la que no se le brinda la prioridad en cuanto a tiempo e intimidad. Existe generalmente un vínculo sexual y emocional, pero no existe un plan o compromiso a largo plazo, o es más débil que el que se tiene en la relación primaria.
- **Relaciones terciarias:** se tiene un vínculo emocional y/o sexual esporádico, así como comunicación, aunque por lo general no existe continuidad en la relación o frecuencia de encuentros.
- **Etc.**

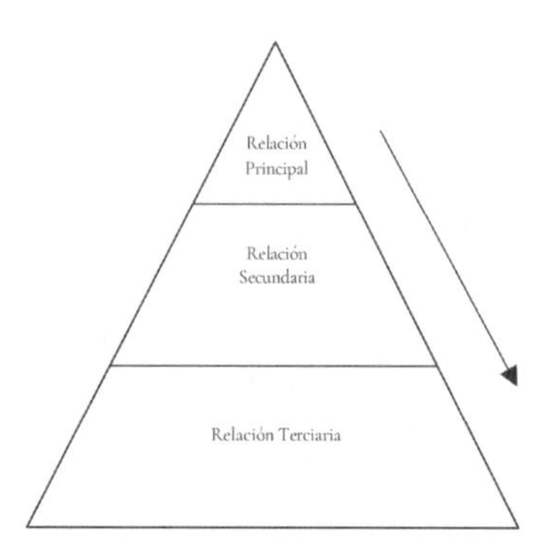

4. **Poli/Monogamia**

Dentro de este modelo relacional se encuentra una persona monógama y una que practica la no monogamia.

Este tipo de modelo relacional puede ser complejo y requiere de mucha inteligencia afectiva y de empatía hacia el otrx. Estas dos personas se enamoran, teniendo dinámicas distintas en las que viven las relaciones. Cuando hablamos de poliamor y monogamia, entendemos dos modelos distintos de vivir y comprender las relaciones que en parte reflejan nuestras creencias personas que queremos practicar.

En el caso de que ambas orientaciones no consigan coexistir, siempre es posible que una persona monógama pueda experimentar en el campo del poliamor, que una persona poliamorosa deje de **practicar** el poliamor, o bien que cada unx mantengan su orientación relacional, pero que respecten el acuerdo interno de la pareja que varía de persona a persona.

> Ejemplo:
> "Somos una pareja Poli/Mono. Yo solo mantengo una relación afectivo-sexual con mi pareja, él en cambio, al orientarse como no monógamo, sale con más gente. Yo decido estar al corriente."

5. **Poliamor Unicornio**

También conocido como **poliamor con una persona polisexual**, es un tipo de trieja en la cual una persona es heterosexual, sin embargo, lxs otrxs dos son personas que pueden estar atraídas por más de un género. Esta condición implica que todas las personas que forman parte de la relación están emocionalmente y sexualmente implicadas entre ellas.

Se acostumbra denominarla "unicornio", porque es una situación algo difícil de encontrar y que todas las personas involucradas reciproquen el deseo de las otras.

> Ejemplo: "Estamos buscando a nuestra tercera persona para completar nuestra familia. Mi marido me permite tener un amante, pero no puedo estar con otro hombre. Solo puedes ser mi amante si aceptas ser también el amante de mi marido"

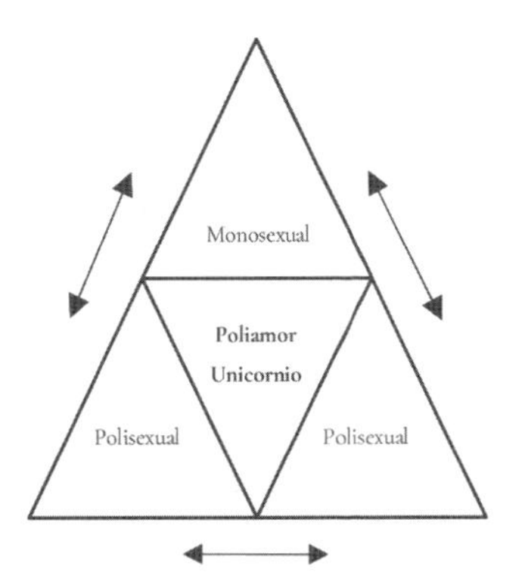

Esta es la formación más común, sin embargo, también puede existir en otras variantes.

> Ejemplo:
> Trieja homosexual, trieja bisexual, etc.

6. **Poliamor No Jerárquico**
El poliamor no jerárquico trata de ser igualitario al equilibrar en el mismo plano a todas las personas categorizadas como pareja, ya no existe pirámide, todas las relaciones están al mismo nivel, y existen etiquetas para nombrar las diferentes relaciones (romántica, amistosa, sexual...). Sin embargo, su diferente categoría no significa que su importancia sea inferior a otras. En este modelo no hay relaciones prioritarias, sino que están todas al mismo nivel, no hay relaciones primarias o secundarias, sino que tienen toda la misma importancia. En este caso no existe derecho a veto, ya que ninguna relación tiene derecho a privilegios. Sin embargo, la/s pareja/s siguen teniendo prioridad a la hora de ofrecer cuidados, comparado con amistades, relaciones sexuales esporádicas y demás. La crianza, convivencia y la economía siguen en el terreno de la pareja.

7. **Poliamor No Jerárquico**

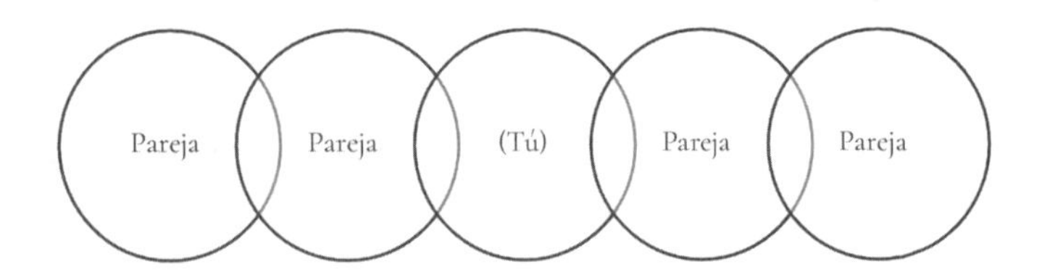

8. **Anarquía Relacional**
En este modelo relacional no hay exclusividad emocional y/o sexual con una o más personas en particular. Existe la peculiaridad que todas las relaciones que se tengan, se encuentran al mismo nivel, y no hay ninguna que sea prioritaria por encima de las otras. No existen jerarquías, se destruye el concepto de etiquetas, ya que se entiende que cada relación, también fuera del espectro relacional romántico, es única en sí misma. Se eliminan los estereotipos y no hay división entre lo romántico, lo amistoso o lo sexual.
Por la naturaleza de este tipo relacional, desaparecen cualquier tipo de etiquetas para pasar a formar parte de una red de amor en el que todas las personas se colocan por igual. La anarquía relacional es una filosofía de vida que pretende desmontar toda la dinámica de las

jerarquías y los privilegios, sexuales u afectivos, entre los distintos grupos de personas que forman parte de tu vida. Pone en cuestión la forma con la que nos relacionamos con lxs componentes de nuestras vidas, proponiendo una perspectiva horizontal más igualitaria.
Llega para eliminar los privilegios de pareja (presentes en todos los modelos anteriores) y dar más importancia a lo que se concibe como amistad y a todas las relaciones que se sitúan entre pareja y amistad/conocidxs, se tengan o no relaciones sexuales. Habitualmente, las personas anarcorrelacionales se abstienen de poner ninguna etiqueta a sus seres queridxs, para mantener todavía más el carácter único y genuino de cada relación, garantizando un trato equitativo.

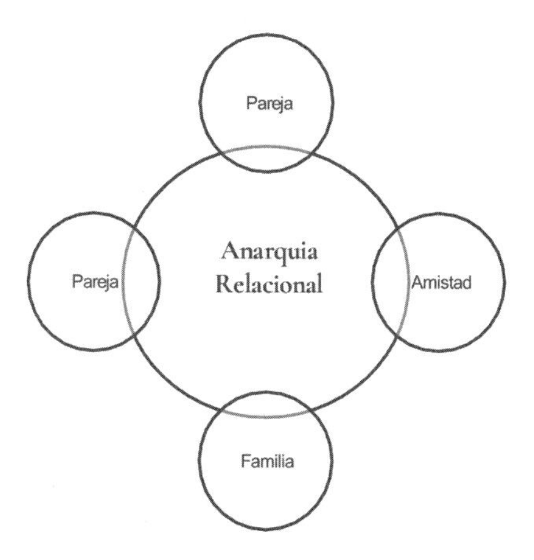

Clan o Tribu

Donde las relaciones de amistad, amor y sexualidad obedecen a redes complejas entre sus miembros, manteniendo entre todos una identidad y cuidado común.

Algunas personas pueden describirse como poliamorosos incluso manteniendo relaciones exclusivas, al mantener lazos afectivos con más de una persona.

También es cierto que es un acercamiento muchos más utópicos a otros modelos relacionales y, por lo tanto, es mucho más difícil de alcanzar.

Ejemplo: "Mi responsabilidad emocional hacia mis amigxs es igual de importante y prioritaria que esa que tengo con mi familia."

Comunidad No Monógama

Es un colectivo de personas con intereses en modelos relacionales no monógamos, con enfoque lúdico y pedagógico. Estas comunidades buscan crear un lugar de encuentro para personas que no viven una realidad monógama o que buscan información sobre las no monogamias. No son un lugar donde poder encontrar pareja, aunque el contexto no lo limite.

Estas comunidades pueden tener un lugar fijo de encuentro como una asociación en la que reunirse, pueden celebrar eventos y ser comunidades abiertas a la hora de aceptar nuevas personas en el grupo o no. Proporciona una comunicación fluida con personas que pueden entender una misma situación, que comparten un sentimiento de comunidad y de protección.

Contrariamente, al estereotipo social que se tiene, los objetivos de estas comunidades no son la gratificación sexual y el erotismo en general.

Este tipo de comunidades tratan de crear un lugar común para aquellas personas que no se sientan identificadas con la estructura relacional social que se encuentra en la mayoría del mundo. Estos grupos no hacen otra cosa que simular las dinámicas sociales de encuentro, como pueden ser las quedadas con un grupo de amigxs, las reuniones de un voluntariado, grupos de comunidades, un equipo de deporte, etc. Todas estas personas comparten intereses comunes y al encontrarse crean un espacio seguro con ciertos elementos en común, no es solo una característica de personas dentro del colectivo.

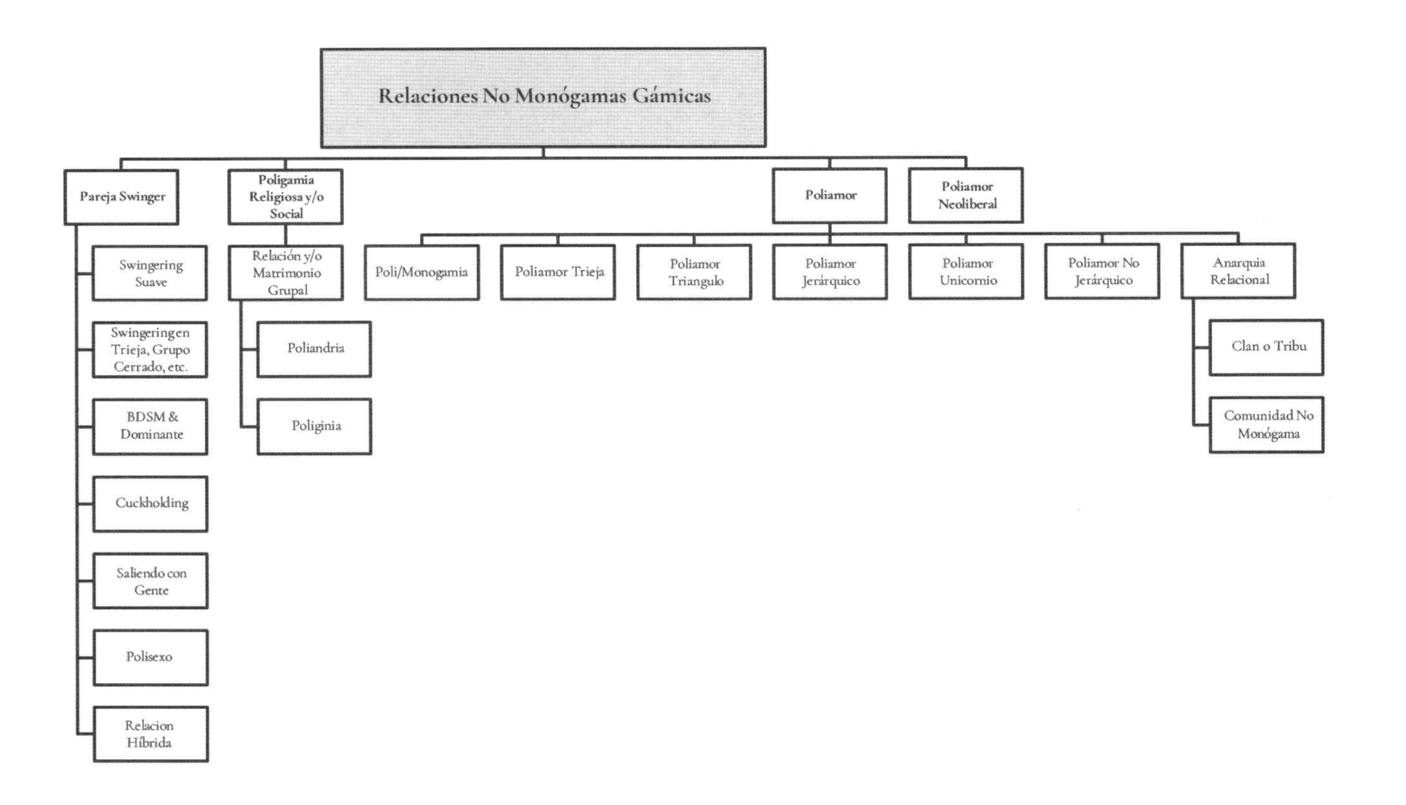
Relaciones No Monógamas Gámicas
Pareja Swinger
Poligamia Religiosa y/o Social
Poliamor
Poliamor Neoliberal
Swingering Suave
Swingering en Trieja, Grupo Cerrado, etc.
BDSM & Dominante
Cuckholding
Saliendo con Gente
Polisexo
Relacion Híbrida
Relación y/o Matrimonio Grupal
Poliandria
Poliginia
Poli/Monogamia
Poliamor Trieja
Poliamor Triangulo
Poliamor Jerárquico
Poliamor Unicornio
Poliamor No Jerárquico
Anarquia Relacional
Clan o Tribu
Comunidad No Monógama

3.2 RELACIONES NO MONÓGAMAS AGÁMICAS

Agamia

La única no monogamia no gámica parte de la idea de que no existe una manera equilibrada e igualitaria de formar pareja (gamos), por ser esta un constructo estrechamente asociado al capitalismo y al patriarcado. Por este motivo, se rechaza voluntariamente el formar pareja (especialmente si hemos conocido a alguien que estaría interesadx en serlo) y se dejarán evolucionar las relaciones libremente.

Este modelo busca moderar las expectativas individuales y sociales que nos producen sufrimiento; así como evitar a toda costa la desigualdad estructural que acontece, especialmente, en las relaciones heterosexuales.

Soltería Elegida

No se centra en la multiplicación de vínculos con dinámicas de pareja y relaciones sexoafectivas, sino que la soltería escogida de forma consciente, es también una alternativa para retar la monogamia y su sistema de jerarquización de personas, según si uno se adapta o no a sus mandatos.

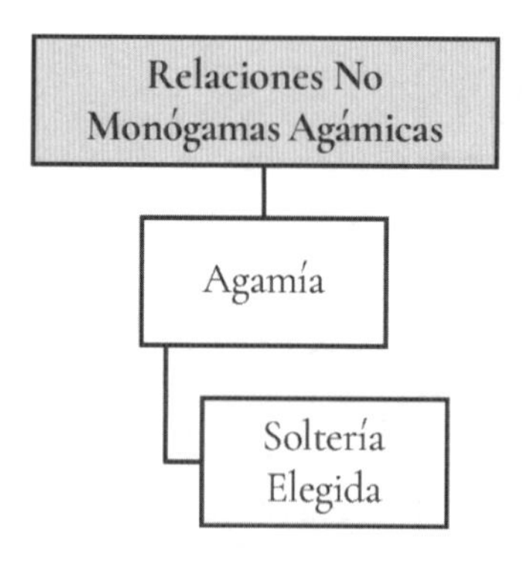

CONCEPTOS RELACIONADOS

Capas de Las Relaciones

Estas capas se pueden aplicar a cualquier tipo de modelo relacional, son aquellos puntos principales que construyen una relación: la exclusividad afectiva y/o sexual. En cada pareja estos puntos pueden coexistir al igual que estar presentes por separado, o completamente ausentes.

Las distinciones a seguir, sobre todo en el contexto no monógamo, ayuda a matizar y distinguir los diferentes roles y privilegios dentro de la relación

CON EXCLUSIVIDAD	SIN EXCLUSIVIDAD
Exclusividad afectiva y sexual En esta capa hay exclusividad afectiva y exclusividad sexual.	Sin exclusividad afectiva ni sexual En esta capa no hay exclusividad afectiva, ni hay exclusividad sexual.
Exclusividad afectiva En esta capa si hay exclusividad afectiva, pero no hay exclusividad sexual. Ejemplo: "Somos monógamxs, pero cuando Alejo se va de viaje, podemos acostarnos con otras personas", "Puedes tener otras parejas, pero prefiero que no compartas conmigo mucha información de lo que hacéis", "Podéis quedar en nuestra casa, pero cuando yo vuelva no quiero cruzarme con el/ellx."	Sin exclusividad sexual En esta capa sí hay exclusividad afectiva, pero no hay exclusividad sexual. La diferencia con el swingering es que los dos componentes de la pareja pueden mantener relaciones con terceros sin tener que estar juntxs. Ejemplo: "Tú y Steven podéis quedar a solas."
Exclusividad sexual En esta capa no hay exclusividad afectiva, pero sí hay exclusividad sexual.	Sin exclusividad emocional En esta capa no hay exclusividad afectiva, pero sí hay exclusividad sexual. Ejemplo: "Solo quedamos para tener sexo. Ni siquiera somos follamigxs porque no sé nada de él."

Acuerdo o Contrato de Pareja

Un acuerdo es un compromiso que se establece dentro de una relación, independientemente de su orientación monógama o poliamorosa, para realizar o no ciertas prácticas.

Suele abordar los límites de cada pareja, tratando la exclusividad o la falta de ella, en contexto sexual, emocional y/o afectivo. De ahí se pueden desarrollar otras categorías secundarias sobre los temas, prácticas, límites o preferencias de cada componente de la relación.

Los acuerdos de la relación tienen que ser definidos por las componentes de la pareja. Cada persona es diferente y lleva consigo su propio bagaje de preferencias y límites. Hay acuerdo de **comunicación total**, en los que la pareja se cuenta todo lo que hacen con otras personas ajenas a la relación, y hay otras de **comunicación nula** o **parcial**. Que, como cuyos nombres indican, no comparten nada de las relaciones extra conyugales con la pareja principal, o comparten solo parte de lo que la pareja vive fuera de la relación según los criterios que esta misma quiera saber o no.

> Ejemplo:
> "Cada vez que te acuestes con una persona fuera de la pareja, necesito que uses un método anticonceptivo para no contraer una ETS" o "No quiero que mantengas relaciones sexoafectivas con mis compañerxs de trabajos, familiares y amigxs."

Es aconsejable poner todos los acuerdos por escrito y tenerlos monitoreados en el caso de que se quieran quitar, modificar o aclarar. Con el tiempo cada vez se necesitarán menos, ya sea porque se habrán interiorizado o porque la persona que los ha puesto los ha dejado de necesitar. En ningún momento es conveniente o útil desarrollar puntos del contrato en el que una de las dos partes no esté de acuerdo. No solo podría llevar a tener malentendidos y peleas, sino que, al infringir ese límite, se podría llegar a herir a la otra persona.

Los contratos suelen ser de gran ayuda a la hora de abrir una relación, pero también para mantenerla, ya que, si puede surgir una duda, ahí estarán vuestros límites para aclararla. Según va pasando el tiempo puede que haya algunos apartados que habíais escrito que no te dan tanto miedo como pensabas y decides quitarlas, al igual que otras siguen dándote miedo, pero las has ido trabajando y ya no te imponen tanto.

Así también, las reglas están sujetas a cambios con el tiempo, en la medida que las personas y sus relaciones evolucionan.

Ejemplo:

ACUERDO DE RELACIÓN

Este acuerdo de escribe con la función de estabilizar el equilibrio de la relación, aclarar los límites y necesidades de cada una de las personas en la relación a través d ellos diferentes puntos en los que se desarrolla el contrato a continuación.
Nos basamos en los principios de comunicación, confianza, empatía, sinceridad y respecto para llevar a cabo este acuerdo. El conocimiento y el consenso de todas las partes implicadas es vital para poder desarrollar y construir vínculos.

Escrito por _____ y _____ con fecha __/__/__ , actualizado el día __/__/__.

1. **CLAUSULAS DE LA RELACIÓN**
Generales

___

Mensajes

___

Quedadas

___

Técnicas
· Los acuerdos se pueden modificar en cualquier momento bajo el acuerdo de las dos partes.

1.1 **MODELO RELACIONAL**
¿Qué modelo de relación tenemos?

☐ Mónogama
☐ Swinger
☐ Liberal
☐ Poliamorosa jerárquica
☐ Poliamorosa no jerárquica
☐ Anárquica relacional
☐ Polisexo
☐ Multipareja
☐ No monógama
☐ Sin etiqueta
☐ Exclusividad afectiva y sexual
☐ Exclusividad afectiva
☐ Exclusividad sexual
☐ Sin exclusividad ni afectiva ni sexual

Otros (Especificar):

___

2. **OTRAS RELACIONES**
¿Qué tipo de relación queremos con otras personas?
☐ Relaciones afectivas ☐ Relaciones sexuales ☐ Relaciones afectivas y sexuales
Otras (Especificar):_______________________________

Prácticas sexuales convencionales permitidas
☐Flirteo ☐ Caricias/besos ☐ Sexo oral
Otras (Especificar):_______________________________

Prácticas sexuales no convencionales permitidas

☐ BDSM	☐ Orgías
☐ Tantra	☐ Exhibicionismo
☐ Fetiches	☐ Voyerismo
☐ Trios	☐ Sexo en locales/Club swingers

Otras (Especificar):______________________________________

Prácticas técnicas
☐ Penetración vaginal ☐ Penetración anal ☐ Sexting

¿Cuándo podemos ver a nuestras relaciones?
☐Sin restricciones
☐Fines de semana
☐Entre semana
☐Todos los días excepto fechas señaladas:
Otras (Especificar):______________________________________

¿Dónde podemos ver a nuestras relaciones?
☐Casa donde convive la pareja o uno d ellos miembros del acuerdo
☐Casa de las personas no incluidas en el acuerdo
☐Hotel
Otras (Especificar):______________________________________

3. **PROTECCIÓN (ETS e ITS)**
☐Preservativo en el sexo oral
☐Preservativo en la penetración
☐Acuerdo de fluidos* (Derecho a veto: ☐Sí o ☐No)

☐ Analítica cada 3 meses ☐ Analítica cada 6 meses ☐ Analítica anual

Acuerdo de Fluidos

Es un compromiso entre dos o más personas de mantener relaciones sexuales sin métodos de barrera de forma exclusiva.

> Ejemplo:
> Dentro de dicho acuerdo se puede hablar de cómo se realizará sexo oral, si se utilizará protección en el uso de juguetes eróticos, cada cuanto tiempo se realizarán analíticas ITS, etc.

Como todo acuerdo es deseable consensuarlo de una manera consciente, libre e informada. Esto se puede hacer de distintas maneras: acordando no tener relaciones sin barrera con personas fuera del acuerdo; consultar con cuáles personas fuera del vínculo se permite; y en el caso de que no haya ninguna exclusividad específica, cómo y cuáles medidas piensan tomar las personas involucradas.

"Abrir la pareja"

Es la expresión que se utiliza cuando una pareja decide iniciarse en el poliamor, pasando de estar cerrada y tener dos componentes, al abrirse y dar la posibilidad que más personas puedan formar parte del propio núcleo de la relación según el modelo relación que la pareja principal quiera.

Normalmente, se trata de parejas que hasta ese momento habían estado practicando la monogamia, y que por alguna razón deciden cambiar su orientación. Por lo tanto, abrir la pareja se refiere al primero proceso de adaptación en el cual la pareja se abre, decide cuáles son y no son sus exclusividades, su modelo relacional y empieza a ponerlo en práctica.

"Cerrar la pareja"

Esta expresión suele usarse en dos momentos: cuando una pareja, tras haber experimentado en el mundo no monógamo, ve que no es un estilo de vida que comparten o que les represente. Y en el caso de que una pareja no monógama, se decide que no quiere seguir ampliando la relación a más individuxs, y por lo tanto, deciden cerrarla.

En este caso el número de personas involucradas se mantendrá, ya que el deseo no es deshacerse de lxs componentes, sino mantener el número sin que se vayan añadiendo nuevxs componentes.

Celos

Son un sentimiento que experimenta una persona cuando sospecha que la persona amada siente amor o cariño por otra, o cuando siente que otra persona prefiere a una tercera en lugar de a ella.

Cowboy o Cowgirl

Es un término que hace referencia a las personas que entran en una relación poliamorosa con la esperanza de atraer a su pareja hacia la monogamia.

Este comportamiento no siempre suele ser intencional, pero puede manifestarse cuando un metamor intenta limitar las relaciones con su ser querido y sus otros vínculos afectivos, la mayoría de conflictos nacen de un deseo de exclusividad.

Compersión

La compersión es un sentimiento de felicidad que una parte de la pareja siente hacia la otra persona que ha encontrado en una tercera, además de ella, cariño y amor. En las relaciones no monógamas la compersión es el sentimiento opuesto a los celos. Supone el apoyo y la alegría de la propia pareja al haber encontrado a alguien con quien ampliar el propio lazo sentimental.

Engaño

Acción o conjunto de palabras o acciones con que se engaña a alguien o se le hace creer algo que no es verdad.

Ética

La ética, dentro del contexto de una relación supone el conjunto de costumbres y normas que dirigen o valoran el comportamiento humano en una comunidad o persona.

Dentro de las relaciones no monógamas se habla mucho de ética, no todas las relaciones son éticas, independientemente de su modelo relacional, sin embargo, en el poliamor se da espacio para una construcción individual. Es decir, que los principios de la propia relación y de la propia orientación relacional se basan sobre unos principios que suelen direccionarse en un lugar de comunicación y respeto.

Al ser un contexto que todavía no ha visto grandes imposiciones sociales, sino que mucha autoexploración y empatía, busca al relacionarse con más de una persona ser responsables y respetuosxs. Sin embargo, no toda persona que practique la monogamia lo hace de forma ética, y de ahí que la diferencia entre "no monogamias" y "no monogamias éticas" se vuelve clave. Con este matiz, destacamos que no todas las poligamias son éticas, al igual que cualquier modelo relacional. No solo depende de la ideología del propio círculo, sino de la forma de vivenciar la relación y la ideología desde una perspectiva individual.

Fidelidad

Firmeza y constancia en los afectos, ideas y obligaciones, y en el cumplimiento de los compromisos establecidos.

Ejemplo:
La fidelidad de Nooro hacia su dueña es enternecedora.

Metapartner o Metamor
"Metamor" significa "más allá del amor". Es el nombre técnico que se le atribuye a la pareja no secundaria o de otro tipo de la propia pareja principal.

Polisaturación
Es un estado de la relación poliamorosa en que en la que su componente ya no siente la necesidad de salir, conocer o establecer relaciones románticas o sexuales con otras parejas. Siente que ha alcanzado el propio límite en términos de tiempo, disponibilidad, deseo y recursos para dedicarle a otras potenciales parejas.

Síndrome del Buen Poliamorosx
Este tipo de pensamiento consiste en creer que una vez que empecemos una relación no monógama, tenemos que saber gestionar los múltiples vínculos a la perfección, que tendremos relaciones idílicas en las que nadie salga dañado y que siempre se dará una imagen positiva de este modelo relacional.

Sin embargo, como toda orientación, tiene sus complicaciones. En este caso la persona intenta cuidar sus relaciones lo más posible para que nunca surjan problemas, desea que nadie sufra bajo ninguna circunstancia, piensa que todos los afectos dependen de sí y luchan por defender su decisión de no practicar la monogamia.

Este tipo de pensamiento se define por intentar mostrar una imagen positiva de las no monogamias, y puede venir provocada por la presión de alcanzar una "normalidad". Esa perfección desea lograr no sentir celos, saber gestionar todo conflicto a la perfección, que todas las relaciones vayan bien y que todo se pueda gestionar. Todos estos datos fomentan unas expectativas hiperexigentes para la persona, que llevan a fortalecer el sentimiento de fracaso o de culpa.

Poliautonomía
El término surgió en reflexiones colectivas de Poliamor Bogotá, para evitar la confusión que genera la palabra solo-poly. Con frecuencia se

equivoca este estilo de relacionarse con "Ser una persona poliamorosa soltera / sin pareja".

Las personas solo-poly o poliautonómas pueden tener vínculos de distintos tipos, lo que las diferencia es la decisión de no escalar por los hitos tradicionales de una relación con las personas con quienes comparten. En ingles también se habla de Agentes Libres (Free Agents) para referirse a quienes eligen no relacionarse desde la creación de pareja/s como entidad vincular prioritaria.

Polifakes

Es la definición que las personas no monógamas dan a quienes dicen identificarse como personas que practican el poliamor, cuando realmente no es así.

Puede darse en caso en los que lxs individuxs lo dicen por moda, o en el caso de que lo practiquen no sea de forma ética, sino que se aprovechan de los privilegios que pueden aportar.

Polishaming

Traducido como "vergüenza poliamorosa". Es cuando una persona no monógama recibe distintos tipos de discriminación y/o micro agresiones debidas al rechazo externo de su orientación relacional.

Poliparentalidad

En la terminología antropológica del parentesco, se aplica a la familia en la que un grupo de padres y/o madres cuidan y educan a los hijxs nacidxs de todas sus relaciones

Sister-Wife o Brother-Husband

Traducido como **hermana-esposa** y **hermano-esposo**, se refiere a lx "hermanx" de la otra mujer y esposa del marido o marido y esposo de la mujer. Este es un término específico dentro del contexto polígamo que se refiere a lxs otrxs maridos y mujeres que están casadxs con la persona principal del matrimonio. Por lo tanto, no están relacionadxs directamente entre ellxs, pero sí a través de una persona.

LAS IDENTIDADES DE GÉNERO

La identidad de género alude a la percepción subjetiva que un individuo tiene sobre sí mismx en cuanto a su propio género, que podría o no coincidir con sus características sexuales biológicas. Este, puede llegar a considerarse como el **sexo psicológico o psíquico** y constituye uno de los tres elementos de la identidad sexual junto a la orientación sexual y el rol de género.

Todas las sociedades tienen un conjunto de categorías de género que pueden servir como base de la formación de la identidad de un individux en relación con otrxs. En la mayoría de ellas, existe una división básica entre los atributos de género asignados a hombres y mujeres, un binarismo de género al que la mayoría de las personas se adhieren interiorizando los ideales de masculinidad y feminidad en todos los aspectos del sexo y género (subdivididos en el sexo biológico, la identidad de género y la expresión de género).

Sin embargo, también hay algunas personas que no se identifican con algunos (o todos) los aspectos de género que están asignados a su sexo biológico; algunos de esos individuos son trans o de género no binario.

El concepto de "identidades de género" surgió en Estados Unidos a mediados del siglo XX en los ambientes médicos y psiquiátricos. En 1955 el psicólogo John Money en sus primeros trabajos de profundización sobre individuxs con intersexuales, habla de por primera vez sobre los "roles de género" definida por él como "todo aquello que una persona dice o hace para revelarse como poseedor de un estatus de niño u hombre, niña o mujer. Comprende la sexualidad entendida como erotismo". Posteriormente, el psicoanalista Robert Stoller adopta el término "género" y propone una diferenciación entre sexo y género, siendo el primero biológico y el segundo psicológico y social.

Sus articuladores son los cánones vigentes de masculinidad y feminidad, y se relaciona con el esquema ideoafectivo de pertenencia a un sexo y se trata, por consiguiente, de la expresión individual del género. Toda sociedad tiene un conjunto de esquemas de género, una serie de "normas, prescripciones sociales o estereotipos culturales" relacionados con el género que sirven de base para la formación de una identidad social que busca la unión.

La identidad de género es parte de una serie de círculos de pertenencia a los que el sujeto se adscribe a partir del reconocimiento que hace de sí y de los otros, durante las interacciones que se suscitan en espacios y momentos específicos. Gracias a Stoller y posteriormente a Evelyn Hooker, se puede decir que desde 1960 el término se ha difundido llegando a convertirse en parte de la ideología y del lenguaje común.

El mecanismo responsable de la identidad de género y orientación sexual que podría implicar, ya que es una de las hipótesis existentes sobre un concepto muy complejo y multifactorial, un efecto directo de la testosterona en el cerebro humano en desarrollo, como se muestra en las diferentes condiciones del tipo intersexual. El **síndrome de insensibilidad** completa a los andrógenos es causado por diferentes mutaciones en el gen para el receptor de andrógenos (AR). Los afectados son varones XY que se desarrollan como mujeres y tienen una apariencia fenotípica de mujer, sin los problemas de incoherencia de género. Al nacer, se presenta como una niña con un clítoris grande. Estos niños XY son generalmente criados como niñas. Sin embargo, cuando aumenta la producción de testosterona durante la pubertad, el "clítoris" crece al tamaño de un pene, los testículos descienden, y los niños comienzan a masculinizarse y se hacen más musculosos.

El género es una construcción social, que es una idea creada por personas para ayudar a clasificar y explicar el mundo que los rodea. Es posible que no lo note todo el tiempo, pero cada género viene con un conjunto de expectativas, cómo actuar, hablar, vestirse, sentir emoción e interactuar con otras personas.

Ejemplo:
Cuando piensas en un adolescente en Estados Unidos, ¿qué te viene a la mente? ¿Lo imaginas jugando al fútbol o lo imaginas bailando en un recital

de ballet? Es probable que primero lo hayas imaginado jugando al fútbol, pero ¿por qué?

Cuando nacemos, un médico nos asigna un sexo. Esto tiene que ver con la biología, cromosomas y cuerpo físico. En general, se supone que al nacer macho o hembra, esa identidad se refleje según la concepción cultura y biológica. Algunas personas nunca cuestionan su género o sexo asignado, y eligen identificarse con lo que les asignaron al nacer, pero hay otros que sí lo hacen y esto permite abrir la conversación sobre la amplitud de las identidades. No hay por qué cambiar el propio cuerpo para "ser" trans, esta identidad existe con o sin operaciones complementarias. Hay estereotipos de formas de ser, pero esto no significa que sean correctas o aplicables a todo el mundo.

Sexo y Género	
Sexo Biológico	Hace referencia a aspectos físicos objetivamente mensurables (cromosomas, pene, vagina, hormonas, etc.)
Género	Es una construcción social de la cultura binaria, comúnmente asociada con el sexo biológico de la persona.
Identidad de Género	Es la vivencia del género tal y como la siente cada persona, por lo que puede corresponder o no con su sexo biológico.
Expresión de Género	Se vincula con cómo mostramos nuestro género al mundo, a través de nuestro nombre, cómo nos vestimos, comportamos, interactuamos, etc.
Orientación Sexual	Es la atracción física, emocional, erótica, afectiva y/o espiritual que sentimos hacia otra persona.

1. PRÁCTICAS DE TRAVESTISMO

Travestismo

También es la práctica en una persona de un determinado género, utiliza la vestimenta socialmente asignada del otro. Es la práctica de cambiar de apariencia a través de la vestimenta como diversión o búsqueda de satisfacción sexual.

La palabra travestismo es una alteración o adaptación hispana de la palabra "transvestite", que fue creada por el médico, sexólogo y activista alemán Magnus Hirschfeld. Etimológicamente, la palabra proviene del latín, "trans", "cruzar" o "sobrepasar", y "vestirse". El término sirvió para describir a personas que voluntariamente utilizaban vestimentas socialmente asignadas al sexo opuesto.

La principal diferencia entre el travestismo y la transexualidad es que en el primero se expresa o se tiene la intención de expresar una discordancia existente entre el sexo de cada persona y los roles sociales asignados a cada género, mientras que en la transexualidad existe una discordancia real interna entre la identidad de género propia y el sexo biológico (transgrediendo así el sistema cisgénero, pasando a ser una persona trans).

Travesti

En el lenguaje popular, esta palabra supone un insulto hacia las personas del espectro trans, sin embargo, lxs travestis son personas que adoptan características físicas y psicológicas propias del sexo opuesto, es decir, en ocasiones adoptan las vestimentas y actitudes convencionalmente designadas y utilizadas por el sexo opuesto. Pero en ningún momento desean modificar el propio cuerpo para convertirse en lo que están imitando.

Los travestidos, a pesar de sentirse bien con el sexo que nacieron y no tener problema con su género, sienten una peculiar satisfacción al escenificar al sexo opuesto. Es importante matizar que, comúnmente, estas personas aceptan su sexo y su identidad sexual biológica y no tienen conflicto con su cuerpo y genitales. Así mismo, es independiente de la orientación sexoafectiva. A diferencia de personas trans, no viven una sensación de disforia.

Ejemplo:
La drag queen Gottmik.

Lxs travestis visten con ropas impropias de su sexo, con el objetivo de transgredir normas sociales, y por añadir matices y ampliar su género e identidad sexual; encontrando placer en la representación del sexo contrario que para gran parte de la sociedad resulta ofensivo. El travestismo siempre supone, para quien lo realiza, un acto de transgresión y sátira de los roles de género establecidos socialmente de forma histórica. Puede darse el caso, en algunas personas trans, que si vivan una fase de travestismo. Se supone que poner en práctica el travestismo les ayude a darse cuenta si sus dudas se ven satisfechas frente al propio cambio estético o no, de ahí puede considerar llevar adelante algún tipo de transición. No siempre ha de suponer una "fase", sino que puede ser una practica que desarrollen de maneras diferentes.

Ejemplo:
La drag queen Peppermint.

Travestismo Fetiche

Es un tipo de travestismo que se practica como erotismo dentro de un encuentro sexual o como acto de autoerotismo. A través de prendas que pertenecen a otro género o un cambio de la propia apariencia, se usan estos elementos para la propia estimulación.

Cross-dressing (CD)

Es la práctica en la que una persona utiliza la vestimenta socialmente asignada al género opuesto.

El cross-dressing es estereotípicamente y erróneamente asociado como una conducta trans u homosexual, sin embargo, se manifiesta con mayor frecuencia entre hombres y mujeres heterosexuales cuando se visten de otra persona y/o personaje de otro género. Esto significa que la persona adquiere las características estéticas de otra, de forma momentánea, sin identificarse con ese género necesariamente.

Drag

La forma más conocida de transformismo es el drag, del inglés, "arrastre", la palabra apareció por primera vez de forma impresa en 1870, aunque su origen en este contexto sigue sin ser cierta. Una raíz etimológica sugerida es la jerga teatral del siglo XIX, por la sensación que daban las faldas largas que se arrastraban por el suelo. Antes de llegar a los espectáculos drag y a la cultura de los ballroom, el drag se ve practicado desde el siglo XIX en contextos folclóricos, y en funciones artísticas desde el teatro, a la ópera, al cine.

Las características de quienes hacen drag es que la propia persona crea un personaje artístico, trabajando en una estética precisa del propio personaje y prepara una rutina cómica y/o musical que acompañe su set. Normalmente unx drag se caracteriza por ser una persona que desde su identidad de género se transforma para convertirse en otra, de forma más o menos realista, cada intérprete tiene la libertad de decidir hasta qué punto quiere que su interpretación adhiera a la realidad, si quiere que sea más caricaturesca o abstracta.

Aunque cada persona pueda personalizar sus estilos de drag, y, por lo tanto, salirse de los estereotipos del oficio, existen tres tipologías principales de transformismo drag:

- **Drag Queen** es una persona que se identifica como hombre, que, a través de un cambio del maquillaje, de vestuario y de comportamiento, transforma su expresión de género en una femenina. Así también una persona de género binario podría entrar en esta categoría. Muchas veces la interpretación puede resultar exagerada y caricaturesca.
- **Drag King** es una persona que se identifica como mujer, que, a través de un cambio del maquillaje, de vestuario y de comportamiento, transforma su expresión de género en una masculina. Muchas veces la interpretación puede resultar exagerada y caricaturesca.
- **Faux Queen o King** como las drags tradicionales las faux queens juegan con los roles y estereotipos de género para educar y entretener, sin embargo, lo que lxs diferencia de las drags tradicionales es que su identidad de género corresponde con el género del personaje que interpretan.

Ejemplo:
Una persona que se identifica como mujer que encarna a una drag queen.

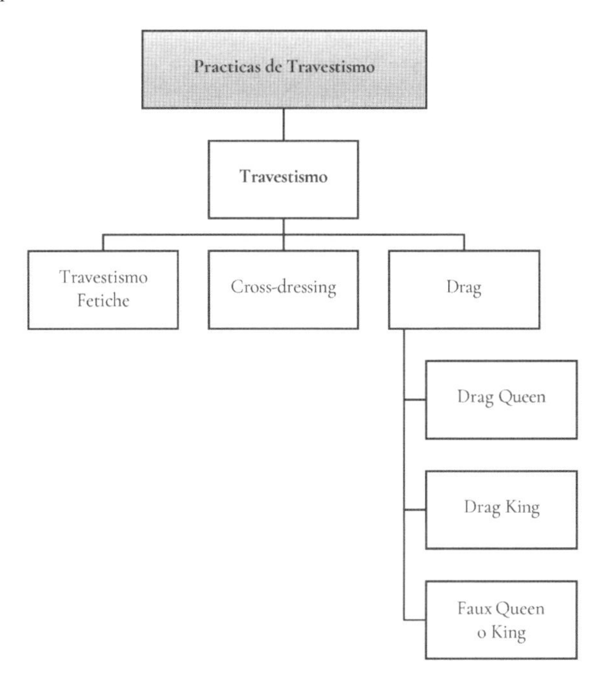

2. IDENTIDADES DE GÉNERO BINARIAS

Cisgénero (Cis)

Cisgénero sería la traducción, con el prefijo latín "cis" que significa "de este lado" o "igual" opuesto a "trans" que significa "del otro lado". El vocablo género proviene del latín gĕnus, generis, a su vez del griego antiguo "género", "origen". Una persona cisgénero es alguien cuyo sexo e identidad de género coinciden con las que les fueron asignadas al nacer.

Las personas **cis** suelen ser de género binario y son reconocidas como "género normativo".

Hombre Cisgénero (H)
Un hombre cisgénero es una persona cuyo sexo biológico e identidad de género coinciden dentro del espectro masculino.

Mujer Cisgénero (M)
Una mujer cisgénero es una persona cuyo sexo biológico e identidad de género coinciden dentro del espectro femenino.

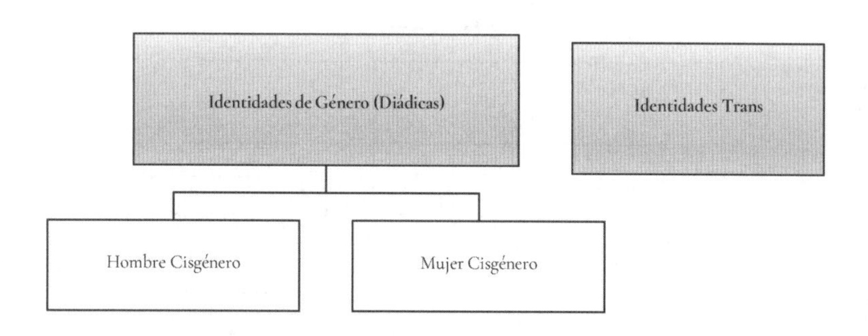

3. EL ESPECTRO TRANS

Los términos y conceptos en torno a la transexualidad no están muy consensuados de momento, sobre todo porque se trata de una minoría poco atendida y estudiada. Sin embargo, podemos determinar que con el término *trans* o *trans**, además de hablar de una identidad de género, nos referimos a un término paraguas (vivenciado como más general e inclusivo que *transgénero*). Esto significa que cualquier persona que salga y que se identifique, independientemente de que sea por la expresión o la identidad de género, de la binariedad social con la que se concibe el género, se puede ubicar bajo este espectro, como las personas andróginas, genderqueer, trans y de género fluido.

Se trata de un término paraguas que engloba diferentes identidades y expresiones de género para referirse a aquellas personas cuyo género sentido no coincide con el sexo/género que les asignaron al nacer, también se utiliza como versión abreviada de transgénero o transexual, que incluye a las personas trans, transexuales, travestis y, en general, a quienes cuestionan el binario entre hombre/mujer como única opción de identificación individual y social. Ser trans no implica tener una orientación sexual concreta.

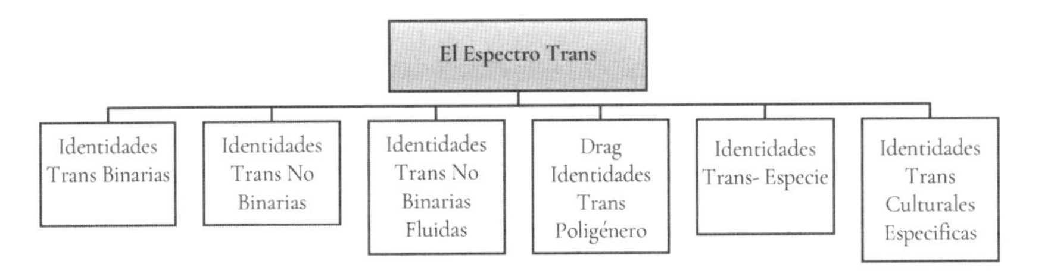

3.1 LAS IDENTIDADES TRANS BINARIAS

Trans o Trans* (T, T*)
Término paraguas que incluye todas aquellas identidades de género que se disocian de la cisnormatividad.

Transexual
Persona cuyo género sentido es el contrario a aquel que le fue asignado al nacer, y que generalmente realiza un tratamiento hormonal y/o quirúrgico para lograr identificarse con su género sentido.

La diferencia entre transexual y transgénero actualmente se encuentra en desuso, ya que no se desea establecer una diferenciación en función a la modificación corporal que pueda llevar a la percepción de que hay personas que son "más trans" o "menos trans" que otras, o que hormonarse u operarse convierte a una persona en un "hombre o mujer de verdad" o "completa".

Se refiere a una persona que se ha sometido a tratamiento hormonal y quirúrgico para adquirir la apariencia física de las personas del sexo con el que se identifican. Su origen se atribuye principalmente a la disforia, que presenta la personalidad y emociones de un individuo con respecto a las normas socioculturales de género.

Esta inconformidad lleva a estas personas a intentar adecuar su cuerpo con el sexo autopercibido. La adecuación del cuerpo supone pasar por una terapia de reemplazo hormonal e incluso en algunos casos cirugía. El objetivo final es adecuar su forma de vida y relaciones sociales, además de su apariencia física mediante cambios anatómicos, es decir, adecuar su cuerpo al sexo sentido y a su identidad de género.

Ejemplo:
Cuando te consideras opuesto al sexo con el que has nacido y quieres cambiarlo. Si eres hombre, te comportas como lo haría una mujer y, además, quieres ser biológicamente mujer.

Mujer Trans (HaM / MtF)
Persona que habiendo nacido con órganos genitales que se atribuyen al sexo masculino, psicológica y vitalmente se siente identificadx con el género femenino.

MtF / M2F (HaM): Male to Female (Hombre a Mujer)
Estas abreviaciones indican las transiciones de mujer a hombre de forma abreviada.

Mujer de Experiencia Trans
Es un término preferido para muchas mujeres trans que no son cis, que desean marcar su experiencia como mujeres sin querer compararse con mujeres cis y sin querer alcanzar o compararse con lo que es la vivencia que es percibida como socialmente normal de las mujeres cis.

Demichica
Es una identidad de género que describe a alguien que se identifica parcialmente, como mujer, niña o de otro modelo dentro del espectro de la feminidad, independientemente de su género asignado al nacer. Además de sentirse mujer, también puede ocurrir que se identifique contemporáneamente con otro género.

Se puede usar para describir a una persona asignada al nacer que se siente apenas conectada o desconectada con esa identificación, pero que generalmente no experimenta una disociación lo suficientemente significativa como para crear una verdadera disforia de género.

Hombre Trans (HaM / MtF)
Persona que habiendo nacido con órganos genitales que se atribuyen al sexo femenino, psicológica y vitalmente se siente identificadx con el género masculino.

FtM / F2M (MaH): Female to Male (Mujer a Hombre)
Estas abreviaciones indican las transiciones de mujer a hombre de forma abreviada.

Hombre de Experiencia Trans
Es un término preferido para muchos hombres trans que no son cis, que desean marcar su experiencia como hombres sin querer compararse con hombres cis y sin querer alcanzar o compararse con lo que es la vivencia que es percibida como socialmente normal de los hombres cis.

Demichico
Es una identidad de género que describe a alguien que se identifica parcialmente, como hombre, niño o de otro modelo dentro del espectro de la masculinidad, independientemente de su género asignado al nacer. Además de sentirse hombre, también puede ocurrir que se identifique contemporáneamente con otro género.

Transgénero
Persona cuyo género sentido es el contrario a aquel que le fue asignado al nacer, y que generalmente no necesita realizar un tratamiento hormonal y/o quirúrgico para lograr identificarse con su género sentido.

Un individuo transgénero puede poseer características que normalmente se asocian a un determinado género binario o no binario, o hasta una mezcla de ambos o de ningún género.

Únicamente la propia persona puede etiquetarse. Actualmente, se establece la diferencia entre persona transexual y transgénero en base a si se desea modificar sus genitales y caracteres sexuales secundarios, si bien esta "regla" no siempre se cumple. Hay personas que se identifican con el término transgénero aun pasando por un proceso de hormonación y personas que se identifican con el término transexual sin llegar a operarse. Aunque muchas veces la confusión entre los dos términos nazca de falta de conocimiento tanto por personas que se encuentran fuera como las que están dentro del colectivo, en muchos casos una persona cuya identidad sea trans, puede decantarse por un término u otro. La elección ocurre tras el proceso de deconstrucción del género, según el cual el sexo biológico determina la identidad de género. El proceso de entendimiento y de aceptación de la propia identidad de género es un recorrido personal, en el cual una persona puede sentirse completa después de haber hecho una transición completa y que socialmente se reconoce como un tratamiento de hormonas y una serie de operaciones estéticas y de modificación de los genitales. Pero para muchxs otrxs individuxs, poder vivir como el género con el que realmente se sienten identificadxs no significa tener que pasar por todo ese proceso.

Ejemplo:
Un hombre nacido como mujer, puede identificarse como una mujer y decidir referirse a sí misma como transgénero, sin la necesidad de haber pasado por una cirugía de pecho o una operación de cambio de sexo. En estos casos, el término determinante es la percepción personal de la propia identidad y no las cualidades físicas.

Egg

"Huevo" en inglés. Alguien que acaba de darse cuenta de que es trans y que todavía no ha salido del armario. Se usa como adjetivo de afecto entre las personas del colectivo trans.

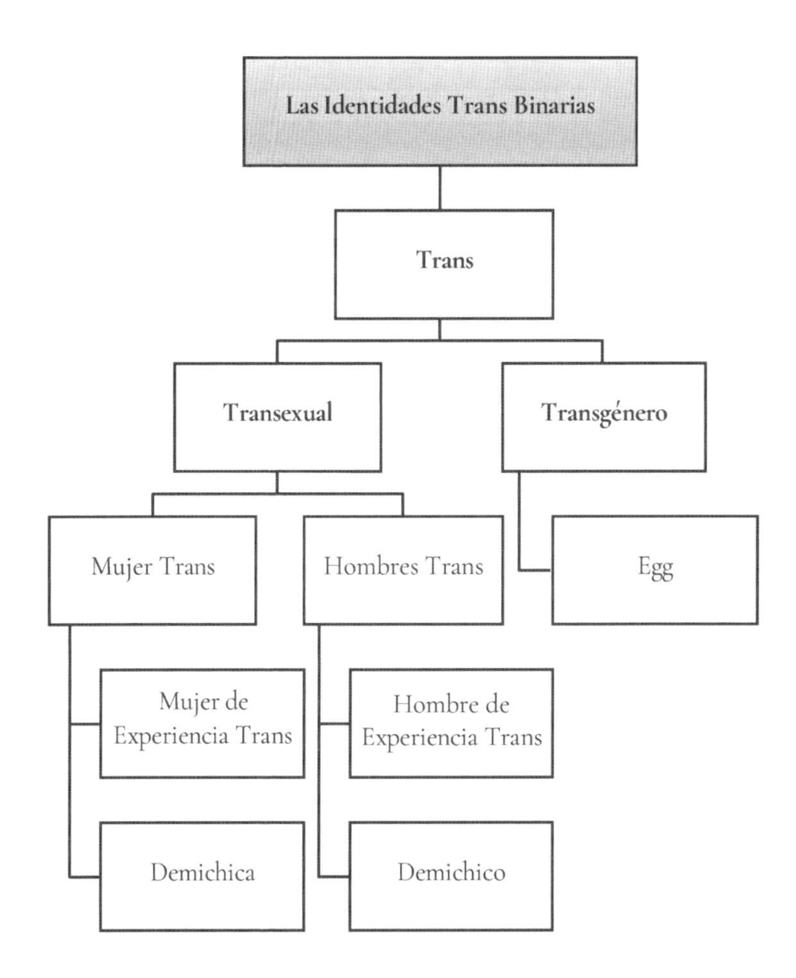

3.2 LAS IDENTIDADES TRANS NO BINARIAS

Género Variante o Género No Conformista (GNC)
También conocido como **"gender variant" o "non-comforming"**, es el término paraguas para aquellas personas que ya sea por naturaleza o por elección, no llegan a conformarse con las expectativas de expresión o de identidad de género.

Es el comportamiento o la expresión de género de un individuo que no coincide con las normas de género masculino o femenino. Las personas que exhiben una variación de género pueden llamarse variante de género, género no conforme, género diverso, género atípico o no binario, y pueden ser trans o de otra manera variantes en su identidad de género.

En el caso de las personas trans, pueden ser percibidas, o percibirse a sí mismas como no conformes con el género antes de la transición, pero podrían no percibirse como tales después de la transición. Algunas personas intersexuales también pueden exhibir variación de género.

Intersexual

La intersexualidad es la presencia en un mismo individuo de características sexuales de macho y de hembra en proporción variable. En el ser humano se manifiesta de formas diversas, no siempre obvias. Una persona intersexual puede poseer vulva y vagina, y carecer de útero y ovarios; puede exhibir un órgano eréctil de tamaño y forma intermedios entre un clítoris y un pene poco desarrollado; o poseer ambas clases de gónadas, masculina y femenina.

Aunque tradicionalmente se empleaba el término hermafroditismo, su uso no es correcto, ya que alude a la presencia simultánea de ambos sexos y su funcionalidad en el mismo individuo. El hermafroditismo es una característica normal en algunas especies de animales y plantas, mientras que, en el ser humano, y en la mayoría de los vertebrados, la intersexualidad es una anomalía. La intersexualidad se caracteriza por una ambigüedad genital, clasificable dentro de una escala de severidad y se puede empezar a manifestar en cualquier momento desde el nacimiento hasta la adultez tanto de forma progresiva como ocasional.

La intersexualidad es independiente de la identidad de género, habiendo mujeres intersexuales, hombres intersexuales, personas intersexuales no binarias, etc.

Hermafrodita

Término incorrecto para referirse a las personas intersexuales.

El hermafroditismo es la presencia normal en un ser vivo de órganos reproductivos funcionales de los dos sexos, femenino y masculino.

El hermafroditismo puede ser simultáneo o secuencial. En el primer caso, el organismo tiene ambos sexos durante toda su vida fértil, mientras que en el segundo cambia de sexo durante aquella. Si el organismo es macho y después se transforma en hembra, es protándri-

co. Si sucede a la inversa, es un organismo protógino. La mayoría de los hermafroditas secuenciales solo cambian de sexo una vez, aunque existen algunas especies que pueden hacerlo varias veces.
Con la excepción de las tenias, que pueden autofecundarse (de todas formas, esta fecundación nunca se produce en el mismo aparato reproductor, dos proglótides se unirían para la fecundación), los restantes hermafroditas necesitan la colaboración de otro congénere para reproducirse. En las plantas sucede lo mismo, aunque muchas flores poseen los dos sexos, los gametos maduran a distinto tiempo, por lo que se requiere una polinización cruzada para llevar a cabo la fecundación.

Trastorno del Desarrollo Sexual
Conocido en inglés como **"disorder of sex development (DSD)"**, es un término moderno usado para sustituir la palabra "intersexual". Fue creado por la activista intersexual Cheryl Chase en 2005 para mejorar las curas médicas hacia las personas intersexuales.

Aunque sus intenciones fueran de ayudar a su colectivo, plantear la intersexualidad como un trastorno, patologiza esta identidad de género frente a médicos y **personas diádicas**, es decir, no intersexuales.

Las personas intersexuales presentan una relación entre su sexo cromosómico (XX/XY), sus gónadas (testículos, ovarios) y sus genitales (pene, vagina) que no se ajusta a la establecida para las categorías macho/hembra. Esta particularidad puede deberse a distintos síndromes complejos donde intervienen las hormonas, el desarrollo gonadal y la genitalidad. En la pubertad se suele manifestar el sexo cromosómico que puede generar conflicto con la apariencia de los genitales. A nivel mundial, Intersexualidad la OMS señala que una 1 de cada 1000 criaturas nace con genitales que no son identificables a primera vista como masculinos o femeninos. Las personas intersexuales pueden haber sufrido una asignación sexual antes de poder experimentar su identidad o decidir por sí solas si necesitan intervención quirúrgica. En ocasiones la reasignación requiere de continuas intervenciones a lo largo de años. Estos casos ocurren cuando los genitales no son claramente identificables. El recién nacido ha de ser inscrito con un género tras el nacimiento (el plazo máximo es de un mes).

Algunas personas intersexuales tienen genitales difíciles de identificar al nacer, otras tienen cambios. Se ha desarrollado una demanda que del derecho a decidir sobre su cuerpo pidiendo que no se intervenga a neonatxs por concordancia estética con uno de los dos géneros. Como ya ha habido ocasión de ver, la necesidad de que la realidad encaje dentro de la binariedad se impone a la del sentido común. Si en un primer momento la intersexualidad ha sido vista como una malformación en una serie de seres humanxs, ahora se está intentando que las personas intersexuales decidan por sí mismxs sobre su identidad. Esto significa que al nacer ya no se les hará una operación de cambio o mejora de género, sino que se les monitorizará para ver si, en cada caso, la persona se estabiliza dentro de un género dominante, si la persona decida hacer alguna operación o si decide mantener su condición física. Contrariamente, a la opinión común, es una condición que permite vivir normalmente la propia condición de género de cada unx, con la excepción de que no tiene porqué entrar dentro de un modelo binario.

Masculino Fluido

Cuando una persona se siente mayormente o totalmente masculino la mayor parte del tiempo, pero experimenta fluctuaciones en su identidad. Esto puede ser fluido con cualquier otra identidad.

Ejemplo:
Un día podría sentirse en parte masculino y por la otra agénero, distribuido entre las capas de identidad y expresión de género. Esta identidad es un subconjunto del flujo de género.

Femenino Fluido

Cuando una persona se siente mayormente o totalmente femenina la mayor parte del tiempo, pero experimenta fluctuaciones en su identidad. Esto puede ser fluido con cualquier otra identidad.

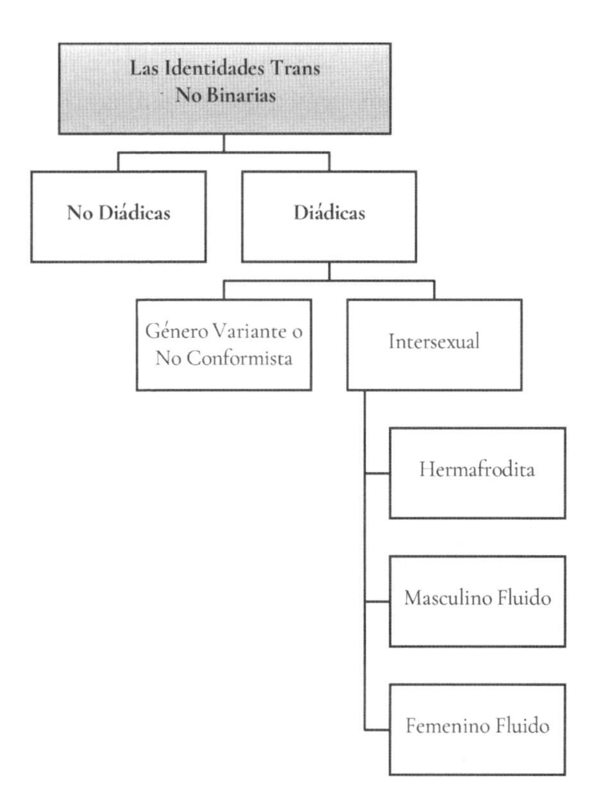

3.3 LAS IDENTIDADES TRANS NO BINARIAS FLUIDAS

Género Queer

Además de ser un término paraguas para todas aquellas personas que no encuentran una conformidad dentro de las identidades binarias, el género queer, identificado también como género intermedio, es una identidad en la que el individuo no se identifica con los géneros binarios tradicionales. Sienten que las identidades de hombre y mujer no son suficientes para definirse.

El término "gender queer" nació alrededor de los años 80 a través de los zines queer, es decir pequeñas revistas autopublicadas cuya difusión era principalmente manual y que servían como panfletos y lugares en los cuales dar lugar a conversaciones sobre la subcultura queer.

Puede llegar a identificarse como una mezcla de masculino y femenino, como masculino o como femenino, como ninguno de los dos géneros, como un tercer género aparte de los géneros binarios o como todos los géneros posibles, incluido un género intermedio. Las personas de género queer no se perciben a sí mismas como un individuo perteneciente parcial o totalmente a un género, sino que presentan un tipo de inconformidad que les permite atribuirse características especiales de determinado género para satisfacer su deseo de identidad.

Esta palabra se considera como la precursora del término "no binario".

Neutralidad de Género
Es un movimiento cuya idea principal es que el lenguaje y las instituciones sociales deberían evitar distinguir los roles de las personas según su sexo y su género. Con el objetivo de evitar todo tipo de discriminación.

Género X
Es una tercera identidad de género usada en Japón para personas que no se identifican claramente con el género masculino y/o /ni con el femenino.

Agénero o Género Neutro
Es la ausencia de una percepción del género. Es una persona que no se identifica con ninguno de los dos géneros binarios (hombre o mujer) o una persona que declara no tener una identidad de género. Es decir que no siente conexión con el sistema tradicional de género, sin encontrar una alineación personal con los conceptos de hombre o mujer, y / o alguien que se ve a sí mismo como existente sin género.

Una persona agénero puede tener determinadas características físicas del disformismo sexual que definen las características físicas de su sexo biológico y que la sujetan a un género biosocial; o simplemente no se identifica o conforma con el género socialmente correspondiente a su sexo biológico ni tampoco con el equivalente opuesto, por lo que decide establecerse como una persona que tiene una identidad de género ubicada como neutral o nula. Una persona agénero puede sentirse identificada como un género, pero no correspondiente a ninguno de los establecidos, o bien puede no asociarse ni identificarse con ningún género.

Apogénero

Un subconjunto de la identidad en el que una persona se siente no solo sin género, sino también alejadx del concepto de género por completo.

Mesogénero

Una identidad que se coloca entre el género femenino y el masculino, pero sin distinguirse de las dos.

Género No Binario (NB)

Un término paraguas para las personas cuya identidad de género no se sienta cómodamente con "hombre" o "mujer". Las identidades no binarias son variadas y pueden incluir personas que se identifican con algunos aspectos de las identidades binarias, mientras que otras las rechazan por completo.

Es una identidad sexual que no corresponde con la división convencional de los géneros. Las personas trans no binarias pueden sentirse de los dos géneros, de ninguno de ellos o de una mezcla de ambos que puede evolucionar en el tiempo.

Enby

Es un neologismo, cuyo plural es "**enbies**". Nace de la pronunciación de las letras N y B juntada, que representan la abreviación de "no binario". Es el nombre con el que se identifica una persona no binaria.

Ambonec

Es una identidad de género en el espectro no binario en el que una persona se identifica como hombre, mujer y género neutro al mismo tiempo.

Es similar a trigénero, pero en lugar de sentir por separado los tres géneros, simplemente se siente como un género compuesto por las tres partes.

Las personas que se identifican como Ambonec pueden, o no, experimenta su género como una paradoja, decidir tener una expresión de género andrógina o que predomina hacia un género específico, y/o vivir una disforia con respecto a su identidad.

TRANS NO BINARIX

Las personas transgénero y transexuales aceptan el binarismo de género; asumen, en cierta medida, dos roles de género. Las personas no binarias no se sienten contenidas en una dualidad de relaciones de género. No se sienten ni de género femenino ni de género masculino. Al no contenerse en categorías de género binarias utilizan para referirse a sí mismas un lenguaje neutro de género sustituyendo las desinencias de género gramatical tradicionales -a y -o por un neutro -e. Pueden decidir modificar su cuerpo o no.

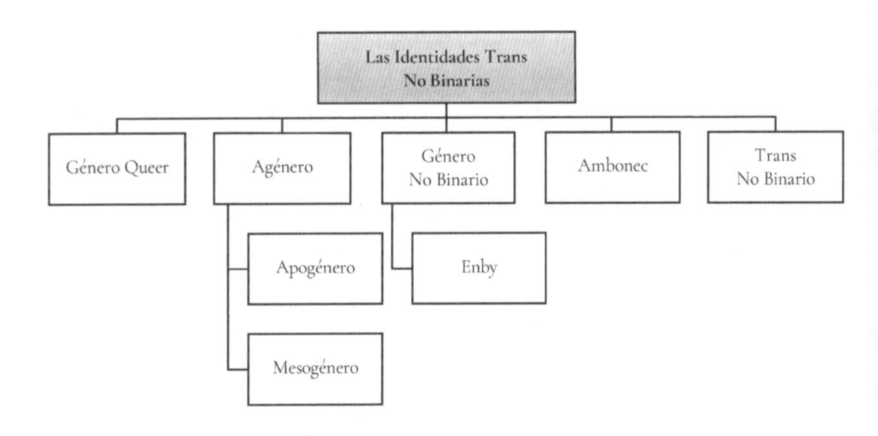

3.4 LAS IDENTIDADES POLIGÉNERO

GÉNERO FLUIDO

Además de ser un término paraguas, es una etiqueta de identidad de género utilizada a menudo por personas cuyo sentido de identidad en relación con el género cambia de vez en cuando. El marco de tiempo puede ser en el transcurso de muchos meses, días, más corto o más largo, pero la experiencia de cambio es constante.

Fluido
Generalmente acompañado con otro término adjunto, como "género/sexualidad fluida" describe una identidad que puede cambiar o cambiar con el tiempo entre o dentro de la combinación de las opciones disponibles. Es decir, entre un espectro de distintos géneros y/o orientaciones sexuales.

X
Forma de clasificar las personas de tercer género en documentos oficiales, siempre y cuando la propia identidad no corresponda con una binaria cis.

Tercer Género o Tercer Sexo

Es un concepto en el que lxs individuxs se clasifican, ya sea por sí mismxs o por la sociedad, como una persona que no es ni hombre ni mujer. También es una categoría social presente en sociedades que reconocen tres o más géneros.

Aun así, es percibida como una categoría muy amplia que más de definir a personas que no se identifican ni como mujeres ni como hombres, se le da mayoritariamente uso como término paraguas a través del cual se ubican todas las identidades poligénero y/o no binarias.

El término tercero generalmente se entiende que significa "otro". Algunos antropólogos y sociólogos han encontrado en varias culturas no occidentales, los conceptos de "tercer", "cuarto" y "otros" roles de género siguen siendo algo nuevos en la cultura occidental y el pensamiento conceptual.

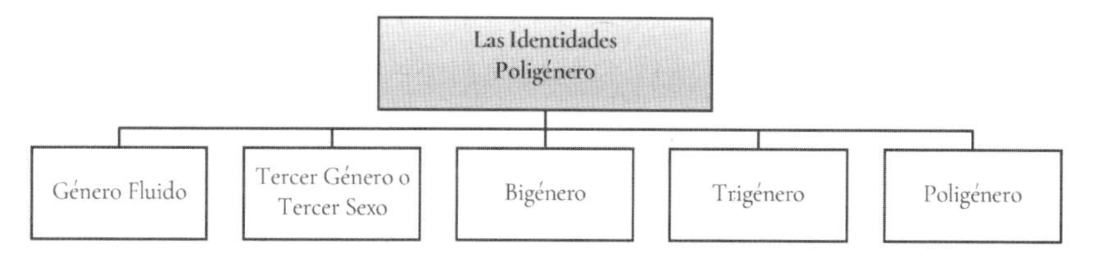

3.4.1 BIGÉNERO

Bigénero

Es una persona que fluctúa entre comportamientos e identidades basados en dos géneros (mujer, hombre, no binario, etc.), identificándose con ambos de forma alternada o en contemporánea.

> Ejemplo:
> Una persona bigénero puede sentirse hombre y mujer, mujer y género no binario o género no binario y hombre.

La combinación de géneros es infinita, y depende de la percepción personal que tenga el individux de sí mismx.

El concepto de bigénero viene introducido por las teorías queer que se engloban en los estudios de género. Dentro de estas teorías se estudian dos aspectos fundamentalmente: la orientación de género y sexual, desde la perspectiva de la construcción social de la realidad.

Verrneugénero

Un género que tiene elementos masculinos y neutrales que son débiles o indefinidos.

Dos Espíritus

También conocidxs como **berdache** o **badea** y **two spirit,** "dos espíritus" es un término paraguas usado tradicionalmente entre las comunidades nativas amerindias que reconocen aquellxs individuxs que posee cualidades o que satisfacen roles tanto del género masculino como del femenino.

El término más antiguo, berdache, es un término genérico empleado principalmente por antropólogos. Esto puede deberse a su etimología peyorativa (es un préstamo del francés "bardache" que significa "chico mantenido/prostituto"), que deja ver la naturaleza de la conducta de esta población en aquellos tiempos. Por lo tanto, ha sido ampliamente sustituido por "dos espíritus".

El empleo del término se potenció en Winnipeg, Canadá en 1990, durante la tercera conferencia intertribal de amerindios y de las naciones originarias LGTBQ+ anual. Fue elegida para distanciar a los pueblos amerindios y de las naciones originarias de los no nativos, así como de las palabras "berdache" y "gay".

Estos individuos a menudo son vistos como dos espíritus que ocupan un cuerpo. Su vestido es generalmente una mezcla de artículos tradicionalmente masculinos y tradicionalmente femeninos y tienen distintos papeles sociales y géneros en sus tribus. Los individuos dos espíritus realizan las funciones sociales específicas en sus comunidades. Los nativos homosexuales eran vistos como capaces de desafiar a la naturaleza y, por lo tanto, especiales. En todas las comunidades se encontraban personas con este comportamiento, solo que con distintos, pero muy parecidos, nombres: mujer de dos espíritus, hombre de dos espíritus, y homosexual.

Mujer-Marido

También conocido como **female-husband,** en algunas comunidades indígenas de África una mujer puede ser reconocida con este título. Tras adquirir este rol puede disfrutar de todos los privilegios que se suelen conceder a un hombre y se las suele tratar como si fuera uno. Sin embargo, su femineidad pasa a estar en segundo plano, pero no desaparece.

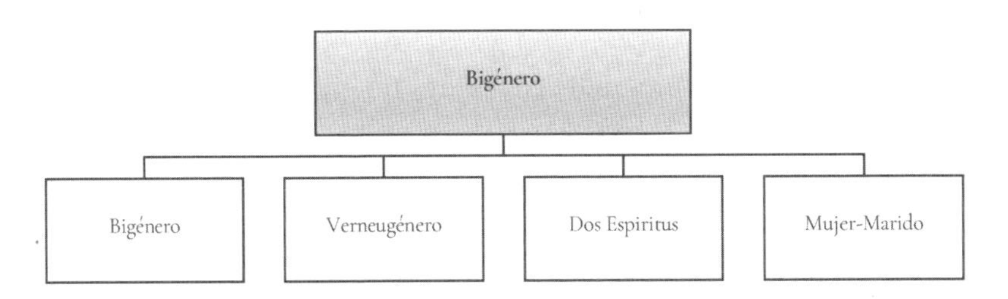

3.4.2 TRIGÉNERO

El trigénero es una identidad trans que, de manera similar al bigénero, se caracteriza por la movilidad entre géneros, relacionándose así con la identidad trans del género fluido. El trigénero se caracteriza por la movilidad de un individuo como masculino, femenino o el tercer género (ya sea un género nulo, una combinación de masculino y femenino o alguna otra variedad de la identidad trans), todo determinado por las circunstancias que presenta el contexto.

Tercer Género

Se trata de una persona que no se identifica con una identidad binaria, pero sí se identifica con otro género, un tercero.

Esta categoría de género es utilizada por sociedades que reconocen tres o más géneros, tanto contemporáneos como históricos, y también es un término conceptual que significa diferentes cosas para diferentes personas que la usan, como una forma de ir más allá del binario de género.

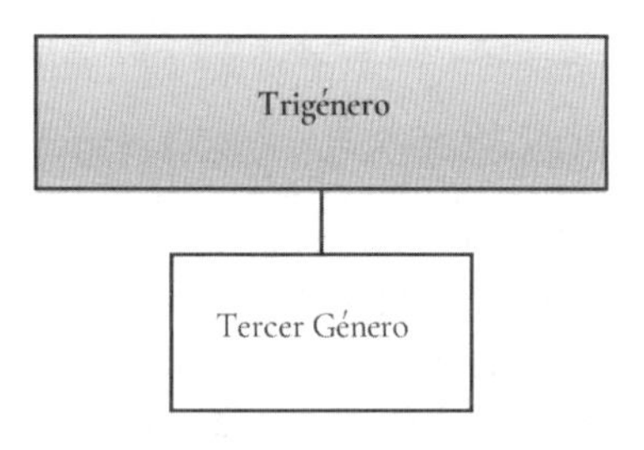

3.4.3 POLIGÉNERO

También conocido como multi género, es un espectro trans en el que una persona siente pertenecer a más de tres géneros a la vez, o de forma alternada.

Pangénero

Es una identidad en la que se ubican todas las identidades, aunque de una manera fija y no variable como en el género fluido.

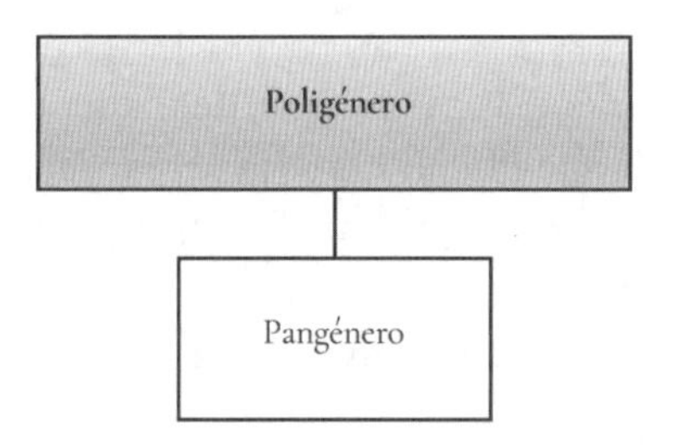

4. LAS IDENTIDADES TRANS-ESPECIE

Zoosexual

Son personas que consideran que ni su anatomía ni su morfología definen su especie que siente ser animal y no humana.

Quieren ser reconocidxs y aceptados por sentirse animales presos en un cuerpo humano. Se identifican con otras especies animales, ya sean reales o mitológicos.

Todavía permanece un debate abierto sobre si entre ser transgénero y transespecie hay diferencias o se trata de una misma identidad. Da la impresión de que muchos miembros de la comunidad trans creen que el transespecismo sea una parodia del transgenerismo, sin embargo, las personas que lo practican no lo actúan como si fuera una burla.

Otherkin

Son personas que se identifican social o espiritualmente como no humanos o completamente no humanos.

Como adjetivo se definió en el diccionario de inglés de la Edad Media, en 1981, como "un tipo diferente o adicional de algo u otros tipos de cosas". Inicialmente se acuño de la palabra "elfinkind", para referirse a otros no elfos que se unieron a las comunidades.

Esta identidad grupal surgió de la subcultura "Elvin", en línea de la década de 1990, que deriva de aquellos grupos sociales que se identifican dentro de la disforia de especie. Estas comunidades recurren a ser divididas entre "kintypes", es decir subtipos de identidades kin, como son ángeles, duendes, vampiros, etc.

Los otherkin se identifican como tales por cuestiones espirituales, mientras para otros es una cuestión neurológica.

Furry o Furries

Traducido del inglés como "peluditxs", suelen ser personas entusiastas de los personajes animales con características humanas. Con la particularidad de que estas personas suelen disfrazarse o modificar el propio cuerpo como tal persona para vivir y comportarse como ellxs.

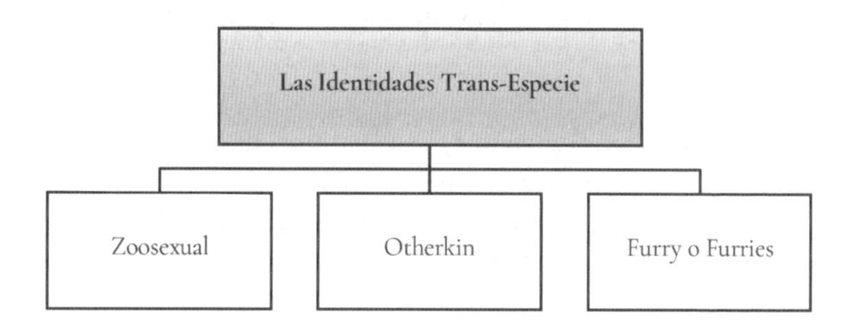

5. LAS IDENTIDADES TRANS CULTURALES ESPECIFICAS

Dentro de la experiencia de la identidad trans, lejos de la vivencia occidental de la identidad, encontramos identidades socio culturales de un contexto temporal específico que se han desarrollado a lo largo de la historia. Por sus características y definiciones, forman parte de las identidades trans.

5.1 TRAVESTISMO

Köçek
En la cultura persa del siglo 17, un köçek era típicamente la figura de un hombre bailarín joven, que generalmente se vestía con atuendo femenino.

Koekchuch
Es una identidad de género extinta registrada a fines del siglo XVIII y principios del siglo XIX entre la cultura indígena de los itélmenes en Siberia se trataba de personas nacidas como hombres que adquirían comportamientos y estética de una figura femenina.

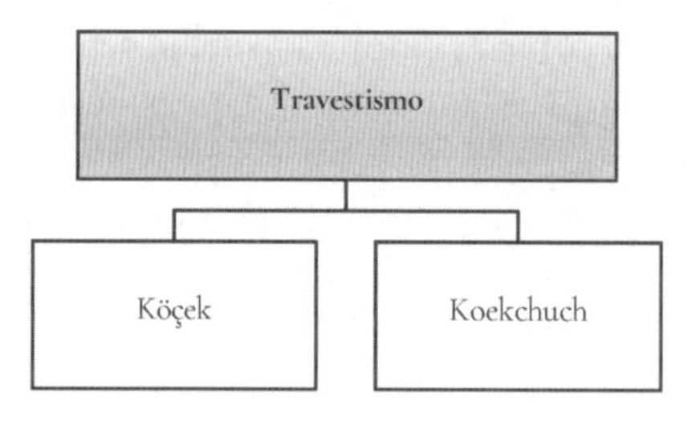

5.2 EXPERIENCIA TRANS BINARIA

Apwint

Es un término culturalmente específico de la República de la Unión de Myanmar, que se utiliza para referirse a las personas asignadas como varones al nacer, que posteriormente se identifican con un género femenino. Lo que culturalmente se conoce como una mujer trans.

Mak nyah

"Mak" significa "madre" y "nyah" significa "transición". Es un término vernacular que se difundió desde 1980 en la subcultura Bahasa Seteng de Malasia para identificar a las mujeres trans. Este lenguaje es usado por la misma comunidad trans para reconocerse entre sí y diferenciarse de las personas que practican cross-dressing o que usan esa palabra como insulto.

También existe el término **pak nya,** de "hombre", que se usa para los hombres trans y **mak-pak nyah,** para todas las personas no binarias.

Kathoey

Es un término tailandés utilizado para referirse a un hombre trans o a un hombre afeminado. Del kathoey surgen diferentes expresiones relacionadas con la identidad trans, con el drag y con la percepción de género queer de un tercer sexo.

Un kathoey puede ser transexual, es decir, no se conforma con el sexo biológico que le fue estipulado al nacer. Para reconfigurar su género, recurre al afeminamiento de su cuerpo con tratamientos hormonales, cirugías y tratamientos de belleza. En otros casos, un kathoey puede estar conforme con el sexo que le fue determinado al nacer, y desea tener solo una apariencia femenina. En otros casos, un kathoey pertenece al tercer género, es decir, se clasifica como una mezcla de hombre y mujer.

Las kathoéis se pueden encontrar en varios sectores de la población, ya que la cultura budista de Tailandia da un alto valor a la tolerancia. Usando la noción del karma, los tailandeses creen que las kathoéis tuvieron una vida pasada de trasgresión, por lo cual no se les debe culpar, más bien se les debe tener piedad.

En el siglo 19 aparecieron dos figuras, dentro del contexto sociocultural francés e italiano, nacen respectivamente el concepto de **uranio,** que según la mitología griega fue creado por los testículos del dios Urano, término dentro del espectro masculino que se refiere a una persona del tercer sexo. En origen, se les identificaba como una persona cuya psique era femenina y su cuerpo era masculino. Estas personas sentían atracción hacia otras personas de género masculino. En cambio, **femminiello**, es un término usado en la cultura napolitana para referirse a hombres homosexuales con una apariencia marcadamente femenina.

Aunque ambos términos, a la hora de definirse, traten de forma directa la orientación sexual homosexual con características en la expresión de género asociadas al género femenino, también se refieren a personas trans de apariencia femenina, lo que hoy conocemos como mujeres trans. Estas palabras por una falta de información dada del contexto histórico, quieren usarse para definir tanto hombres homosexuales con una apariencia femenina, como mujeres trans.

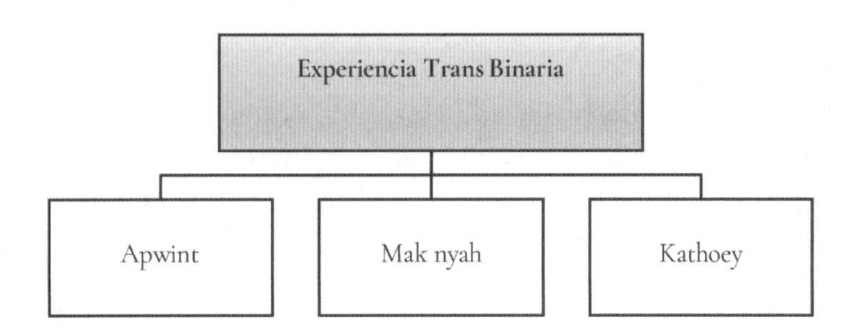

5.3 EXPERIENCIA TRANS POLIGÉNERO

5.3.1 BIGÉNERO

Māhū

Literalmente "en medio", para los nativos hawaianos y tahitianos, Māhū es un estado intermedio entre la identidad de hombre, mujer y/o una "persona de género indeterminado".

Rae-rae
En la cultura Tahitiana, se usa este término para las personas que se identifican como mujeres trans.

Hijra
Es uno de los términos usados con más frecuencia en la cultura de Asia meridional, para referirse a aquellas personas que se consideran bajo el espectro trans.

Sin embargo, los hijras se consideran en general como hombres que nacieron con fisiología típicamente masculina y solo unos pocos nacieron con variaciones atribuibles a la intersexualidad.

La palabra hijra es un término urdu-hindustana y significa "dejar la propia tribu", el uso indio se ha traducido tradicionalmente al inglés como "eunucos" o "hermafroditas", donde "la irregularidad de los genitales masculinos es fundamental para la definición". Se destaca que en cada territorio de Asia este concepto es sujeto a cambios. La de los hijras es una historia que perdura desde la antigüedad, en muchos países viven en comunidades y no obstante sean una parte reconocida de la sociedad sigue siendo algo marginalizadxs.

Fa'afafine
La palabra fa'afafine incluye el prefijo causativo fa'a–, que significa "a la manera de", y la palabra fafine, que significa "mujer". Lxs Fa'afafine son personas que viven en el estado independiente de Samoa en Estados Unidos, que se identifican con un papel de tercer género o no binarix. Es una identidad de género reconocida y/o rol de género en la sociedad tradicional de Samoa, y una parte integral de su cultura.

A estas personas se les asigna el sexo masculino al nacer, y encarnan explícitamente los rasgos de género masculino y femenino de una manera única. Su comportamiento generalmente varía de extravagantemente femenino a convencionalmente masculino. Una teoría occidental prominente, entre las muchas teorías antropológicas sobre los samoanos, era que, si una familia tuviera más niños que niñas o no suficientes niñas para ayudar con los deberes asociados con el género femenino, los niños varones serían elegidos para ser criados como fa'afafine; aunque esta teoría ha sido refutada por estudios.

Vírgenes Juradas

Las vírgenes juradas de los Balcanes, conocidas en albanés como **burrnesha**, son mujeres que hacen un voto de castidad y visten con ropa masculina para vivir como hombres en la sociedad patriarcal del norte de Albania, Kosovo y Montenegro.

La tradición de las vírgenes juradas en Albania se desarrolló a partir del Kanuni i Lekë Dukagjinit, un conjunto de códigos y leyes desarrollados por Lekë Dukagjini y utilizados principalmente en el norte de Albania y Kosovo desde el siglo 15 hasta el siglo 20. Ser

Una "virgen jurada" es una decisión que toma la persona, no se trata de un malestar que nace de la propia identidad de género que no corresponde al mundo interior individual. Lo que ocurre es que, desde ser una mujer cisgénero, se adquiere el rol y la vestimenta de un hombre. Esto permite que la persona adquiera una serie de privilegios que le permiten vivir mejor.

Hay muchas razones por las cuales alguien podría hacer este voto, por ejemplo, no separarse de su propia familia, para evitar un matrimonio no deseado. Convertirse en virgen jurada también puede suponer la única forma en que las familias que habían comprometido a sus hijos a un matrimonio arreglado se negaran a cumplirlo, sin deshonrar a la familia. Los tecnicismos de esta identidad, a nivel práctico, recuerdan el voto que puede hacer una monja, es decir ser una mujer que mantiene su independencia y se aleja de las expectativas y presiones sociales.

Whakawahine

Es una identidad de género de la cultura Māori de Nueva Zelanda, significa literalmente "convertirse en una mujer", que define aquellas personas que nacen con un cuerpo biológicamente masculino, pero que viven y se comportan como una mujer.

Akava'ine

Es un término usado en las islas Cook de Nueva Zelanda empleado desde los años 2000, para identifica las personas trans.

Según el diccionario maorí de las Islas Cook, "akava'ine" es el prefijo "aka" que significa "ser o comportarse como" y "va'ine" significa "mujer/comportarse como mujer". Esta palabra también tiene un significado paralelo, se usa para referirse a las mujeres que tienen una opinión inflada de sí mismas, que llaman la atención sobre sí mismas de manera que interrumpen la agrupación, no prestan atención a los consejos de otros, o que actúan de manera egoísta.

Chibados

También conocidos como **quimbandas**, son personas que se identifican dentro de un espectro del tercer género. Son individuxs que se asignan como hombres, pero que viven con mayor frecuencia como mujeres.

Se encuentran entre las culturas del Ndongo y otras partes de lo que hoy es Angola. A nivel histórico muchas veces se han visto asociadxs con la labor de concubinxs.

Ashtime

La Cultura Maale un pequeño grupo étnico que se encuentra en la costa norte y sur de Omo, en Etiopía. Dentro de su sociedad se encuentra el rol de género "ashtime" que tiene dos interpretaciones: la primera se refiere a personas que han sido asignadas como hombres al nacer, pero que deciden adquirir una identidad femenina y mantener relaciones sexuales con hombres. En cambio, la otra, considera que el rol de un ashmite era el de proteger el rey de cualquier elemento femenino a la hora de tener sexo.

Mashoga

También conocido como **shoga,** en singular, es el término "homosexual" del pueblo swahili en la zona del sur de África.

Históricamente, tuvieron ciertos roles sociales, como tocar la batería y tocar música en eventos. La palabra "shoga" también es utilizada para referirse a los grupos de amistad exclusivamente femeninos, "amigas". Con el tiempo, las relaciones shoga se convirtieron en relaciones económicas, en las cuales eran hombres jóvenes más pobres pagados por hombres mayores ricos ("**basa**", en plural "**mabasha**") a cambio de establecer relaciones sexuales. Socialmente, solo los mashoga eran considerados "homosexuales", los mabasha generalmente tendrían una esposa.

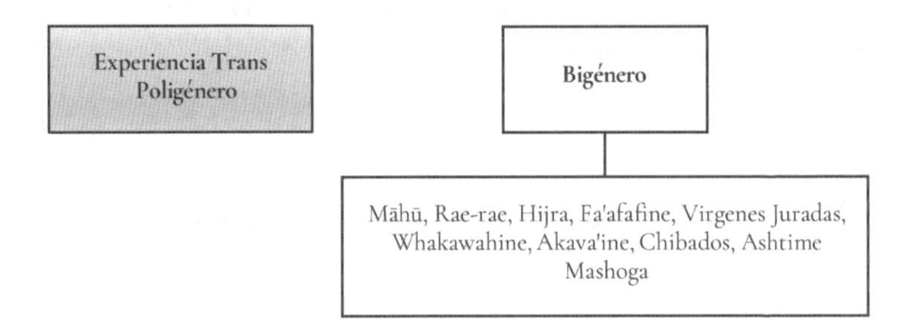

5.3.2 TRIGÉNERO

Mangaiko
Personas trigénero dentro de la comunidad Mbo de la República del Congo.

Palao'ana
Término usado para definir las personas trigénero dentro de la cultura de Micronesia.

Waria
Es un papel tradicional del tercer género que se encuentra en la Indonesia moderna. Se ha descrito que, en la cultura Bugis de Sulawesi, es uno de los tres sexos reconocidos por la cultura misma (masculino, femenino e intersexual), así como los otros cinco géneros con distintos roles sociales que la componen.

Bankla, Bayot, Agi o Bantut
En las Filipinas hay distintos términos con los que se reconocen las personas trans, que son asignadas al nacer como hombres, pero cuya expresión de género es femenina.

Muxe
En muchas comunidades zapotecas, grupos indígenas mexicanxs, los roles de tercer género son a menudo aparentes. Lxs muxe se describen como un tercer género biológicamente masculino, pero con características femeninas.

No se consideran homosexuales, estas personas tienen cuerpos de hombres, sin embargo, viven el género de una forma distinta al estereotipo masculino, se considera una persona no binaria.

Biza'ah
Biza'ah tiene el mismo significado que Muxe, solo que se utiliza en la comunidad Teotitlán.

Xanith
En la península arábica, estas personas son consideradas como un tercer género, se trata de personas con sexo biológico masculino cuya expresión de género y comportamiento se asocia con la ideología de feminidad.

Khanith
Lxs khanith también forman parte de la cultura árabe, pero dentro de tu identidad en algún momento se encuentran frente a la necesidad, por convenciones sociales, de que su sexo biológico esté alineado con su identidad y expresión de género.

Géneros Bugis
El grupo étnico Bugisdel Sur de Sulawesi en Indonesia, reconoce en su sociedad cinco géneros: **oroané, makkunrai, calalai, calabai** y **bissu**. Este concepto ha sido una parte clave de esta cultura durante al menos seis siglos.

Lxs oroané son comparables a los hombres cisgénero, lxs makkunrai a mujeres cisgénero, lxs calalai a hombres trans y lxs calabai a mujeres trans, mientras que lxs bissu son personas andróginxs o intersexuales.

Galli
Un gallus (era un sacerdote eunuco de la diosa frigia Cibeles y su consorte Attis, cuyo culto se incorporó a las prácticas religiosas estatales de la antigua Roma del siglo 10 a.C.

Nullo
De **Anulación Genital**, se refiere a una subcultura de modificación corporal compuesta principalmente por hombres a los que se les extirpan

quirúrgicamente los genitales y a veces también los pezones. Los nullos no son necesariamente personas trans, la mayoría se identifican como eunucos, las razones de su operación son para cumplir funciones sociales en la sociedad, no para satisfacer una necesidad personal.

Aunque el procedimiento es realizado principalmente por hombres, hay mujeres a las que también les cierran voluntariamente la vagina y les quitan el clítoris.

Enaree o Enarei

Era la figura de un chamán sciita del siglo 7 a.C., descrito como un hombre afeminadx o andróginx.

Eunuco

Palabra griega "eunoukhos", compuesto de "euné" traducido como "lecho" y de ékhein traducido como "guardar / guardián del lecho", atestiguada por primera vez en un fragmento de Hipponax, el poeta cómico del siglo 6 a.C.

Un eunuco es un hombre castrado. La castración suele darse en la pre pubertad, y sirve para cumplir una función social específica dentro de la sociedad.

Fakaleiti

En el Reino de Tonga de Polinesia, un fakaleiti es una persona nacida como individux masculino, pero cuya expresión de género es femeninx.

El término fakaleitī está compuesto por el prefijo faka-, "a la manera de", y "señora" del inglés.

Mukhannathun

Aunque los orígenes del término todavía están en disputa, los orígenes de este término se remontan al siglo 8, donde el lexicógrafo Al-Khalil ibn Ahmad al-Farahidi, conectó las palabras "mukhannath" con "khuntha", que significa hermafrodita. Basado en esta etimología, declaró que la palabra mukhannath se refiere a las personas intersexuales.

Un siglo después, le sucedió el erudito árabe Abu Ubayd, quien cambió la deriva del verbo "khanatha", que significa "doblar la boca de un odre de agua para beber", lo que indica algo más delicado.

Sin embargo, esta definición no alcanzó prominencia entre los eruditos islámicos hasta la época medieval, cuando el término se asoció con la homosexualidad. Desde entonces se traduce como "hombres que se parecen a las mujeres", y era usado para referirse a los hombres que se percibían como afeminados, ya fuera por expresión de género o por su orientación sexual.

Posteriormente, el término mukhannath se asoció con la pareja receptiva en las prácticas sexuales homosexuales, una asociación que ha persistido hasta la actualidad. Intenta denotar, según los estereotipos de roles de género, el papel de género atribuido a los hombres que funcionan sexualmente, y socialmente, como mujeres.

Tumtum

Es un término que aparece en la literatura rabínica judía. Por lo general, se refiere a una persona cuyo sexo es desconocido porque sus genitales están cubiertos u "ocultos" o irreconocibles de otra manera.

Lhamana

En la cultura tradicional Zuni, son personas de cuerpo masculino que asumen los roles sociales que generalmente desempeñan las mujeres. Suelen llevar una mezcla de ropa que hibrida los dos géneros, y gran parte de su trabajo se realiza en las zonas habitualmente ocupadas por mujeres.

Algunxs contemporánexs de esta cultura, también participan en la comunidad pan-india de doble espíritu.

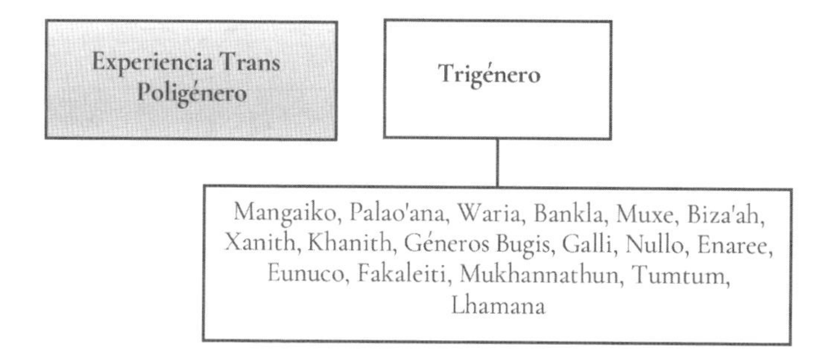

5.3.3 PANGÉNERO

Diné o Dineh

En cambio, algunos nativos americanos Diné tradicionales del suroeste de los Estados Unidos reconocen un espectro de cuatro géneros: mujer femenina, mujer masculina, hombre femenino y hombre masculino.

Si bien estas identidades de género existan y sean reconocidas y practicadas en sus comunidades, no dejan de permanecer a un contexto sociocultural específico.

Nádleehi

Es un papel social y, a veces, ceremonial en la cultura Diné de Navajo en Estados Unidos. Se trata de personas que identifican como hombres cuya naturaleza comportamental se asocia con aptitudes femeninas.

Sin embargo, el papel de género "nádleehi" también es fluido y no puede describirse simplemente en términos binarios. Las personas Diné reconocen cuatro partes que forman el espectro de género: mujer femenina, mujer masculina, hombre femenino y hombre masculino. Lxs Nádleehí también pueden expresar su género de manera diferente de un día a otro, o durante diferentes períodos de tiempo más o menos largos, cumpliendo roles asociados tanto con mujeres como con hombres.

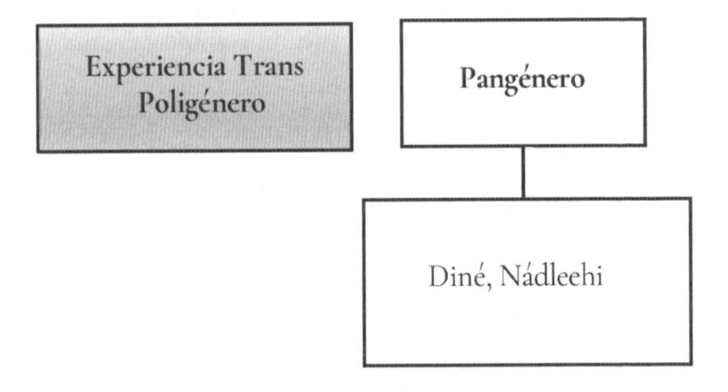

CONCEPTOS RELACIONADOS

Agujero Delantero
Es un término alternativo usado para sustituir la palabra vagina. Lo utilizan las personas trans que fueron asignadas como mujeres al nacer. En muchos casos lo prefieren por la neutralidad que transmite.

Agujero Trasero
Supone lo opuesto al agujero delantero, y se refiere al año.

AMAN (Asignadx Mujer al Nacer), AHAN (Asignadx Hombre al Nacer)
También conocidos como:
- **AFAB, AMAB, (Assigned Female at Birth, Assigned Male at Birth):** Acrónimos que significa "asignadx como mujer / hombre al nacer.
- **FAAB, MAAB, (Female Assigned at Birth, Male Assigned at Birth):** Acrónimos que significa " mujer / hombre asignadx al nacer.
- **CAFAB, CAMAB, (Coercively Assigned Female at Birth, Coercively Assigned Male at Birth):** Acrónimos que significa "asignadx forzosamente como mujer / hombre al nacer", la diferencia con las anteriores abreviaciones, es que en esta última se pueden ver representadas de forma más precisa las personas trans. Consideran que no se les dio a elegir que podían ser, y les fue puesta de forma forzosa una identidad errónea.
- **DFAB, DMAB, (Designated Female at Birth, Designated Male at Birth):** Acrónimos que significa "designadx como mujer / hombre al nacer.

Esta asignación se da a recién nacidxs cuyos genitales son percibidos de un género específico, según las convenciones sociales, lo cual asigna automáticamente una serie de expectativas sociales que con el tiempo muestran no ser correspondidas por todas las personas.

Agrupar las personas según su sexo biológico si puede ser práctico y útil para parte de la población, de esta forma se está entregando un prototipo de identidad. Este tipo de automatismo supone un problema cuando se encuentran de por medio personas trans y/o intersexuales.

Binder

Es una prenda interior cuya forma recuerda un sostén deportivo elástico, aunque puede ser sustituida perfectamente por una tela flexible, que es usada para alterar, normalmente reduciendo, la apariencia de los senos en un determinado cuerpo.

Su uso está destinado para aquellas personas que quieren disimular sus pechos, mientas no puedan permitirse o no desee operarse definitivamente. De esta forma adquieren el mismo objetivo estético. La práctica de llevar un binder es conocida como **binding.**

No es solo una prenda usada por personas trans, sino que mujeres cisgénero que desean ver su pecho aplanado, cosplayers, drag kings y muchxs más lo utilizan. Al ponerse un binder hay que tener especial cuidado a la hora de apretarlo y ajustarlo al propio cuerpo,

en no dañar a los órganos y físico que se encuentra debajo, ya que puede alterar de forma importante la capacidad de respirar de una persona. De hecho, las horas máximas aconsejadas para llevar un binder llegan a 8.

Binarismo de Género

Construcción social que categoriza de manera dicotómica las actividades, los comportamientos, las emociones y la anatomía de las personas en dos géneros: mujer y hombre.

Matices del uso de término con el Género Binario	
Mujer/Hombre	Para evitar confusión, se recomienda el uso como referencia al género.
Femenino/Masculino	Cuando se habla de los roles culturales y a la expresión estética.
Macho/Hembra	Cuando se habla del sexo biológico de la persona.

Caracteres Sexuales
Rasgos que distinguen fenotípicamente al macho y a la hembra

Primarios: Los caracteres sexuales primarios incluyen los testículos y el aparato genital masculino en el varón, y los ovarios y el aparato genital femenino en la mujer.

Secundarios: Los caracteres sexuales secundarios incluyen el desarrollo del vello y la voz en el hombre, y en la mujer, el desarrollo del vello y de las mamas, así como el tono de voz.

Terciarios: Los caracteres sexuales terciarios hacen referencia al desarrollo fenotípico. Conjunto de caracteres visibles que un individuo presenta como resultado de la interacción entre su genotipo y el medio, masculino o femenino.

Certificado de Reconocimiento de Género (CRG)
También conocido como **gender recognition certificate (GRC)**, es un certificado cuyo contenido permite que las personas trans sean legalmente reconocidas en su género afirmado y se les emita un nuevo certificado de nacimiento.

Cisheteropatriarcado
Este concepto hace referencia a la organización social, en la que solo prevalece el criterio del hombre y siempre que sea heterosexual y cis (aquel cuya identidad de género coincide con la asignada al nacer).

Cirugía de Feminización Facial
Facial Feminization Surgery (FFS) en inglés es un conjunto de procedimientos quirúrgicos cosméticos que alteran las características faciales típicamente masculinas para acercarlas en forma y tamaño a las características faciales femeninas típicas.

Cirugía de Pecho (Top Surgery)
Este término se refiere a la cirugía para la construcción de un pecho de macho, aumento de senos para un pecho de hembra, y la posible extirpación de los senos.

Confudir de Género (Misgendering)
Dirigirse, llamar o tratar a alguien con su género incorrecto.

Desistimiento

Es un momento en medio del proceso de transición en el que lx paciente deja de buscar apoyo médico.

Suele darse en casos donde la persona se da cuenta de ser cisgénero y de no querer cambiar su identidad, o con personas trans que no desean cambiar su apariencia física para que corresponda con su identidad.

Despersonalización

Es la alteración de la percepción o la experiencia de uno mismo de tal manera que la persona se siente separada de los procesos mentales y de su cuerpo.

Cualquier persona puede experimentarlo alguna vez en su vida, sin embargo, suelen ser de constante aparición en los ataques de pánico, periodos prolongados de estrés, ansiedad y depresión. La persona que lo experimenta percibe su entorno y su propia persona como algo irreal y que está separada de su cuerpo.

Al igual que la disforia, son características que surgen independientemente del propio género. Una persona tras un evento traumático puede no reconocer su propio cuerpo y aun así no querer modificarlo, no siempre está ligado a un malestar interno.

Detransición

El proceso según el cual una persona trans decide dejar de someterse a su transición de cambio género.

Aunque pueda parecerlo en el exterior, la transición no es un viaje, sino que una persona trans lo es, con o sin una transición "oficial" que socialmente se reconoce a través de terapias hormonales, operaciones quirúrgicas, etc. La detransición se basa en una visión simplista que se tiene sobre la transición, es decir que no se trata de momentos específicos que marcan un antes y un después en el cuerpo de la persona.

La detransición suele ocurrir principalmente en dos contextos: la persona se da cuenta de que su género sí que corresponde con el género que le asignaron al nacer; otras porque no sienten la necesidad de pasar a través de una serie de cambios para definirse "verdaderamente trans".

Disforía de Género

El concepto de "disforia de género" fue introducido por el psicólogo neozelandés John Money. "Disforia", término opuesto a "euforia", designa disgusto, desajuste o malestar. La disforia de género es por tanto el disgusto, desajuste o malestar con el sexo biológico que le ha correspondido al sujeto.

También llamada trastorno de identidad de género, es un diagnóstico psiquiátrico que describe una discordancia entre la identidad de género y el sexo biológico, con el que las personas afectadas no se identifican ni sienten como propio.

Sus causas son todavía desconocidas, aunque se han tomado en consideración hipótesis biológicas, psicológicas e incluso sociológicas. Desde las explicaciones no médicas, muchos sectores exigen que deje de considerarse un trastorno psiquiátrico. Esta disforia de género no debe confundirse con la **disconformidad de género**, es decir las conductas que no coinciden con el comportamiento socialmente asociado a un género, ni con la orientación sexual, su identidad de género.

La Organización Mundial de la Salud (OMS) ha descartado esta condición como trastorno psiquiátrico, puesto que, mientras que el trastorno de identidad de género estaba clasificado como un desorden mental, la discordancia de género está clasificada como una condición relacionada con la salud sexual. A su vez, fue reclasificado, moviéndose de la categoría de trastornos sexuales hacia una propia, y renombrado como disforia de género con el objetivo de evitar la **estigmatización** hacia los individuos trans. En esta reclasificación se aclara que la disconformidad de género no constituye una enfermedad mental en sí misma, sino que el elemento crítico de la disforia de género es la presencia de malestar clínicamente significativo asociado a la condición de género.

Dismorfia

Parecido a la disforia, la dismorfia física es la percepción del cuerpo de una persona o de una parte del cuerpo que la persona ve como defectuosa o imperfecta, aunque esta percepción sea muy leva y casi invisible a los ojos de otros.

Euforia de Género

Lo opuesto a la disforia de género. La alegría trans de poder experimentar el propio género.

Es una sensación de felicidad, euforia y entusiasmo que se experimenta cuando se siente bien con su género o expresión de género. Se llama así para resaltar la narrativa de que ser trans es ser constantemente miserable.

Empaquetado

También conocido como **"packer"** indica todo objeto que se utiliza para simular la parte genital del pene.

Actualmente existen penes prostéticos con apariencia muy realista, sin embargo, también se considera empaquetar cuando se usan objetos como calcetines u otros materiales para recrear la apariencia del bulto fálico. Esta práctica puede ser usada desde personas que no se han sometido a operaciones de cambio de género en espera de poder operarse, hasta personas que lo hacen por aliviar su disforia y que no tienen deseo de modificarse físicamente.

Género

Conjunto de características de origen cultural relativas a patrones de comportamiento y de identidad, sobre la base de las cuales se establecen socialmente la distinción entre hombres y mujeres. No es estático ni innato, sino que es una construcción sociocultural que ha ido variando y puede variar a lo largo del tiempo. Se repite y reproduce como una jerarquía sin cuestionar su veracidad y aplicabilidad en cada persona.

Heteronormatividad

Régimen social y cultural que impone la heterosexualidad como la única orientación aceptada, válida, correcta y/o normal. Todas las orientaciones diversas, por tanto, contrarias a este régimen y por eso son perseguidas o señaladas.

Nombre Muerto (Dead Name)

Es como se refiere una persona trans al nombre que le fue asignado al nacer que, después de su transición, ha dejado de usar y con el cual ya no se identifica.

Después de que dicha persona haya transicionado, se considera inapropiado y una falta de respeto continuar a hablarle con su viejo nombre, ya que no corresponde con su identidad. El cambio de nombre es el resultado de un proceso personal y muchas veces de un luto de una persona hacia otra.

Ocurre que este nombre quede en activo para personas trans por razones legales

Non-Op

Una persona trans que no busca ninguna intervención quirúrgica.

Operación Cambio de Sexo (Gender Reassignement Surgery, GRS o Bottom Surgery)

También conocida como operación de reasignación o afirmación de género, es un procedimiento quirúrgico a través del cual una persona trans modifica su apariencia física y funcional de sus atributos físicos de nacimiento, alterándolos para que parezcan a aquellos socialmente asociados con su género identificado.

Esta operación forma parte de un tratamiento para la disforia de género en personas trans. Es una forma de describir **la operación transición** de una persona, en una de las muchas transiciones a las que se puede someter una persona trans en el proceso de reasignación de su propia identidad.

Un conjunto de procedimientos médicos para alterar o construir los genitales con el objetivo de aliviar la disforia. La cirugía reconstructiva genital es el término preferido por muchas personas trans porque, a diferencia de la "cirugía de afirmación de género", no implica que su género no esté confirmado antes sin cirugía.

Someterse a una reasignación de género generalmente significa someterse a algún tipo de intervención médica, pero también puede significar cambiar el propio nombre, pronombres, vestirse de manera diferente y vivir en su género autoidentificado. Se trata de un proceso personal cuyo itinerario debería decidirse libremente. Para los pacientes que sufren de disforia hacia los propios genitales, es una operación que se recomienda a nivel médico.

Hay distintos tipos de operaciones inferiores:

Metoidioplastia -un neo pene creado desde el clítoris, elongado a través de una terapia hormonal.

Faloplastia – un neo pene creado desde la piel del donante.

Scrotoplastia – la creación de un escroto, en el que se insertan las prótesis de testículos.

Vaginoplastia – una neo vagina creada desde el pene

Orquiectomia – la remoción de los testículos.

Real Life Experience (RLE)

La "experiencia de la vida real" (EPV), a veces llamada "prueba de la vida real" (Real life test, RLT), es un período de tiempo en el que las personas trans viven un periodo de tiempo en el rol de género con el que han descubierto que se identifican.

El propósito del RLE es confirmar que una persona trans se siente realmente identificada en su nuevo cuerpo, y que puede integrarse exitosamente en su identidad dentro de la sociedad, así como también confirmar que está segura de querer vivir como dicho género por el resto de su vida. Esencialmente es un periodo de prueba tanto personal como social para confirmar a lxs médicxs que tratan a la persona y al paciente mismx que su malestar no es un estado de ánimo pasajero.

En algunas ocasiones el RLE es un requisito médico imprescindible antes de poder pasar a dar una medicación específica a un paciente que quiera someterse a una terapia de reemplazo hormonal, y un requisito de la mayoría de los cirujanos antes de realizar una operación de reasignación genital.

Roles de Género

Los roles de género son un conjunto de actuaciones, maneras de ser, estar y relacionarse resultado de un constructo social que asigna unos especificados comportamientos, vestimentas e identidades en función de la masculinidad o feminidad instaurada. Es decir, se socializa esperando una forma de ser y de comportarse acorde a los modelos de masculinidad y feminidad que en cada sociedad se han constituido. Los roles de género son cambiantes, evolucionan y se adaptan a cada cultura.

Sexo Biológico o Sexo de Asignación

Es un conjunto de características biológicas, especialmente de tipo genético y hormonal, sobre la base de los cuales se establece la distinción entre hombres y mujeres. Género que se le designa a las personas cuando nacen, basado en la mera observación de los genitales. No determina necesariamente el comportamiento del sujeto ni tampoco su identidad de género.

En las diferencias sexuales de los seres humanos existen distintos niveles: sexo cromosómico, sexo gonadal, sexo genital y, por último, género. Los cromosomas definen el sexo gonadal (ovarios, testículos) del futuro ser. Con cromosomas XX se desarrollará, por efecto de las hormonas, una vulva y con cromosomas XY el resultado será un pene. Durante la pubertad, la mayor presencia de hormonas manifestará otras características fenotípicas que diferencian a la mujer del hombre. Los llamamos los caracteres sexuales secundarios y son la presencia de vello, altura, voz... Las diferencias sexuales las tomamos como naturales e inmutables. Es decir, en general, todos los seres humanos se rigen por los mismos mecanismos biológicos. En cualquier grupo humano podremos identificar a los varones y las mujeres por su fenotipo sexual.

Sexo Asignado al Nacer (Sex Assigned at Birth (SAAB))

Este concepto se utiliza para reconocer intencionalmente el sexo asignado de una persona (no la identidad de género).

Terapia de Reemplazo Hormonal

Conocida también como **"hormone replacement therapy" (TRH)**, a veces llamada **terapia hormonal cruzada**, es una forma de terapia hormonal en la que las hormonas sexuales y otros medicamentos hormonales se administran a personas trans o no conformes con el género, con el fin de alinear más estrechamente sus características sexuales secundarias con su identidad de género.

Esta forma de terapia hormonal se administra como uno de dos tipos, en función de si el objetivo del tratamiento es la feminización o la masculinización:

1. **Terapia hormonal feminizante**: para mujeres trans o personas transfemeninas; consiste en estrógenos y antiandrógenos.
2. **Terapia hormonal masculinizante**: para hombres trans o personas transmasculinas; consiste en andrógenos.

Algunas personas intersexuales también pueden someterse a terapia hormonal, ya sea comenzando en la infancia para confirmar el sexo que se les asignó al nacer, o más tarde para alinear su sexo con su identidad de género. Las personas no binarias o de género también pueden someterse a terapia hormonal para lograr el equilibrio deseado de hormonas sexuales

.

Transición

El proceso de transición es aquel recorrido por el que las personas trans modifican su percepción de su propio género para adecuarla a su identidad de género.

LA EXPRESIÓN DE GÉNERO

La identidad de género es el concepto que se tiene de uno mismo como ser sexual y de los sentimientos que esto conlleva; se relaciona con cómo vivimos y sentimos nuestro cuerpo desde la experiencia personal y cómo lo llevamos al ámbito público, es decir, con el resto de las personas. Se trata de la forma individual e interna de vivir el género, la cual podría o no corresponder con el sexo con el que nacimos. Si bien existe una diversidad de identidades de género, habitualmente se considera un espectro con dos extremos: la identidad atribuida a las mujeres y la relacionada con los hombres. Sin embargo, debemos recordar que la identidad de género es independiente de la orientación sexual e incluye las formas en las que una persona se autodenomina y presenta frente a las demás.

Incluye la libertad de modificar la apariencia o la función corporal a través de roles sociales de género, técnicas médicas, quirúrgicas o de otra índole. La expresión de género es "la manifestación externa de los rasgos culturales que permiten identificar a una persona como masculina o femenina conforme a los patrones considerados propios de cada género por una determinada sociedad en un momento histórico determinado". Por un lado, la expresión de género se refiere a la forma en la que las personas interpretan el género de una persona en particular, sin importar cómo ella misma se identifique. Por otro lado, la identidad de género alude a la manera en que una persona se asume a sí misma, independientemente de cómo la perciben los demás.

Descontextualizada de su entorno social, la definición que se puede tomar en referencia es "la expresión de género es la forma en que una persona manifiesta su propia identidad de género, de forma más o menos intencional, demostrándola por medio de la apariencia, las acciones, la conducta y las interacciones sociales".

Cuando se creó el término de "diversidad sexual y de género", se utilizó como término paraguas para definir lo contrario al "macho, masculino y heterosexual" y esto genera ciertos problemas hoy en día para encontrar una definición clara. Actualmente, se entiende esta diversidad como un término que se fundamenta en cuatro pilares: las identidades, las orientaciones, los cuerpos y las expresiones.

Cada una de ellas es independiente, nos referimos a que una persona puede nacer con un cuerpo específico y no por ello sentir una identidad específica – la cual se suele otorgar a través de los patrones culturales que le da su entorno.

> Ejemplo:
> En el caso de las personas intersexuales, en ocasiones se les encasilla en un "tercer sexo", sin embargo, la intersexualidad no tiene nada que ver con la identidad, ya que dichas personas pueden sentirse hombres, mujeres, agénero, y muchas otras identidades, independientemente del cuerpo que tengan.

Lo mismo sucede en el caso de las expresiones de género y de los deseos u orientaciones. Muchas veces a mujeres con una vestimenta o unos comportamientos que socialmente se considera más masculinos se las encasilla dentro de una orientación. Sin embargo, estas relaciones entre identidades, deseos u orientaciones, cuerpos y expresiones, son ideas preconcebidas con las que se cataloga a las personas, limitando una vez más la diversidad. En definitiva, parte de la diversidad sexual y de género consiste en que socialmente se independicen estas cuatro características que definen la propia diversidad.

Las expresiones de género son lo primero que se ven de una persona, es decir, son la primera imagen que la sociedad recoge de cada persona. A través de estas manifestaciones las personas pueden expresar una pequeña parte de quienes son, pero también se convierten en el primer filtro por el que pasan los prejuicios.

Sin embargo, antes de llegar a este punto es necesario entender que el género funciona como una categoría binaria y socialmente construida que atribuye unas características femeninas o masculinas a las personas en función de si la sociedad les considera mujeres u hombres. En este sistema dicotómico y jerarquizado se espera que las mujeres sean femeninas y los hombres masculinos, es decir, se presupone y se impone que la identidad y la expresión vayan unidas, que sean dependientes.

Esto implica que la sociedad no ve personas, ve mujeres u hombres. Pero la realidad muestra que no hay exclusivamente dos expresiones de género, sino infinitas. En el día a día se observa que cada persona se viste de una manera, habla de una manera, gesticula de una manera, y toda expresión no implica que se tenga una orientación o identidad específica. Por lo tanto, hay que ser conscientes de que, en una sociedad binaria, al igual que se divide el género, también llegan una serie de "reglas no escritas" sobre cómo presentar la propia identidad, en particular a través de la ropa.

Las expresiones de género se agrupan en tres categorías principales que se centran en la presentación estética de la persona: la masculina, la femenina y la no binaria, aunque cada una de estas no solo tiene sus propias subcategorías, sino que pueden combinarse por parejas o las tres conjuntas. Al ser entidades complejas y mutantes, hay que tener en cuenta que, aunque una persona se pueda reconocer en una expresión específica, esto no significa que no pueda cambiar de un día a otro de forma esporádica o constante.

Para algunas personas, su expresión de género se ajusta a las ideas que la sociedad considera apropiadas para su identidad de género, mientras que para otras no. Las personas cuya expresión de género no se ajusta a las convenciones y expectativas sociales suele causar confusión y rechazo. Es importante recordar que, diferentemente a como se ha expuesto hasta ahora, la identidad de género y la expresión de género son dos cosas distintas.

Se puede encontrar este tipo de dinámica en cualquier contexto, sin embargo, los estereotipos o clichés, muestran claramente lo que puede suponer interpretar por razón propia o dar por hecho una expresión de género con su identidad y viceversa.

Ejemplo:
Los hombres que son percibidos como "afeminados" o las mujeres consideradas "masculinas", automáticamente se perciben que no han interiorizado el binarismo que la sociedad impone a nivel de sexo biológico-apariencia

(y a menudo forma de comportarse). En estos casos se asume que la orientación sexual de dichas personas no sea la ordinaria, o simplemente se lxs concibe como inusuales. Sin embargo, la presentación masculina de una mujer, según la concepción socio-cultural y costumbrista que se tiene de qué es ser masculina y comportarse de dicha forma, no es nada más que una preferencia personal con la que se decide de forma independiente e individual de vestirse o modificar el propio cuerpo.

Cada expresión del propio género se encuentra dentro de un espectro, puede ampliarse y modificarse en el tiempo. Los términos a seguir son los más comúnmente reconocidos y usados, eso no significa que no existan otros, que sean los apropiados de usar o que propongan una descripción satisfactoria para todas las personas.

Dentro de cada espectro de la expresión de género, y no solo, existen una gama de niveles entre **bajo**, **medio** y **alto**, que indican aproximadamente la expresión de una persona según las etiquetas que decide usar. Estos niveles son completamente personales y son determinados por la persona con la que se está tratando y de la forma con la que percibe si mismx.

Estética

La palabra "estética" deriva del latín "aestheticus" y del griego "aisthetikós", que significa "percepción o sensibilidad" a través de los sentidos.

La estética es la disciplina que estudia la naturaleza de la belleza y la percepción de la misma por parte de lxs individuxs, por lo cual se relaciona con las artes. Es una rama de la filosofía que estudia el arte, la belleza y el gusto. Usado informalmente como una palabra o adjetivo para indicar algo que destaque por su gusto o su apariencia positiva.

La estética es la expresión artística que te atrae y que creas o reproduces. Su estética podría definirse por un atuendo, un color, un período de arte, un material; es algo artísticamente atractivo, cualquier cosa que encuentres hermosa. La estética es una parte clave del género. Estructuralmente el género es una serie de normas que rodean el comportamiento y la estética. La expresión de género también es una cuestión de estética y comportamiento, "leemos" los géneros de las personas en función de su forma de presentarse.

La estética crea y reproduce la cultura social, y funciona como un significante para señalar a otras personas que eres parte de un mismo grupo. La misma cultura queer tiene una estética reconocible, principalmente caracterizada por cortes de pelo, ciertos colores, preferencias artísticas y de la cultura popular, junto a todas sus subculturas.

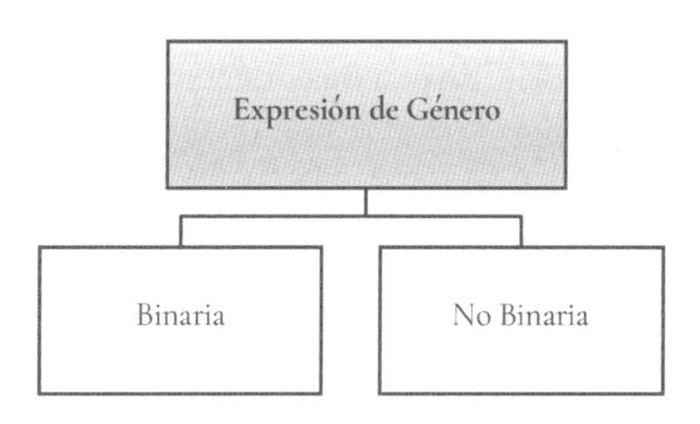

1. EXPRESIÓN BINARIA

La expresión binaria hace referencia a una expresión de género que se desarrolla en un contexto en el que hay dos elementos de referencia. **Binario,** palabra que proviene del latín "binarius", significa "algo que comprende dos unidades o elementos".

Aunque sea aplicable en cualquier contexto en el que se encuentre dos unidades paralelas, en el contexto de expresión de género, supone la base a través de la cual se juzga la estética de cada persona según la ideología de lo que es ser femeninx y masculinx.

1.1 EXPRESIONES DE TRAVESTISMO

Cross-dresser

Se refiere a la práctica según la cual algunas personas se visten con la ropa socialmente asociada con la del género binario opuesto.

Las personas que adoptan las maneras externas y una vestimenta consideradas socialmente propios del sexo contrario, no necesariamente desean una reasignación de sexo, ya que puede sentirse plenamente identificada con su sexo de nacimiento. Este comportamiento puede nacer de una satisfacción emocional personal del placer de vestirse como otra persona, lo que pasa en festividades como Carnaval o Halloween. Al mismo tiempo puede suponer, en otros casos de descubrimiento del propio género, el primer paso de una revelación más amplia y compleja sobre la propia identidad.

Las prácticas del **travestismo** y el **transformismo** son conceptos que no están relacionados con las identidades trans. Ninguno de ambos asume una identidad de género ni una orientación afectivo-sexual determinada. Travestismo es el acto de usar prendas asignadas al otro género por motivos como disfrazarse, jugar u obtener satisfacción sexual. El transformismo es un trabajo dentro del mundo del espectáculo por el cual una persona representa un personaje.

De esta forma se adquieren características estéticas de otro género, transformándose temporalmente en otra persona, cambiando las propias apariencias, pero manteniendo la identificación con su sexo biológico.

Ejemplo:
Un hombre cisgénero puede tomar las cualidades estéticas de una mujer, disfrazándose o desarrollando un propio personaje drag, pero luego se quita dicha ropa y sigue viviendo su vida como hombre cis.

Passing / "Pasar como..."
Usado como adjetivo o verbo, es el concepto de cuando una persona trans es aceptada o consigue pasar como el género hacia el cual ha hecho su transición o con el cual decide presentarse. En cambio, como adjetivo también se usa para describir aquellxs individuxs del colectivo que "pasan como/parecen" heterosexuales, sin embargo, no lo son.

Stealth
Es una persona trans que no ha salido del armario como persona trans, y que otras personas perciben como cisgénero del género con el que no te identificas. Es decir, con el género desde el que todavía no ha transicionado.

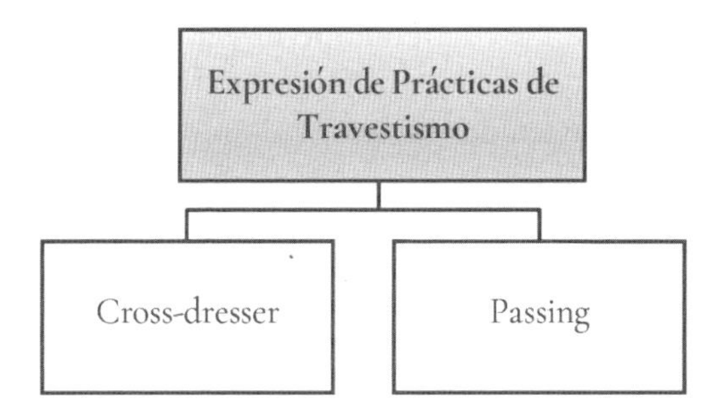

1.2 EXPRESIÓN FEMENINA

Femenino, na

Del latín "femininus", el término se refiere a aquello que resulta perteneciente o relativo de las mujeres. Se trata de alguien que dispone de las características distintivas de la feminidad, como pueden ser el gesto, la vestimenta, el propio nombre y otros.

Es el conjunto de cualidades que, en una cultura particular, alude a los valores, características y comportamientos tanto aprendidos, como a características específicamente biológicas de una mujer o niña. Su complemento es el concepto de masculinidad. Este concepto también se ha desarrollado como "ideal de feminidad" en el sentido de un patrón o modelo deseable de mujer.

Se entiende por feminidad un conjunto de atributos asociados al rol tradicional de la categoría mujer con sus distintos atributos estéticos, de comportamiento y de la propia forma de ser. Por otro lado, esta presión exige un límite a la hora de poder ser unx mismx, ya que cualquier actitud que pueda tener una persona, también la puede tener otra y eso no tiene por qué encajar dentro de un binomio.

Presentación femenina (Feminine-presenting)

Es aquella persona que expresa su propio género con características asociadas social y culturalmente a las femeninas.

A menudo se confunde con **feminine-of-center** (una identidad plenamente femenina) que suele sí acompañar la expresión de género, pero también la correspondencia con la identidad de género.

Femme (Fem)

Es un término francés, traducido como "mujer", usado principalmente dentro de la cultura queer para describir aquellas personas cuya presentación estética cae bajo la definición de femenina, con la particularidad de que su orientación sexual no es heterosexual.

A menudo estas personas, que suelen pertenecer al grupo LBT, pasan como personas heterosexuales, de ahí la necesidad de contextualizar su expresión de género normalmente asociada con personas no queer. Esta es otra demostración que no solo la propia expresión de género no tiene por qué reflejar el sexo biológico, sino que no tiene ningún tipo de conexión con la propia orientación sexual.

Se sabe que los códigos de vestimenta butch-femme se remontan al menos al comienzo del siglo XX y quedan en evidencia con fotografías de la década de 1910-1920 en los Estados Unidos. Sin embargo, el término todavía era complicado de adaptar de forma práctica, ya que para aquellas personas era una forma de vestir que no implicaba más.

Las lesbianas butch y femme recién comenzaban a hacerse evidentes en la década de 1940, ya que comenzó a ser común permitir a las mujeres entrar en bares sin hombres. La mayoría de las mujeres butch tenían que usar vestidos convencionalmente femeninos para mantener sus trabajos, poniéndose camisas y corbatas, solo los fines de semana para ir a bares o fiestas. La década de 1950 vio el surgimiento de una nueva generación de chicas butch que se negaba a vivir una doble vida y vestía un traje casi a tiempo completo. Por lo general, esto las limitaba a algunos trabajos que no tenían códigos de vestimenta para las mujeres.

De alguna forma para las personas femme, poder practicar su propia expresión de género era más sencillo, ya que seguía la convención aceptada socialmente. Estas etiquetas no son intentos de asumir las funciones tradicionales de género, como bien argumentan Judith Butler y Anne Fausto-Sterling, el género es una construcción social e histórica.

Lipstick Lesbian (LL)

Es un término usado dentro del colectivo lésbico para identificar aquellas personas cuya expresión de género es femenina.

También en este caso la expresión de género, supone una duda sobre la identidad sexual de la persona. De esta forma las personas Lipstick, también pasan como individuxs heteros.

La diferencia con la palabra "femme" es que esta se utiliza de forma más amplia dentro del colectivo y suele referirse a aquellas mujeres que son atraídas por una presentación "butch". En cambio, una lipstick lesbian suele tener atracción hacia otras personas cuya estética se ubica también bajo la identidad LL.

Afeminado

Suele referirse a una persona de identidad de hombre que no es percibida tanto en estética como en comportamiento como "hombre", sino que sus aptitudes son vistas como femeninas, delicadas, híper-refinadas y que no corresponden con su género.

Glam

Suele referirse a una persona de identidad de hombre que no es percibida tanto en estética como en comportamiento como "hombre", sino que sus aptitudes son vistas como femeninas. Principalmente, destaca por su maquillaje y vestuario, que suele ser muy glamuroso y recuerda a las grandes divas de la cultura pop.

Metrosexual

Suele indicar personas que se identifican como hombres que se preocupan por tener una imagen cuidada y moderna y está atento a las últimas tendencias.

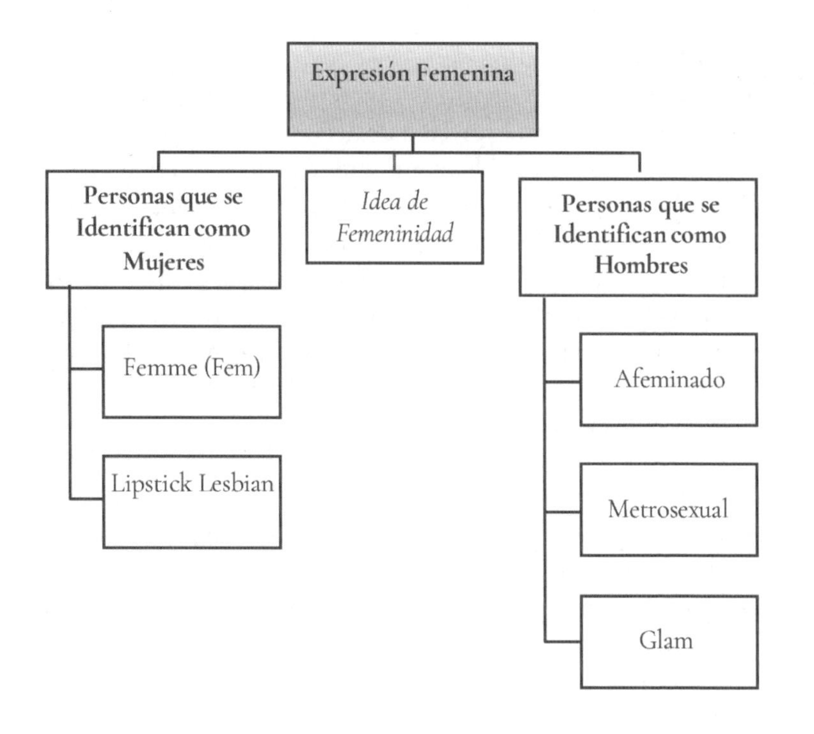

1.3 EXPRESIÓN MASCULINA

Masculina
Del latín "masculinus", el término se refiere a aquello que resulta perteneciente o relativo de los hombres. Se trata de alguien que dispone de las características distintivas de la masculinidad, como pueden ser el gesto, la vestimenta, el propio nombre y otros.

Presentación masculina (Masculine-presenting)
Es aquella persona que expresa su propio género con características asociadas social y culturalmente a las masculinas.

TomBoy (TB)
Del inglés, "chico rudo", es un adjetivo con el que se suelen denominar las personas que se identifican con el género femenino que se visten y/o actúan de manera masculina.

Actualmente, también se suele traducir con "chica poco femenina", o de formas despectivas. Esto se debe a que la palabra ha encontrado un lugar más activo en su uso, y en la actualidad se asocia también a un tipo particular de vestimenta. Normalmente caracterizado por prendas oversize.

Esta expresión de género, como la mayoría de las enumeradas, no determina una identidad de género y/o una orientación sexual. Dentro del propio concepto de tomboy, existen distintas subcategorías que especifican distintas expresiones desde la concepción binaria:

TomGirl (TG)
Es una persona que se identifica como mujer de apariencia neutra y/o femenina, pero con actitudes asociadas al género de hombre.

TomBoyGirl (TBG)
Es una persona que se identifica como mujer que a veces actúa como un TomBoy y a veces como una TomGirl.

Lesbian TomBoy (Les-T)
Se usa pare referirse a lxs tomboys lesbianas que se relacionan con mujeres femeninas.

Gay TomBoy (TomGay)
Se utiliza para referirse a las Tomboys que prefieren estar en una relación con otras TB y no con las TG.

Neutral TomBoy (NTB)
Es una persona que se identifica como mujer que a veces actúa de manera femenina o masculina, pero cuya vestimenta siempre se caracteriza por prendas socialmente masculinas.

Butch (Marimacho)
Término inglés que significa "macho", actualmente se emplea en la subcultura lésbica y hacia personas LBT del colectivo para identificar aquellas personas que se identifican como mujeres cuya expre-

sión de género y comportamiento se ve reflejado en el comportamiento socialmente asociado con el masculino.

Muchas veces estos adjetivos son usados como insultos por personas que se encuentran fuera del colectivo. Estos términos pueden suponer unos estereotipos dentro del mundo queer, sin embargo, se ciñen a identificar una forma estética de presentar la propia persona. Concretamente, las mujeres lesbianas butch siempre han representado un gran referente en el activismo mainstream, ya que su presentación no pasaba desapercibida como la de mujeres femme, que son invisibilizadas por su parecer heterosexuales.

Huida Butch

En inglés "**butch flight**", se refiere a la concepción tránsfoba de que los hombres trans, son realmente mujeres lesbianas butch que cambian su identidad de género para escapar de la discriminación misógina que sufrían antes.

Lo que supone un problema para algunas personas dentro del colectivo lésbico, es que muchas mujeres acaban sintiendo atracción hacia mujeres butch, que ellas no reconocen como tales, sino que siguen viendo como hombres.

Boi

Es un deletreo alternativo a la palabra inglesa "boy" (chico) de la jerga AAVE, su etimología deriva del alemán antiguo y significa "joven caballero".

Tiene distintos significados y aunque se aplique normalmente para describir a jóvenes mujeres queer cuya expresión de género es destacadamente masculina, se utiliza de forma más amplia para identificar cualquier persona cuya presentación estética masculina no corresponde con la visión heteronormativa de la misma. Por lo tanto, también un hombre y/o una persona no binaria, podría autodefinirse como boi.

Dyke

Es una palabra de la jerga coloquial inglesa que se refiere como término paraguas a las personas que se identifican como mujeres lesbianas, aunque ahora se ha ampliado a toda persona LBT, que se visten de forma masculina.

En un primer momento, dyke fue el término con que las mujeres homosexuales se definían entre ellas y con el cual los otros componentes se referían a lxs mismxs dentro del colectivo. El origen del término es desconocido, desde mediados del siglo XIX y a principios del XX, "dike" era la palabra usada para definir los hombres americanos cuya vestimenta destacaba por ser particularmente arreglada y elegante.

En paralelo, desde 1890 también se definió **"bull dyke"** como unx lesbiana sin más distinción. Sin embargo, para las mujeres homosexuales de la comunidad, un dyke es una lesbiana extremadamente masculina, fácil de identificar. Bull dyke es una extensión de este término, con la adición de esta persona descrita como desagradable, desagradablemente agresiva y demasiado demostrativa de su odio hacia los hombres. Un posible origen para una lesbiana masculina proviene del "bulldicker" que podría significar específicamente "pene falso", que denota un "hombre falso".

Fue usado por primera vez en referencia al colectivo en 1928 en el impreso escrito por Claude McKay, "Home to Harlem", en el que criticaba toda mujer no conforme con el estereotipo de su rol de género.

Finalmente, en la década de 1950, la palabra dyke se usaba como un término despectivo utilizado por personas heterosexuales y por lesbianas que tenían más probabilidades de ascender en la clase social. Aunque se transformara en un insulto, la comunidad LGTBQ+ se ha vuelto a apropiar del término, transformándolo en una palabra neutra o reivindicativa hacia las relaciones entre personas que se identifican como mujeres dentro del colectivo.

Actualmente, en inglés la palabra se refiere a las mujeres lesbianas con apariencia masculina, como a un término paraguas para toda mujer lesbiana.

Bollera / Tortillera

La traducción castellana de dyke es la palabra bollera, que tendría su origen en la palabra tortillera. Ambos oficios se refieren a una persona cuyo trabajo es elaborar y/o vender bollos.

Conocido también en otros países de habla hispana como **arepera** (Colombia), **cachapera** (Venezuela). Por similitud de oficios y por su parecido fonético, la etimología popular extendería el significado de mujer homosexual a la palabra bollera. Todas estas palabras derivarían del argot "tortillera", que curiosamente no deriva de tortilla, sino de torcida.

Las características de dichos oficios son de "meter las manos en la masa" y de "comer los bollos preparados". Dicha insinuación, recuerda las dinámicas sexuales que comporta una relación entre mujeres, de ahí su asociación figurativa.

Lumbersexual

Se trata de hombres caracterizados con el mito del rudo leñador. Su aspecto se identifica porque suelen llevar barba, camisas de cuadros, vaqueros y un aspecto algo desaliñado, aunque cuiden su imagen.

Spornosexual

El spornosexual es aquel al que le gusta presumir de su cuerpo musculoso y de trabajar mucho sobre perfeccionar su estética muscular. Se trata de un individuo algo narcisista cuya ilusión es tener un cuerpo atlético.

El término no tiene mucho tiempo de vida y está de moda entre las personas conectadas por las redes sociales.

Fag(got) (Marica / Maricón)

Término despectivo que se refiere a una persona que se identifica como hombres cuya orientación sexual es GBT o simplemente interna al colectivo.

Con el tiempo, este término ha sido reclamado por los hombres homosexuales, y se ha convertido, de forma interna al colectivo, en una forma con la cual las personas que se identifican de la misma forma se llaman entre sí.

Pup

Abreviación de "puppy", en inglés "mascota", se utiliza para identificar un hombre homosexual joven cuyas aptitudes suelen asociarse a las de un cachorro. Suelen ser personas que se identifican con una expresión personal que se caracteriza por su dulzura, inocencia y energía.

Twink

Parecido a pup, la palabra se utiliza para describir a los hombres gays jóvenes, delgados o ligeramente esbeltos, y generalmente blancos.

Este término, deriva de un bollo de comida basura, llamado twinkie, cuyo exterior es claro o levemente tostado y en el interior guarda una crema blanca.

Oso (Bear)

Suele indicar hombres homosexuales cuya presentación estética se caracteriza por tener mucho vello corporal y una grande estructura corporal.

> Ejemplo:
> Es un arquetipo gay que suele juntar la expresión de género, la identidad de género y la orientación sexual. Un hombre heterosexual por muy peludo que sea, no podría reconocerse en esta categoría.

Los osos forman parte de la subcultura independiente LGTBQ+ desde los años 70. Que una persona se identifique así, no determina sus preferencias sexuales ni su forma comportamental.

Cub

Jerga para referirse a un joven oso.

Como el término "pup", estas palabras suelen estar relacionadas al mundo kink y/o del BDSM, donde hay una figura mayor que guía a la menor. La dinámica conocida como daddy-baby o mommy-baby.

Nutria

Es una jerga para referirse a un tipo de hombre cuyo físico destaca por ser delgado, joven y peludo.

Castro Clon

Es un arquetipo homosexual que idealiza la imagen del hombre de clase trabajadora media que se popularizó en el barrio de Casto en San Francisco en los años 70.

Esta estética se popularizó por la sencillez del conjunto y por lo asequible que era, se trataba de pantalones ajustados, tanto vaqueros como pantalones de cuero, con el botón desabrochado y una camiseta blanca o un tank top ajustado. Además de tener un físico musculoso, patillas y bigote.

Jock

Un arquetipo de masculinidad, normalmente asociado a las personas deportivas. Es costumbre que se asuma que estas personas son anti- intelectuales y en un género que no les representa.

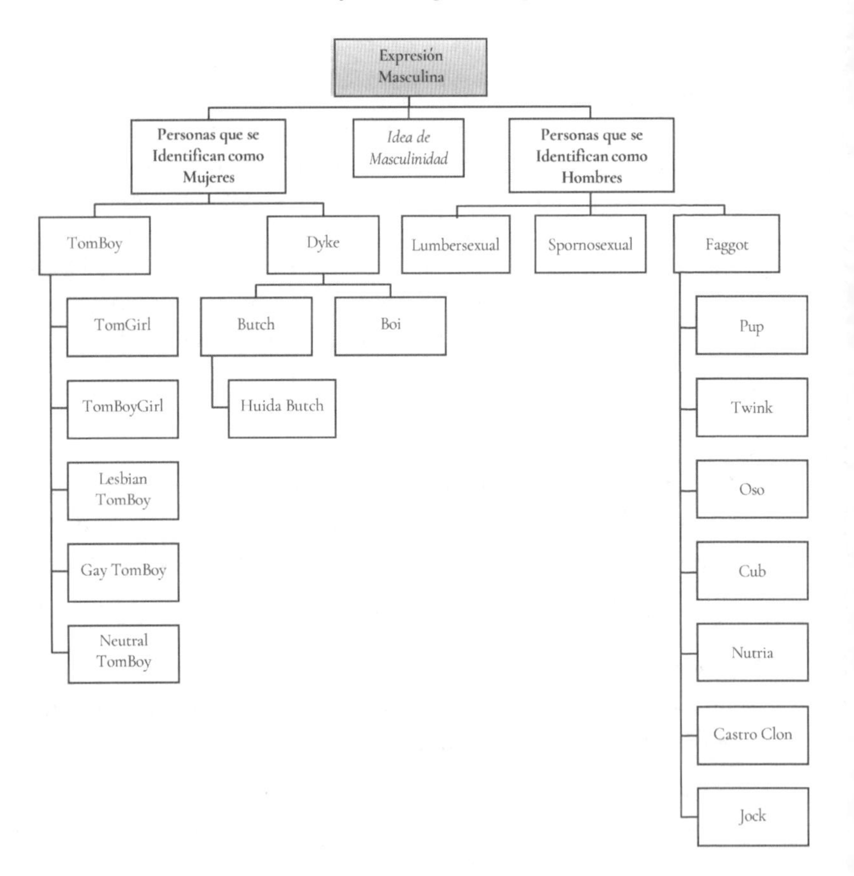

2. EXPRESIÓN NO BINARIA

No Binaria

No obstante, la identidad no binaria se identifique como una identidad de género, también suele ser acompañada por una expresión de género que destaca principalmente por mezclar la identidad femenina y la masculina y/o crea una tercera forma de vestir, de comportarse que se caracteriza por su neutralidad en las líneas de la ropa y en los mismos colores, o que es exactamente lo opuesto. En este caso se trataría de una presentación colorida, que juega con texturas.

Andróginx

Persona cuya expresión de género mezcla características entre vestimenta, manera de hablar, de comportarse que son tradicionalmente consideradas de alguno de los géneros binarios, es decir que fluctúa entre los conceptos de hombre y mujer. Esto puede pasar en momentos alternados o en contemporánea.

Género Variante o Género No Conformista (Gender Non-Conforming)

A menudo abreviado como GNC, y también conocido como gender diverse o atypical, es el comportamiento o la expresión de género de un individuo que no coincide con las normas de género masculino o femenino.

Bajo esta categoría la expresión estética da cada unx, al no estar predeterminada da la posibilidad que sea mucho más creativa, y que la propia persona no se ponga límites o se cohíba a la hora de expresarse.

Lo que marca una distinción entre andróginx y género no conformista, es que una persona andrógina *aparenta* una ambigüedad de género en su expresión, pero eso no significa que no se identifique con un género binario. Es más, una persona puede identificarse como mujer y tener una expresión de género andrógina y viceversa. Esto no quita que existan personas andróginas cuya identidad y expresión de género sea la misma.

En cambio, una persona género no conformista, en su expresión de género no retoma ningún tipo de concepto binario, sino que van más allá. En ciertos casos, GNC también se aplica a personas que simplemente no muestran la expresión de género que se espera de ellas por el sexo de nacimiento, pudiendo tener una expresión de otro género que sí encaje en el binario.

Queer

Aunque suele acompañarse por una identidad y expresión de género no binaria, la vestimenta queer no solo une aquella forma de vestir más exagerada y atrevida, sino que es un reflejo de la cultura del espectáculo, del mundo drag y de la cultura queer y camp.

Usando esto como su punto de partida, se investigó la rica historia de los travestis en el siglo XIX –fijándose también en las mujeres que se vestían de hombre sobre el escenario. Los resultados son hermosos, con una gran aportación de telas, texturas y colores: una abundancia adecuada para el teatro de encaje, lujosos estampados, velos

negros de red, voluminosas faldas, mangas abullonadas y un montón de brillantes listones rosas.

De este lugar de partida, más cercano a las pasarelas y a la subcultura del colectivo LGTBQ+, se mezclan los elementos creativos con un estilo de calle, donde la vestimenta sí mantiene su naturaleza llamativa, pero aplicada al día a día.

Futch

Es una persona butch femenina, representa el punto intermedio entre estas dos expresiones de género queer.

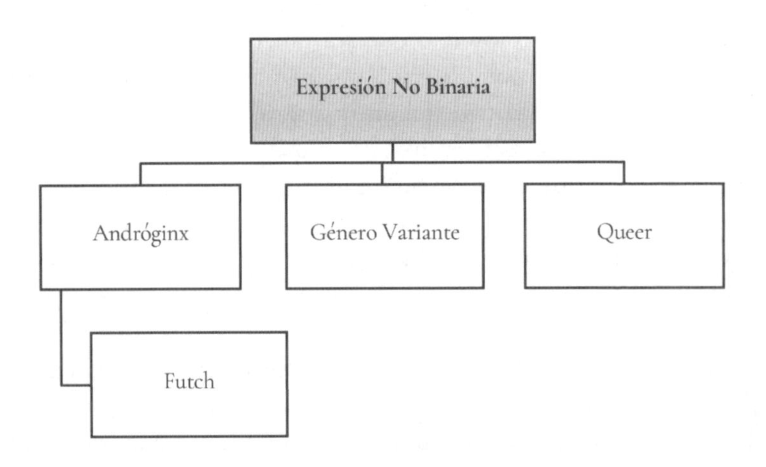

PARTE II

LOS TÉRMINOS DEL COLECTIVO LGTBQ+

LENGUAJE SOCIAL

Agenda Gay

Un término utilizado por la derecha religiosa para sugerir una comunidad gay monolítica y nefasta, generalmente una nefasta para corromper a los jóvenes.

Activismo

También conocido como **militancia** es la dedicación intensa a alguna línea de acción en la vida pública, también se entiende como la estimación primordial de la acción, en contraposición al quietismo, es decir la pasividad ante ciertas situaciones de injusticia social. El activismo se reconoce como una práctica de acción hacia el apoyo de una causa, o en contra de ella.

El activismo dentro del colectivo se ocupa de combatir los estigmas, discriminación y violencia que afecta a todas las personas bajo el espectro a nivel personal, social y de derechos humanos.

Apropiación Cultural

Es la adopción o uso de elementos culturales por parte de miembros de otra cultura. Puede suponer el uso de ideas, símbolos, utensilios u otros aspectos de la cultura visual y no visual.

Apropiación

Es el proceso y el resultado de apropiarse o de apropiar de una cosa, persona, concepto o elemento de un determinado contexto.

Si alguien se arroga la propiedad de un bien ajeno, comete el delito de apropiación indebida.

Se conoce como apropiación cultural indebida, a menudo es retratada como dañina y se la considera una violación del derecho de propiedad intelectual contra la cultura de origen, sobre todo en conflictos étnicos o raciales. Esto se observa en el empleo de los símbolos o elementos culturales como pueden ser la música, la danza, ceremonias, formas de vestir, de hablar y comportamiento social, originarios de una cultura oprimida, terminan convirtiendo en algo trivial y mainstream en lugar respetar su significado original.

Asimilación Cultural

La asimilación cultural viene de la colonización. Los colonos suelen imponer su propia cultura, normalizándola y ejerciendo selecciones sociales y económicas a quien no la comparta. Quienes son víctimas de la colonización se ven en la obligación de asimilar la cultura dominante. Básicamente, la minoría cultural se ve obligada a asimilar la cultura dominante.

Asimilación

La asimilación es el resultado de la acción de asimilar, es un concepto psicológico introducido por Jean Piaget para explicar el modo por el cual las personas ingresan nuevos elementos a no sirve sus esquemas mentales preexistentes. Este verbo puede emplearse en diversos ámbitos, refiriéndose a comprender algún dato para integrarlo a los saberes previos o a la incorporación de ciertos componentes a un todo.

Es ajustarse a las jerarquías de un sistema opresivo sin crear ningún cambio en el sistema.

Apreciación Cultural

El intercambio sano y respetuoso entre culturas, en el que miembros de la cultura que está siendo apreciada comparten voluntariamente su cultura con quienes desean conocerla y compartirla, y quienes se encuentran del lado receptor comparten este aspecto cultural desde el aprendizaje y de manera respetuosa, dando crédito a su autoría original.

Binarismo

Es una división entre dos grupos de conceptos que se suelen considerar como opuestos.

Es un sistema cómodo y rápido para sistematizar y organizar conceptos, pero también es muy reductivo, ya que sugiere implícitamente que no hay más opciones entre medias.

Ejemplo:
Hombre/mujer, natural/innatural, ciudadanx/inmigrante, día/noche, etc.

Colectivo

Que pertenece a un grupo de personas o es compartido por cada uno de sus miembros.

Ejemplo:
El colectivo LGTBQ+ es un movimiento que se formó por la lucha de los derechos de igualdad para comunidades sexuales minoritarias.

Consentimiento

Es un enunciado, expresión o actitud con que una persona consiente, permite o acepta algo.

Edad de Consentimiento (Sexual)

La edad del consentimiento sexual es la edad por debajo de la cual el consentimiento prestado para tener relaciones sexuales u otro tipo de ámbitos relacionados con contenido sexual (conversaciones, imágenes o vídeos) no resulta válido a efectos legales.

La edad mínima de consentimiento sexual tiene como objetivo proteger a los y las adolescentes de los abusos y de las consecuencias, que pueden ser que ellos no sean plenamente conscientes al participar en la actividad sexual temprana. La actividad sexual con una persona menor de la edad debajo de la edad de consentimiento sexual es considerado un abuso sexual y sancionado penalmente.

Cultura

El concepto de cultura ha variado a lo largo de la historia. En su origen etimológico, la palabra cultura proviene del latín "cultus" que significa "cultivo" o "cultivado"

La función de la cultura es garantizar la supervivencia y facilitar la adaptación de los sujetos en el entorno. La cultura se refiere al conjunto de bienes materiales y espirituales de un grupo social transmitido de generación en generación a fin de orientar las prácticas individuales y colectivas. Incluye lengua, procesos, modos de vida, costumbres, tradiciones, hábitos, valores, patrones, herramientas y conocimiento.

Cada cultura encarna una visión del mundo como respuesta a la realidad que vive el grupo social. No existe, por lo tanto, ningún grupo social carente de cultura o "inculto". Lo que sí existe son diferentes culturas y, dentro de estas, diferentes grupos culturales, aun con respecto a la cultura dominante.

Cisnormatividad

Es la visión de la normatividad basada en la presunción arraigada de que las personas se encuentran dentro de un espectro binario, es decir que se identifican como hombres o mujeres, y que este elemento define su sexo, el género, la identidad de género y la orientación sexual.

La cisnormatividad crea una percepción de realidad "estándar o normal" sobre la cual rige la sociedad que se desarrolla bajo una visión binaria.

Cisheteronormatividad

Es la combinación de la cisnormatividad y de la heteronormatividad.

La hegemonía legal y cultural de las personas cisgénero heterosexuales.

Comunidad

Grupo social del que forma parte una persona, en el que viven juntas bajo ciertas reglas o que tienen los mismos intereses.

La Comunidad LGTBQ+ supone un grupo amplio de personas unidas por una serie de características y cada subcultura suele tener su propia comunidad.

Discriminación de Edad

También conocido como **ageism** o **agism**, es un tipo de discriminación casual o sistemática, que se basa en estereotipos contra individuos o grupos de personas en función de su edad, también conocido como **edadismo**.

El término fue acuñado en 1969 por Robert Neil Butler para describir la discriminación que sufren las personas mayores, sin embargo, también se puede aplicar y basar en conceptos como el sexismo y el racismo. Butler lo definió como una combinación de estos tres elementos conectados: entre ellos estaban las actitudes perjudiciales hacia las personas mayores, la vejez y el proceso de envejecimiento; prácticas discriminatorias contra las personas mayores; y prácticas y políticas institucionales que perpetúan los estereotipos sobre las personas mayores.

La discriminación de edad también puede encontrarse en la comunidad queer, en la que, sobre todo en los cánones de belleza, afectan a personas más jóvenes que tienden a ser fetichizadas, a través de las cuales se reproducen normas estrictas sobre la propia apariencia física, estética y de la edad. En cambio, las personas más mayores se ven desexualizadas y estigmatizadas.

Etiqueta

Palabra tomada en préstamo del francés en el siglo XVII de "étiquette" es decir "rótulo", se refiere especialmente el de las bolsas donde se guardaban los documentos procesales.

En la actualidad ha adquirido distintos significados y usos, tratando señales, marcas, rótulos o marbetes que adhiere normalmente a un objeto o a un sujeto para su identificación, clasificación y valoración.

Cuando se habla de etiqueta, se puede hacer referencia a:

1. Ceremonial de los estilos, usos y costumbres que se debe guardar en actos públicos solemnes.
2. Ceremonia en la manera de tratarse las personas particulares en actos de la vida privada, a diferencia de los usos de confianza o familiaridad.
3. Marbete, una etiqueta que se adhiere a algún objeto.
4. Pieza de papel, cartón u otro material semejante, generalmente rectangular, que se coloca en un objeto o en una mercancía para identificación, valoración, clasificación, etc.
5. Calificación estereotipada y simplificadora.

Actualmente, se asocia el concepto de etiqueta a los puntos 5 y 4, es decir que la etiqueta se identifica como una palabra que es dada o se da desde fuera a una persona, grupo y/o objeto para definirlx y clasificar su identidad según el estereotipo que se tenga de la misma.

Dentro del colectivo las etiquetas se reconocen como aquellos conceptos que quieren aclarar identidades u orientaciones **heterodiver-**

gentes, es decir que se salen de la heteronormatividad. Se encuentran opiniones muy distintas sobre la utilidad del uso y de la existencia de las etiquetas: ¿deberían abolirse por completo, sería mejor usarlas solo en ciertos contextos, o son imprescindibles para la autodeterminación? Sin embargo, cuando hablamos de otras disciplinas como la ciencia, lengua o gramática las etiquetas, es decir los nombres específicos de cada término no son un problema, al revés, suponen una ayuda que se da para entender entre todxs un concepto, y poder reconocerlo.

Entonces, ¿por qué en el colectivo acaban siempre siendo un tema de discusión? Quienes las consideran inútiles suelen ser aquellos individuxs cuyo privilegio no les exige la necesidad de querer tenerlas o usarlas, como puede ser el caso de un hombre hetero cisgénero. Si la propia identidad tiene la suerte de ser no solo la base sobre la cual se desarrolla la sociedad, sino de ser reconocida y utilizada como un automatismo, es evidente que las otras parezcan merecer menos atención o reconocimiento. Por un lado, están quienes no reconocen todas estas identidades, y por otro se encuentran componentes del colectivo quienes sugieren derribar todos los muros conceptuales, para que haya un gran espacio fluido en el que ya no existan fases de conocimiento y que la identidad individual no se vea limitada, y pueda fluir con libertad, sin prejuicios ni convenciones preconcebidas.

Identidad

Es la circunstancia de ser una persona o cosa en concreto y no otra, determinada por un conjunto de rasgos o características que la diferencian de otras.

O el conjunto de rasgos o características de una persona o cosa que permiten distinguirla de otras en un conjunto.

Sin embargo, otras personas las pueden necesitar para poder reconocerse, identificarse y, por lo tanto, darse una identidad clara. Las etiquetas representan identidades, son palabras cuyo objetivo es definir para poder aclarar conceptos y que se puedan utilizar correctamente independientemente del contexto. Conceden una claridad para la persona y su entorno. Son dos propuestas distintas de vivir la libertad.

Ejemplo:
Una persona que rechaza cualquier etiqueta puede autodefinirse como "no hetero", rechazando todas las categorías de orientaciones sexuales existentes. Por otro lado, se puede encontrar alguien que abrace la idea de sentirse homosexual de la forma más completa que nos proporciona la definición.

Como en todo contexto de estudios, puede darse que los términos no solo sean usados de forma incorrecta, sino que la interpretación y percepción personal de la persona puede afectar su significado, interfiriendo con sus opiniones, creencias y/o vivencias personales. La interpretación subjetiva no es menos válida que otras, pero por parte de quienes no comparte una ideología, sí que exige un aprendizaje y búsqueda de información para poder tratar y abordar cualquier tema con conocimiento y no de forma puramente personal.

Recordemos que negarle un nombre a un concepto, a una persona, a una identidad, es aceptar que no existe. Y evidentemente todos los términos del mundo LGTBQ+ existen, porque hay personas que nos lo demuestran existiendo y usando dichas palabras.

Exgay

Exgay es un término utilizado para describir a una persona que afirma haber cambiado de orientación sexual.

Estudios Queer

Es una asignatura multidisciplinar que desarrolla los géneros y sexualidades queer, incluyéndolas en contextos sociológicos, históricos, geográficos, mediáticos y artísticos.

Estrella de Oro Gay o Lesbiana

Una persona queer que nunca he tenido relaciones sexuales con una persona de su género opuesto.

Estilo de Vida

El estilo de vida es un concepto sociológico que se refiere a cómo se orientan los intereses, las opiniones, los comportamientos y conductas de un individux, grupo o cultura. Aunque sus orígenes se remontan hasta la época de Aristóteles, se considera que la expresión fue introducida con el uso que se le da en la actualidad por el psicólogo Alfred Alder en la década de 1910, quien lo definió como "el sistema de reglas de conducta desarrollado por los individuos para lograr sus metas en la vida". Tiempo después el concepto fue tomando el sentido más amplio de "manera o estilo de vivir".

Como en cada contexto, un pensamiento común es aquel que considera las prácticas homosexuales o el contexto sociocultural queer como un estilo de vida y, por lo tanto, como una decisión. Ser queer es solo un elemento de una identidad mucho más amplia y compleja para cada persona que se encuentre en dicha situación, no es un estilo de vida. La propia identidad de género u orientación sexual pueden favorecer la frecuentación de ciertas personas y contexto sociales, pero no la determinan. Ser queer no es un estilo de vida automatizado, solo hay que ver la cantidad de personas heterosexuales que disfrutan de igual forma de estos espacios, depende de persona a persona. Se puede ser queer y rodearse de personas y cultura queer al igual que no serlo, o ser hetero y consumir arte LGTBQ+. Una circunstancia no determina la otra.

Esencialismo Biológico

Es la noción según la cual existe una verdad biológica que determina la esencia del género y del sexo de una persona de forma natural, en vez de verse influenciada por unas construcciones sociales.

Estxs esencialistas pueden percibir la influencia sociocultural alrededor de la construcción de la identidad de la persona, pero opinan que el sexo biológico es un dato científicamente objetivo que logramos entender a través de la construcción social. Posicionan todas las experiencias sociales que cuestionen la identidad a datos biológicos determinados por los genes, las hormonas y las respuestas cerebrales.

El problema que plantea esta ideología es que la experiencia humana sea predeterminada al nacer y que, por lo tanto, lo que es el proceso de descubrimiento de la propia identidad, sexualidad y género se convierte en un proceso reductivo y objetivado desde su comienzo. Tanto la biología como el propio entorno suponen un cambio continuo que afecta a las personas de forma individual, haciéndolas crecer y cambiar.

Este enfoque es defendido principalmente por los grupos de feministas radicales trans excluyentes, que se oponen a las ideologías del feminismo interseccional, que respeta y acoge a las mujeres y hombres trans, y personas de género no binario.

Espacio Seguro

En el contexto LGTBQ+ un espacio seguro indica un edificio, una asociación, un espacio de ocio o de otras características en el que no se toleren tratos y conductas homófobas

(LGTBIfobas/LGTBIfóbicas). Aun así, ningún espacio puede asegurar la protección de sus usuarixs, lo que sí puede hacer es favorecer un ambiente, ya sea por su colocación geográfica o por sus reglas internas que tutelen la seguridad de quienes lo frecuentan.

Fruit

Jerga inglesa para referirse a personas homosexuales.

Genderfuck

Se refiere a las personas que se enfrentan a los estereotipos de género con una actitud totalmente indiferente. Se busca subvertir el binarismo de género tradicional mezclando la expresión, identidad de género de una persona.

> Ejemplo: Una mujer transgénero que lleva un vestido y tiene barba puede considerarse una persona que "se mete con el sistema" y "folla los estereotipos de género".

Género-izar

Asignar e imponer que se sigan las características del propio género a través de cánones estéticos y comportamentales.

El género que se asigna al nacer es difícil de arraigar de la percepción del individux, ya que, desde pequeños, acompaña la persona en su desarrollo convirtiendo esas características en parte de su persona dándole igual de importancia, así fueran partes de su personalidad

Heteronormatividad

Es un término usado para definir que existe un régimen impuesto por la sociedad en ámbito político y económico que impone un cierto tipo de relaciones sexo afectivas de carácter heterosexual.

El concepto posee raíces en la noción de Gayle Rubin del Sistema Sexo/Género. La primera en hablar del régimen social es Adrienne Rich como heterosexualidad obligatoria en 1980. Se considera que el término heteronormatividad fue creado por Michael Warner en 1991.

Sin embargo, este término se ha ampliado hasta llegar a representar una idea estereotipada con respecto a las expectativas, demandas y restricciones producidas cuando la no-heterosexualidad es tomada como otra forma de vida dentro de la sociedad.

Heteronormalización

Es el proceso de normalización de temas que no son heteronormativos, pero que tras un trabajo de activismo y de búsqueda en la paridad de los derechos se empiezan a integrar en la visión común del mundo, de la vida y de las relaciones humanas.

> Ejemplo:
> A través del matrimonio igualitario, se heteronormalizan las relaciones entre las personas del colectivo LGTBQ+.

Homonacionalismo

Es un término creado uniendo las palabras homosexualidad y nacionalismo y se utiliza para describir una asociación favorable entre un tipo de ideología nacionalista y el colectivo LGTBQ+ y/o sus derechos.

El término fue propuesto por el investigador en estudios de género Jasbir K. Puar para referirse a los procesos para los cuales ciertos poderes se alinean con los reclamos del colectivo LGTBQ+ con el objetivo de justificar posiciones heterofóbicas, racistas y xenófobas. Por lo tanto, la diversidad sexual y los derechos LGBT se utilizan para apoyar las posiciones contra la inmigración.

Invisibilidad

La invisibilidad es la cualidad de un cuerpo físico visible de no ser visto en condiciones de luz normales para un supuestx observadorx.

Dentro del colectivo cuando se habla de invisibilidad, se hace referencia sí a toda la comunidad LGTBQ+, pero también a las comunidades subordinadas de la misma, es decir aquellos grupos minoritarios cuya naturaleza no les permite alcanzar una percepción social suficiente como para ser reconocidxs de forma independiente. La invisibilidad supone una negación un límite puesto desde fuera hacia el interior de la realidad de las personas queer, ya sea por su expresión de género, identidad de género, orientación romántico-sexual y/o orientación relacional.

La invisibilización no solo puede ocurrir a nivel mediático, por ejemplo, a través de la representación de un solo perfil de personas estereotípicamente LGTBQ+, por ejemplo, mostrando parejas homosexuales formadas por hombres, dejando a un lado individuxs polisexuales como pueden ser las personas omnisexuales o bisexuales, o las mismas parejas homosexuales formadas por mujeres. No solo se trata de qué se puede "ver y no ver" como ordinario, sino que la visibilidad aporta que la sociedad acepte y normalice ciertos comportamientos, personas y situaciones que, con la invisibilización no puede pasar.

Realmente se trata de llevar a la superficie de forma igualitaria todas las luchas, en este caso del colectivo y de todxs sus componentes, dándoles un nombre y reconociéndolas como una necesidad más a nivel humanitario y social.

Igualdad

Condición o circunstancia de tener una misma naturaleza, cantidad, calidad, valor o forma. Proporción o correspondencia entre las partes que uniformemente componen un todo.

La igualdad se basa en la suposición de que toda persona se beneficiará de los mismos accesos y recursos.

Matriarcado

Lingüísticamente, el concepto opuesto al patriarcado, es el matriarcado. Del latín "madre" y del griego "gobernar", se refiere a un tipo de sociedad en la cual las mujeres tienen un rol central de liderazgo político, autoridad moral.

Misoginia

Del griego "odio a la mujer", se define como la aversión y también el odio hacia las mujeres y lo femenino. La misoginia puede manifestarse de diversas maneras, que incluyen denigración, discriminación y violencia contra la mujer.

Misoginia Trans

También conocida como **transmisogynoir** o **trans-misogynoir** es la opresión que reciben las mujeres trans de color, y las personas trans femeninas de color en general. Esta fuerza opresiva es causada por una combinación de cisnormatividad, el binarismo de género, la supremacía blanca y otras fuerzas **kiriarcales** (término acuñado por Elisabeth Schussler Fiorenza con el deseo de redefinir la categoría de patriarcado en términos de estructura de dominación múltiple sus relacionales). Es importante destacar que la blancura cis, es un concepto principalmente occidental, está en la raíz de esta forma de transmisógino.

Creado por la estudiante Moya Bailey en 2010, el término es una derivación del concepto **misogynoir,** que nace de la unión de la palabra "misoginy" y "noir", literalmente "misoginia negra" que describe el sexismo que vive la categoría específica de mujeres negras.

Men Who Love Men (MLM)

Acrónimo para "Hombres que aman a hombres"

Minorías Sexuales

Es un concepto que reúne todas las identidades sexuales que exceden de la heterosexualidad, por lo tanto, las sexualidades que caen bajo el paraguas LGTBQ+, suponiendo que son una minoría.

Masculinidad Hegemónica

Es un concepto de estudios de género propuesto por R. W. Connell, que reconoce múltiples masculinidades a través de culturas y épocas y la jerarquía entre ellas.

Representa los inicios del ideal de masculinidad que se idealiza en la cultura y que se perpetua a lo largo de la historia, asegurando que los hombres permanezcan en una posición dominante a todo nivel social.

Mirada Masculina

Mediáticamente conocida como **"male gaze"**, fue acuñado en 1975 por la teórica del cine y feminista, Laura Mulvey, y hace referencia a la construcción de obras de carácter visual entorno a la mirada masculina. Sin embargo, el término se ha llegado a aplicar a situaciones cotidianas de discriminación que se caracterizan por "relegar a la mujer a un estatus de objeto para ser admirado por su apariencia física y satisfacer los deseos de las figuras masculinas".

Nuevas Masculinidades

También conocido como **Hombres Nuevos**, es un movimiento social que nace para liberar a los hombres, tradicionalmente reconocidos así, de su rol de género predeterminado y las aptitudes que se les asocian en la sociedad, pero también supone una ampliación del concepto de masculinidad. Es decir, todas esas expresiones de género que difieren del estereotipo socialmente asociado como "masculino", reconociendo aquellas expresiones desde el espectro más femenino, al neutro, a la experimentación que puede unir todos estos tipos de forma híbrida y creativa.

Las nuevas masculinidades puede que sean más reconocibles a través de la expresión estética, es decir la vestimenta y los accesorios que cada persona decide llevar, sin embargo, se aplica también con respecto a su nivel comportamental, emocional que se les asocia.

> Ejemplo:
> Un hombre cisgénero no se le reconoce como tal si lleva prendas de colores pastel, algo de maquillaje y/o las uñas pintadas; si su trabajo es como director creativo de una revista de moda o de una tienda de decoración de interiores.

Forma parte de un trabajo de activismo que busca la representación y liberación de poder expresar libremente la propia identidad sin que sea concebida previamente.

Opresión

La opresión es el acto de oprimir, sofocar, presionar, someter, ya sea a una persona, a una actitud o a una comunidad. La opresión también puede ser el uso de la violencia para demostrar la autoridad, los actos de tiranía, y es un término bastante asociado a los países, a los gobiernos, a la sociedad, etc. Opresión procede del vocablo latino "oppressĭo".

La opresión hace que las personas se sientan reprimidas, humilladas, donde no pueden hacer lo que necesitan o tienen ganas, ya que son víctimas de la opresión, por parte de conocidos (por ejemplo, una mujer oprimida por su marido), del gobierno (una dictadura militar), de manifestantes, etc. La opresión es la sensación de estar sofocado, tener dificultades para respirar (opresión en el pecho), también en sentido figurado.

Orgullo

El orgullo es un sentimiento que se caracteriza por el exceso de estimación hacia uno mismo y hacia los propios méritos por los cuales la persona se cree superior a los demás.

También puede significar:

1. Sentimiento de satisfacción hacia algo propio o cercano a uno que se considera meritorio.
2. Persona o cosa que produce este sentimiento.
3. Amor propio o pundonor.

Sin embargo, en el contexto queer esta palabra se suele utilizar para hacer referencia a la manifestación del **Orgullo**, también conocido como **Pride** en inglés, celebración en la cual cada persona festeja libremente su propia identidad sin prejuicios.

Orgullo LGBT+

Lo que se conoce como Orgullo LGTBQ+, llamado erróneamente Orgullo Gay, es ese sentimiento de satisfacción hacia la propia orientación sexual, identidad de género y/o orientación relacional que se considera meritorio de admiración personal y amor.

En el caso del orgullo queer se trata de un sentimiento positivo hacia las aptitudes individuales de una persona que coinciden bajo el espectro LGTBQ+. La razón de que se le llame orgullo y no "una cualidad o característica más" de una persona, es debido a que todavía se está viviendo lo que se conoce como un proceso de reconstrucción social, en el que ser orgullosx por ser la persona que se es debería ser una aptitud que prescinde del diferenciar ciertas identidades de otras.

Orgullo Gay

Cuando se habla de Orgullo Gay a menudo se quiere hacer referencia al Orgullo LGTBQ+, sin embargo, no son la misma cosa. La confusión nace de una falta de conocimiento de los términos del colectivo y de un escaso entendimiento externo del mismo.

El Orgullo Gay, supone de forma específica el orgullo de personas homosexuales atraídas hacia hombres. Utilizarlo como término paraguas es incorrecto, ya que no incluye a todo el colectivo, sino que solo una parte. Claramente, si una persona quiere referirse a un tipo de orgullo concreto, puede especificarlo según la identidad y/o orientación a la que se quiera referir.

Ejemplo:
Orgullo Bisexual, Orgullo Poliamoroso, etc.

No se oye hablar del "**Orgullo Heterosexual**" no porque no exista, ya que un individux puede disfrutar de su condición y, por lo tanto ser orgullos de ella, sino porque su estado de partida no le supone una discriminación o desventaja social por la que necesita luchar, como es el caso de muchas personas dentro del colectivo LGTBQ+.

Ejemplo:
Por contexto independiente a la persona, un individux de raza blanca tendrá una serie de privilegios que una persona de otra raza no tendrá a su alcance de forma tan inmediata o sencilla. Lo mismo pasa entre personas que se encuentran dentro y fuera del colectivo, una pareja formada por personas que se identifican como hombre y mujer se podrán casar sin complicaciones, sin embargo, cuando ambxs componentes de la pareja tienen la misma identidad de género, o su modelo relacional involucra a más de dos personas, las cosas se complican, y ya no es tan fácil. Ahí, es donde deja de existir el privilegio para cierta parte de la población.

Patriarcado

El término deriva de "patriarca", que desde la antigüedad europea se entiende como un jefe varón de una familia o una comunidad. Es el predominio o la mayor autoridad del varón en un grupo social y/o sociedad.

Se denomina patriarcado a toda forma de organización masculina cuya autoridad se reserva exclusivamente a la figura de hombre En una estructura social patriarcal, la

mujer no asume liderazgo político, ni autoridad moral, ni privilegio social, ni control sobre la propiedad.

Pinkwashing

El pinkwasing hace referencia al lavado de cara y aprovechamiento de las empresas de la lucha por los derechos LGTBQ+, esto pasa cuando las marcas se apropian de esta lucha de derechos para sanear su imagen y así maximizar sus ventas y estrategias de publicidad. Pueden cambiar su imagen de marca temporalmente, o vender productos específicos asociados con esta lucha.

Ejemplo:
Añadiendo una bandera arcoíris a sus perfiles o logos

El problema que esto supone es una forma que tiene el capitalismo de aprovecharse de la vivencia de millones de personas para generar beneficios económicos propios. Ahora estamos tratando de la lucha LGTBQ+, pero esto se puede aplicar a cualquier lucha de derechos de minorías, como puede pasar con el movimiento Black Lives Matter. Para fijarse en si las empresas que están colaborando son efectivamente cercanas a la causa, y que no la utilizan como otro método de marketing, es ver cómo se comportan a lo largo del año y no solo en las fechas que traen más auge al tema.

Polari

Ejemplo:
La marca debe mostrar siempre apoyo al colectivo, si efectivamente defiende sus derechos e ideales, y no hacerlo solo en las fechas del Orgullo. Si esto pasa, es una señal de alarma que muestra que las intenciones de la marca/compañía son económicas y no ideológicas.
(Ver la definición de Fruit.)

Queerbating

Sugerir o dar a entender que hay un elemento queer en un contexto mediático o de entretenimiento audiovisual que está presente únicamente para atraer una audiencia LGTBQ+.

La diferencia entre representar un personaje del colectivo que sea auténticamente presente en la cultura e identidad queer y no, se define por la realización individual ya sea del personaje o de la situación en el contexto LGTBQ+. Es decir, si dejan que el personaje sea abiertamente queer y que viva cómodx, en contacto y en paz con su identidad. Sin embargo, el queerbating ocurre cuando el personaje o la situación da pistas al espectador sobre su identidad que luego resultan ser erróneas.

> Ejemplo:
> Desde un primer momento, se induce a creer que el personaje puede ser bisexual hasta que es aclarada su orientación sexual dentro de la cisheterosexualidad. De esta forma se mantiene un estatus normativo dentro de la serie sin enemistarse con su público.

Queer Coding
Insinuar que un personaje es queer sin ser explícitos al respecto.

Queercore
Es un subgénero punk desarrollado entre finales de los años 60 y 80 que destaca por la transmisión de sus ideas políticas destacadamente queer.

Responsabilidad
Procede del latín "responsum", del verbo "respondere", que a su vez se forma con el prefijo re-, que alude a la idea de repetición, de volver a atrás, y el verbo "spondere", que significa "prometer", "obligarse" o "comprometerse".

Responsabilidad es el cumplimiento de las obligaciones, o el cuidado al tomar decisiones o realizar algo. La responsabilidad es también el hecho de ser responsable de alguien o de algo. La responsabilidad se considera una cualidad y un valor del ser humano. Se trata de una característica positiva de las personas que son capaces de comprometerse y actuar de forma correcta.

Es un proceso a través del cual una persona toma la responsabilidad de sus propias acciones y hace un sincero intento de mitigar el dolor que puede haber causado, impidiendo activamente futuros daños. Estos procesos son difíciles de navegar para todas las partes involucradas, pero el esfuerzo se realiza a través de la creencia de que las alternativas comunitarias valen la pena de ser tomadas en consideración para solucionar conflictos menores.

Representación
Del latín "repraesentare", derivado de "praesens, praesentis", verbo presente, deriva de la etimología del verbo "ser".

1. Significa hacer presente algo con palabras o figuras que la imaginación retiene. una cosa en la mente por medio de signos, palabras, imágenes, etc.
2. Supone informar, declarar o referir.
3. Ser imagen o símbolo de algo, o imitarlo perfectamente.

Normalmente, se asocia el concepto de representación al trabajo de activismo a través del cual se practica la lucha de sensibilización hacia persona y problemática internas al colectivo.

Shemale

Es un insulto que suele dirigirse a las mujeres trans.

A principios de 1800 se usaba para referirse a las mujeres cisgénero, luego en 1900 pasó a ser usado para describir a las mujeres lesbianas y a las mujeres trans.

Actualmente, es un término despreciativo que se encuentra y utiliza en la cultura pornográfica para describir una variante de la transexualidad en la que una mujer trans ha completado una transición parcial hacia el sexo femenino, es decir que aún conserva sus genitales masculinos. El término es una contracción de los términos ingleses "she" (pronombre femenino, "ella") y "male" ("varón" o "macho" en inglés).

TERF

Es un acrónimo que inglés, que nace en 2008, "Trans Exclusionary Radical Feminism",

que se traduce en, "Feminismo Radical Trans-Excluyente".

Es utilizado para describir a una sección del feminismo radical que excluye a las mujeres transgénero del feminismo porque considera que no son mujeres "reales". Las feministas que apoyan esta ideología se oponen a que las mujeres trans se consideren igual de mujeres que las mujeres cisgénero, ya sea desde una perspectiva biológica o esencial. Por esto pide una exclusión de estas mujeres de los espacios asignados a las mujeres cisgénero.

A menudo este término es dirigido a ciertas personas como un insulto, ya que hace apología a estereotipos sexistas relacionados con la identidad sexual y de género, por no considerar a las mujeres trans como "igual de mujeres" que ellas, sino que siguen viendo en ellas el cuerpo del hombre del que han transicionado.

Terapia de Conversión

También conocida como **terapia de reorientación sexual**, consiste en una serie de métodos seudocientíficos enfocados al cambio de la orientación sexual de personas principalmente homosexuales para intentar convertirlos en heterosexuales.

Actualmente, se condenan estas terapias ya que no se fundan en evidencias solidificadas en datos reales, es decir que las conversiones son ideológicas y hasta la fecha no ha habido demostración de que sean científicamente verídicas o eficaces.

Tiempo Queer

Se define como la escala de tiempo no normativas en las que se sitúan las personas queer que alcanzan o evaden ciertas etapas de las propias vidas. La línea de tiempo normativa que se basa en la vida de las personas cisheterosexuales se desarrolla a través de la infancia, la pubertad, la edad adulta temprana, la edad adulta y la vejez.

En muchos casos las personas LGTBQ+ en lugar de seguir este desenlace, a menudo ocurre que vivan una adolescencia prolongada, porque no consiguen alcanzar una propia edad adulta o porque, a lo largo de su adolescencia, se les negó su identidad limitando el autodescubrimiento individual.

Unisex

Término usado en la descripción de productos que son de género neutro, es decir que están diseñados para cualquier persona independientemente de su identidad de género.

Visibilidad

La visibilidad es la cualidad de un cuerpo físico visible de no ser visto en condiciones de luz normales para un supuestx observadorx.

En el colectivo, se ubica como la cualidad que una persona tiene de "poder ser vistx" por los demás y mostrar su orientación sexual y/o su identidad/expresión de género, sin miedo a conductas LGTBIfóbicas que repriman su verdadera esencia.

En muchos casos se considera como la principal herramienta del movimiento LGTBQ+ para conseguir derribar prejuicios y conseguir la aceptación social. Ser visible puede practicarse de infinitas formas, desde la vestimenta o accesorios que decide llevar una persona, al uso correcto del lenguaje queer, a los actos de activismo en público o mostrar en primera línea la propia identidad y orientación sexual en público. Visibilizar significa hacerse ver, enseñarse al mundo como se es y se quiere ser, con pequeños actos de coraje cotidiano.

Ejemplo:
Participar a manifestaciones, llevar pins de banderas en la propia vestimenta, tener actos de cariño con la propia pareja en público, etc.

Violación Correctiva
Es un tipo de abuso sexual usado como un arma con la intención específica de castigar a la persona que lo recibe y con el objetivo de corregirla/convertirla a otra sexualidad o identidad de género.

Se puede ver claramente aplicado a nivel físico, sin embargo, este tipo de corrección también ve expresada su violencia de forma psicológica y verbal.

Ejemplo:
"Crees que eres lesbiana porque nunca has estado con un verdadero hombre".

Aunque trate principalmente de la mirada masculina sobre la figura de la mujer, esta expresión connota el poder y la superioridad de privilegios que los hombres heterosexuales cisgénero de raza blanca tienen.

Women Who Love Women (WLW)
Acrónimo para "Mujeres que aman a mujeres"

LOS ACRÓNIMOS

Todos los acrónimos, desde los más breves a los más largos, sirven con el objetivo de unir todas las personas que trasgreden la ideología de género, representando una amplia experiencia de realidades que difieren con la heteronormatividad.

LGTB o LGBT
Usada como término colectivo para referirse a personas que se identifican como lesbianas, gays, trans, bisexuales. A menudo ocurre que la B y la T se intercambien, es más por una comodidad según la persona que la pronuncie, que por razones específicas.

El término está en uso desde finales de los años 90 y es una versión adaptada del acrónimo LGB. Este, había sido el primer paso del colectivo en los años 80, para ir sustituyendo el uso de la palabra "gay" o del concepto de "comunidad gay", para referirse a cualquier persona cuyo estilo de vida no se alineara, con la heteronormatividad. Hasta la revolución sexual de los años 60, no había una terminología general reconocida para las personas que se identificaran como no heterosexuales que no incluyera alguna connotación negativa.

El termino más antiguo que se intentó usar fue el "tercer sexo", que se remonta a los años 60 del siglo XIX. Sin embargo, fue la palabra "homosexual" esa que se encuentra como base de primera "etiqueta de reconocimiento", aunque fue pronto sustituido por el término "homófilo", en un primer momento suponía la atracción que puede haber entre atributos similares como edad, creencias, educación y a seguir, sexo. Posteriormente por "gay". En cambio, fue gracias al grupo de activistas feministas americanas, Daughters of Billtis, que, gracias al trabajo de reivindicación de derechos de las mujeres, empezaron a imponer su voz a la hora de luchas, no solo por los derechos de las mujeres, sino por la voz de las mujeres lesbianas dentro del colectivo.

La razón que las orientaciones sexuales y de género que forman la sigla son las de lesbianas, gays, trans y bisexuales, es porqué fueron los primeros grupos suficientemente grandes que representaran una diferencia en la sociedad. Tras el movimiento de visibilidad lésbico, se siguieron el del colectivo bisexual y trans. Lo que acomuna estos grupos es que todos reivindicaban el derecho en tener un nombre propio, y que no se les juntara bajo el término "gay" que, además de representar solo al porcentaje de hombres homosexuales, indicaba una actitud de imposición patriarcal. De ahí que la sigla se transformara de **GLBT** a LGBT. Cuando las feministas lesbianas habían sido entre las primeras en reivindicar los derechos LGTB.

Aunque sea poco común, cualquier letra que forme parte del acrónimo, puede ser usada de forma independiente. También se encuentra como una escritura común en redes sociales que, para marcar qué letra identifica a esa persona, se ponga entre paréntesis.

Ejemplo: Yo soy la B en LGTBQ+.
LG(T)B+.

La sigla de por sí nace para representar todas aquellas aptitudes que se salen de la heteronormatividad, sin embargo, la presencia de la T (trans) o de la P (poliamor) trastoca, ya que se trata respectivamente de una identidad de género y la otra de una orientación relacional. La razón por la que ambas iniciales se colocan en el acrónimo, juntos a muchas más, es porque el movimiento queer sí nace para defender los derechos de las personas cuya orientación sexual no se identifica dentro de la heterosexualidad, pero por su contexto histórico esta sigla se puede ver como "el cajón de las identidades raras", de ahí que se junten conceptos de otras categorías.

LGTBQ+ si representa todas las orientaciones sexuales no normativas, pero es también el lugar de encuentro de identidades, expresiones y de modelos relacionales que no puede existir en otro lugar que no sea ese. Por esta razón se juntan, pero sigue formando parte de categorías muy distintas.

+

El "+" es una abreviación que se añade por comodidad, sería muy difícil e interminable tener que escribir todas las orientaciones sexuales, de género y románticas que quiere englobar la sigla.

Si no se es un seguidor/x o componente activx del colectivo, puede resultar extraño que haya más términos fuera de esas cuatro letras, sin embargo, los hay. Muchas siglas que veremos a continuación son propuestas actuales de incluir algunas de estas palabras.

Ejemplo: se añade el signo + para aludir al resto de diversidades sexuales y de género. Puede entenderse como una evolución del anterior.

LGTBI+

Aunque se trata de las siglas que corresponden a los términos lesbiana, gay, trans, bisexual e intersexual, también hacen referencia a todo un movimiento asociativo y reivindicativo, como tal, está en permanente evolución.

LGTBIQ+

Este nuevo acrónimo fue registrado en 1996. Aunque se trata de las siglas de los términos lesbiana, gay, trans, bisexual, intersexual y queer o questioning, también hacen referencia a todo un movimiento asociativo y reivindicativo como tal, está en permanente evolución.

Sigue habiendo un debate abierto sobre si ciertas iniciales deberían o no incluir más de un término, como es en este caso. Ante la duda se han aportados soluciones que satisfacen ambos puntos de vista.

LGBTQIA+

Aunque se trata de las siglas de los términos lesbiana, gay, trans, bisexual, intersexual, queer o questioning y asexual, también hacen referencia a todo un movimiento asociativo y reivindicativo, como tal, está en permanente evolución.

Otras variantes juntan el bloque "**LGBTQIA**", y añaden más términos, según el uso que le quieran dar. A la hora de decantarse por uno o por el otro, siempre se suele usar el que se identifique como más inclusivo, el que represente al individuo que está hablando en primera persona, o ese que refleje mejor el contexto.

LGBTIH

Se trata de la sigla de los términos lesbiana, gay, bisexual, transgénero, intersexual e hijra o afectadxs por HIV.

Esta sigla ha visto su mayor auge en India, la palabra "**Hijra**" se refiere a individuos intersexuales, eunuchs y/o trans. En el continente asiático esta palabra reconoce oficialmente a personas de un "**tercer género**", es decir individuos que no se identifican totalmente como mujeres o como hombres.

LGBTQ2

Se trata de la sigla de los términos queer y questioning (questionándose), unsure (dudosx), intersexual, lesbiana, trans y two-spirit (doble espíritu), bisexual, asexual y arromanticx, y gay y genderqueer.

LGBTTQQIAAP

Se trata de las siglas de los términos lesbiana, gay, bisexual, trans, queer, questioning, intersexual, asexual y pansexual.

Sigue siendo una cuestión muy controversial la de incluir o menos lxs aliadxs del colectivo. Al no formar parte del mismo se opina que no necesitan representación y, por lo tanto, que no hace falta ponerlo. Siempre hay que tener mucho cuidado a la hora de usar la dualidad en el significado de una inicial.

GSM; DSG; TGNC

Taquigrafía o una serie de términos paraguas para aquellas personas que tienen una identidad de género o una orientación sexual no normativa (*o queer).

Hay diferentes formas y abreviación para escribirlo, y cada una se refiere a una serie de temáticas en específico: GSM es Gender and Sexual Minorities (Minorías de Género y de Sexo); DSG es Diverse Sexualities and Genders (Diferentes Sexualidades y Géneros); TGNC es Transgender and Gender Non-Conforming (Transgénero y Género no normativo. A veces también se encuentran las iniciales NB para No Binario). Estos términos son amplios, incluyen y aclaran el tema del que tratan.

> Ejemplo:
> Esa persona es DSG, forma parte del mundo "queer", pero sabemos de forma más clara de que forma, ya que nos comunica con el acrónimo que su cercanía con el colectivo depende de su identidad de género y/o su orientación sexual.

Nacen de la necesidad de las personas, tanto internas como externas del colectivo, de reconocer en grupos generales sus componentes.

*Otras opciones pueden incluir las siglas LGTBQ+ escrita en sus diferentes versiones, queer, o las respectivas orientaciones sexuales.

Quiltbag

Se trata de la sigla de los términos queer y questioning, unsure (dudoso), intersexual, lesbiana, trans y two-spirit (doble espíritu), bisexual, asexual y arromanticx, y gay y genderqueer.

LETRAS
A – Asexual, Arománticx, Agénero B – Bisexual, Bigénero C – Curiosxs, D - Demirománticx G – Gay, Grisrománticx H - Afectos por HIV, Hijra I - Intersexual L - Lesbiana O – Otrx P – Poliamorosx, Pansexual, Poirománticx Q – Queer, Questioning (Questionando) SA - Straight Allies (Aliadxs Heterosexuales) T , T* – Trans, Trans* Transexual, Transgénero DS o 2 - Doble Espiritú U – Unsure (Insegurx)

LGTBQ+ FOBIA

Las fobias enfocadas en el contexto LGTBQ+ suelen estar dirigidas a un género, orientación relacional o sexual específica, son muestras de odio y desprecio hacia la visión que las personas fueran del colectivo consideran diferentes y que suponen una amenaza.

Crimen

Es un tipo de delito cuyo nivel de gravedad es muy alto.

Criminalización LGTBQ+

Acciones, políticas o leyes destinadas a convertir en delito ser lesbiana, gay, bisexual, o persona trans. En la actualidad, ser LGTB o mantener relaciones sexuales con personas del mismo sexo, está considerado en al menos 70 países del mundo como un delito que se persigue y se pena con prisión. En 8 estados se aplica la pena de muerte por conductas homosexuales.

Delito

Es una acción que va en contra de lo establecido por la ley y que es castigada por ella con una pena grave, o una circunstancia de haber cometido una persona una acción contraria a la ley.

Delito de Odio LGTBIfóbico

Es un tipo delictivo que recoge el Código Penal español y que en su artículo 510 castiga con penas de prisión de uno a tres años y multa de seis a doce meses para "los que provocaren a la discriminación, al odio o a la violencia contra grupos o asociaciones, por motivos [...] de su sexo y orientación sexual".

Discriminación

Es el trato diferente y perjudicial que se da a una persona por motivos de raza, sexo, ideas políticas, religión, etc.

Estereotipos

Suele ser una imagen o una idea aceptada comúnmente por un grupo de personas o una sociedad con características inmutables que se mantienen a lo largo del tiempo y que se pueden aplicar de igual forma a más de una persona.

Los estereotipos son imágenes simplificadas, constituidos por ideas y creencias preconcebidas que se tienen sobre ciertos grupos sociales. Se aprenden socialmente, lo que lleva a prejuzgar y condicionar la percepción que las personas se forjan de la realidad. De igual modo, generan expectativas sobre un grupo y las personas que lo integran. Se construyen estereotipos atendiendo a distintas categorías, encontrándose entre ellas la identidad de género y la orientación afectivo-sexual.

> Ejemplo:
> Algunos de los estereotipos más comunes que afectan a las personas LGTBQ+ tienen que ver con ciertas profesiones, aficiones y promiscuidad sexual. Se refieren a comportamientos que se dan en una persona de un género y que suelen asociarse socialmente con el otro género.

Si bien los estereotipos pueden que reflejan la realidad de algunas personas que, si corresponden a su definición, no se convierten en una clave de lectura universal. Sobre todo, fuera del colectivo, los prejuicios reflejan aquellos sentimientos y actitudes negativas, manifestadas o veladas, por personas que sienten odio hacia las personas, comportamientos y asociamientos culturales queer.

Fobia

Temor intenso e irracional, de carácter enfermizo, hacia una persona, una cosa o una situación.

> Ejemplo:
> Los estereotipos de las mujeres lesbianas suelen destacar por ser muy masculinas, robustas y de pelo corto. Suelen vestir ropa ancha y les gustan los deportes. Con las personas bisexuales, en cambio, se piensa que son libertinas, viciosas y poco fiables. También se las considera como personas indecisas sobre su orientación sexual.

LGTBQ+ Fobia o Queerfobia

Término que nace de la necesidad de acuñar en una misma palabra a todas las tendencias discriminatorias que tienen lugar en la actualidad debido al crecimiento de la visibilidad homosexual y su correspondiente rechazo. Discriminación, hostigamiento, rechazo y odio irracional a las personas lesbianas, gais, bisexuales, trans, bisexuales e intersexuales. Este término incluye también estas actitudes discriminatorias hacia sus familiares o a una persona por el simple hecho de parecer LGTBI o defender su lucha.

La realidad es que cada orientación sexual/relacional, identidad/expresión de género puede llegar a ser víctima de discriminación.

Orientación Sexual Orientación Relacional Discriminación Identidad de Género	<	Fobia, Expresión de Genero

Afobia

Aversión contra las personas que se identifican bajo el espectro asexual y arromántico.

El rechazo que se siente hacia las personas que se identifican bajo estas identidades suele deberse a la falta de información que las personas tienen al respecto y, por otro lado, se ve propulsada por la amatonormatividad que despliega unos objetivos de vida que no todxs desean alcanzar. Desafortunadamente, como les pasa a las personas polisexuales, reciben discriminación también dentro del colectivo, en este caso por ser una orientación sexual cuya paradoja es el rechazo al deseo sexual en general. Por esta razón, hay quienes no les consideran "suficientemente queer", sin embargo, toda identidad que difiera de la cisheteronormatividad además de ser real es considerada como queer.

Bifobia

Aversión a la bisexualidad, a quienes parecen bisexuales, defienden el derecho a serlo y a practicarlo.

Las personas bisexuales pueden sufrir rechazo o negación tanto por personas heterosexuales como por miembrxs del colectivo LGTBQ+, pueden pasar que sufran discriminación por ambos grupos, ya que la característica de su sexualidad, hacen que estas personas se sientan atraídas hacia más de dos géneros.

El desconocimiento general de esta orientación afectivo-sexual y la falta de referentes propicia la invisibilidad de las personas bisexuales, ya que cuando forman vínculos afectivos con hombres, en el caso de que sean mujer se las considera heterosexuales, y si estuvieran saliendo con una mujer, se las vería como lesbianas y viceversa.

Monosexismo

Es la creencia de privilegio de las personas con una orientación sexual monosexual (heterosexual u homosexual) y de opresión hacia aquellas personas que no son monosexuales (bisexuales, pansexuales u omnisexuales).

Fobia a las Polisexualidades

La bifobia es un término amplio que, además de representar a las personas bisexuales, reúne a todas aquellas sexualidades que se caracterizan por la atracción a más de dos géneros. Por ello existen también la panfobia y la omnifobia.

La bisexualidad, junto a todas las polisexualidades, está sujeta a muchos estereotipos e ideas equivocadas. Esta orientación sexual no requiere una atracción igual hacia todos los géneros, la propia sexualidad es igual de válida, aunque se tenga preferencia hacia un género dominante y haya otro/s que están presentes en segundo plano. La que parece ser una amplia gama entre la que elegir, lleva a pensar que puedan ser individuxs promiscuos.

No por tener la posibilidad de sentir atracción hacia más de un género, se va a sentir atracción en contemporánea hacia dos y esto va a suponer la infidelidad hacia la propia pareja. Hay personas promiscuas y/o infieles cuya sexualidad no corresponde a la bi, es una característica que depende del invidux no de la propia orientación sexual.

> Ejemplo:
> A una misma persona le puede gustar comer una hamburguesa, al igual que una pizza. Esto no implica que las vaya a querer comer en la misma comida, o de forma más o menos prolongada en el tiempo.

Las personas bi son fetichizadas, las mujeres son vistas como un potencial objeto sexual entre parejas, y los hombres son denigrados, por no ser completamente como "deberia ser un auténtico hombre".

Eneofobia

"Enebe" de las siglas de "no binarix", y "fobia" de "miedo/aversión". Es un tipo de opresión compuesta por el conjunto de actitudes, ideas, pensamientos que tienen su origen en el dualismo y que se basan en un odio, rechazo o ridiculización hacia las personas de género no binarios.

La enebefobia es una forma específica de transfobia dirigida a las personas no binarias, por lo que cualquier persona no binaria sufrirá enebefobia además de transfobia y cissexismo, ya que toda persona no binaria de una sociedad occidental es trans por el hecho de no ser del género que se le asignó al nacer.

Hay que tener en cuenta que la enebefobia como opresión vertical se ejerce desde las personas binarias hacia las no binarias, independientemente de si la persona binaria es cis o trans, e independientemente del género binario de esta persona. De este modo se observa que, si bien la enebefobia es una forma de transfobia, es independiente a otras formas de transfobia

Femmefobia

Es la marginalización y devaluación de la feminidad entre mujeres queer.

Este concepto se fusiona con la misoginia y la queerfobia, que implica el privilegio de la masculinidad en la sociedad.

Homofobia

También conocido como **queerfobia,** es el rechazo y odio hacia las personas homosexuales. Discriminación, hostigamiento, rechazo y odio irracional a las personas homosexuales. También se entiende en ocasiones como rechazo a todo lo LGTB. Este término incluye también estas actitudes discriminatorias a una persona por el simple hecho de parecer homosexual.

Lesbofobia

Discriminación, hostigamiento, rechazo y odio irracional a las mujeres lesbianas.

Las lesbianas sufren doble discriminación por ser mujer y lesbiana. Igual que ocurre con las mujeres trans* y las mujeres bisexuales. Debido al machismo, las mujeres lesbianas han pasado de no existir en el imaginario sexual colectivo a verse representadas hipersexualizadas en las fantasías heterosexuales masculinas como objetos de deseo.

Se recomienda la utilización del término específico de lesbofobia para visibilizar a las mujeres ocultas tras el estereotipo de homofobia como exclusivo de hombres homosexuales. La lesbofobia es una manifestación particular de homofobia, que se desarrolla de dos formas principales: deshumanizando a las mujeres y convirtiéndolas en sujetos hipersexuales y fetichizados antes los ojos de hombres cishetero. La identidad femenina se concibe como una experiencia que existe para la consumición masculina. Por otro lado, se las ataca por la "amenaza" que supone hacia los hombres, es decir que su expresión masculina que no corresponde a su género y, por lo tanto, es concebida como anticonvencional la viven como una negación de la auténtica masculinidad.

Transfobia

Aversión a las realidades trans o a las personas trans (transexuales, transgéneros,...), a quienes lo parecen o las defienden.

Las personas trans debido a la propia transgresión del binarismo entre sexo y género sufren una virulenta forma de odio. Para muchas personas trans* la visibilidad es obligatoria y continua.

Lugar Común

Es una expresión o idea conocida por todos y muy empleada en casos semejantes. O supone un tema o una forma de expresión que se utiliza convencionalmente como recurso retórico que se repite a lo largo de la historia.

Odio

Es un sentimiento profundo e intenso de repulsa hacia alguien que provoca el deseo de producirle un daño o de que le ocurra alguna desgracia, o una aversión o repugnancia violenta hacia una cosa que provoca su rechazo.

Prejuicio

Opinión preconcebida, generalmente negativa, hacia algo o alguien. La relación entre estereotipos y prejuicios es estrecha. Cuando nos basamos en estereotipos y emitimos un juicio sobre ellos, estamos generando un prejuicio. El mayor problema de los estereotipos y prejuicios es que no se ven porque se automatizan y naturalizan, están interiorizados en la clave de lectura individual que cada unx tiene de la sociedad y de los roles de cada persona en ella.

Serofobia

Es el estigma y discriminación basado en el miedo irracional hacia las personas que tienen VIH, evitando cualquier tipo de acercamiento o contacto con las personas que son seropositivas o portadoras.

LA FAMILIA

FAMILIA

Grupo de personas emparentadas entre sí que viven juntas. Reconocer y aceptar los derechos de las familias no tradicionales es un reto que nuestra sociedad debe continuar trabajando para conseguir.

FAMILIAS DIVERSAS

La familia es una unidad social formada por un grupo de individuos ligados entre ellos por relaciones de matrimonio, parentesco o afinidad. Hay estructuras familiares tan diversas como las personas que las integran (monoparental, con padre y madre, con dos madres, con dos padres, etc.).

FAMILIA ELEGIDA

Es el concepto de un grupo íntimo de personas que están comprometidas a apoyarse mutuamente y a suplir la presencia y los roles que se encuentran en una familia normativa (padres y hermanxs). Lo que caracteriza las personas en esta situación es que han sufrido por parte de su núcleo familiar una discriminación homófoba.

La unidad familiar legal refleja estructuras familiares monógamas cisheteronormativas y priva legalmente del derecho al voto a las personas queer. Por esta razón, es común que lxs hijxs LGTBQ+ que nacen en familias que no les aceptan, sean repudiados o echados por sus familias, por lo que tienen que crear su propia familia que suele nacer dentro de la comunidad.

La familia elegida puede ser un grupo de amigxs, socixs, una pareja, un colectivo, etc.

GESTACIÓN MATERNA

También conocido como **embarazo,** es el período de tiempo comprendido entre la concepción y el nacimiento del bebé gestado dentro del útero de la madre natural.

GESTACIÓN PATERNA

También conocido como **Padre Gestante,** se refiere a la capacidad de gestar de un hombre trans.

En algunos casos los hombres trans no deciden pasar por la operación de cambio de su sexo biológico (los términos que se usan actualmente son "cirugía de reasignación de sexo" o "cirugía de reafirmación de género), por lo tanto, sigue poseyendo la estructura anatómica y la capacidad de concebir hijxs.

Gestación Subrogada

También conocida como subrogación o vientre de alquiler. La maternidad subrogada, es cuando una mujer está embarazada y posteriormente va a dar a luz, no obstante, el bebé pertenece tanto genéticamente como de forma legal a otros padres. Para alcanzar el estado de gestación, la madre subrogada, gestacional o portadora (como se suele llamar en algunas ocasiones), se utilizan técnicas como la fecundación in vitro, o la inseminación artificial, la elección de una técnica u otra depende del caso particular.

Gestación Tradicional

La madre gestacional aporta su propio óvulo, pero el padre proviene de la subrogación o de un donante. En este caso, el bebé se suele concebir por inseminación artificial o fecundación in vitro.

Gestacional

En este caso tanto el óvulo como el espermatozoide son aportados por la pareja que solicita la subrogación. La mujer embarazada no tiene ninguna relación genética con el bebé. ¿Con qué nombre se conoce a esta madre? Normalmente, se suele llamar madre gestacional o madre portadora. En este caso el embarazo se produce mediante fecundación in vitro.

Por otro lado, también se puede hacer otra diferenciación, teniendo en cuenta las finanzas que pueda haber de por medio, pudiendo ser:

- **Gestación subrogada altruista:** En este caso, la mujer que se va a quedar embarazada lo hace sin ánimo de lucro (no obtiene dinero). No obstante, los propios padres biológicos se responsabilizan de los gastos tanto médicos como legales.
- **Gestación subrogada lucrativa:** En este caso, la madre gestacional acepta quedarse embarazada a cambio de una suma de dinero.

La gestación subrogada puede ocurrir a través de diferentes métodos:

- **Fecundación in Vitro (FIV)**
  La fecundación in vitro (o también llamada FIV), es una técnica de fecundación artificial donde se busca la fecundación de los ovocitos por los espermatozoides. Este tipo de fecundación asistida se produce fuera del cuerpo de la madre. De esta forma, extrayendo uno o varios ovocitos de los ovarios maternos, se busca la fecundación de los espermatozoides en el medio líquido. Cuando el Ovocito ha sido fecundado (generalmente a esto se le suele llamar preembrión), este se transfiere al útero de la mujer, buscando que este anide en el propio útero, y siga su desarrollo hasta el parto.
- **Inseminación Artificial**
  La inseminación es un método de reproducción asistida, que consiste en depositar espermatozoides de una manera no natural en la futura mujer gestante. ¿Cómo son depositados los espermatozoides? Este tipo de técnica se suele producir con instrumental especializado, usando técnicas que reemplazan a la propia copulación, con el único fin de conseguir un embarazo.
  Los tipos de maternidad subrogada que existen, se diferencian en función del objetivo de la propia madre que aporta el vientre, y el propio factor monetario que exista de por medio. Por otro lado, también se puede categorizar en función de la composición genética del propio bebé (es decir, las personas que aportan tanto el óvulo como el espermatozoide).

Homoparentalidad

Relación existente entre dos madres lesbianas o dos padres gais y sus hijos e hijas derivada de la relación jurídica que comporta la filiación.

Homomaternidad

Persona que siente atracción sexual y afectiva hacia personas del mismo sexo. Se recomienda el uso de la palabra “gay” o “lesbiana”, según corresponda, evitando de esta forma la invisibilización de las relaciones sexo-afectivas entre mujeres.

Matrimonio

Unión de dos personas mediante determinados ritos o formalidades legales y que es reconocida por la ley como familia.

Matrimonio Igualitario

Derecho adquirido de las personas LGTBI que reconoce la unión legal entre personas del mismo sexo. En diciembre de 2012 el Tribunal Constitucional revalidó la plena constitucionalidad de la ley aprobada en 2005, tras un recurso presentado que tardó 7 años en resolverse. No se recomienda usar el concepto de "matrimonio gay".

Matrimonio o Pareja de Tapadera

Conocido en inglés como **"beard" ("barba")**, se usa para indicar aquellas relaciones románticas y/o sexuales establecidas en colaboración entre dos personas no heterosexuales, para esconderse con el fin de proteger su auténtica identidad.

1. Tapadera Solidaria

En la actualidad puede seguir dándose casos de parejas tapadera, sin embargo, se reconocen como una práctica principalmente antigua en el cual su contexto social era compulsoriamente heteronormativo, y cualquier individux que fuera en contra se veía castigadx. Estas uniones solían hacerse de forma activa entre personas amigas, en las que de cara al público la pareja podía parecer no solo comprometida al otrx, sino que heterosexual, sin embargo, luego cada persona tenía sus propias relaciones homosexuales, que eran efectivamente la verdadera pareja. La diferencia con la actualidad es que no lo podían mostrar social y públicamente.

2. Tapadera Inconsciente

En este caso la pareja o matrimonio está con una persona que sí se identifica como heterosexual, pero la otra no. Es posible que esta última esté en el armario o no sea del todo consciente que lo está, por lo tanto, no sabe que está escondiendo o reprimiendo su homosexualidad. Esto hace que lleve a cabo una vida socialmente aceptada sin que esta persona ni su pareja lleguen a darse cuenta de que el cariño que sienten, es más cercano al de una amistad más que al de una pareja.

3. Tapadera Consciente

Finalmente, en este último caso la parte de la pareja o matrimonio que no es hetero es consciente que su orientación sexual o identidad de género difiera de la socialmente aceptada, por lo tanto, decide reprimirla de forma activa a la sociedad y a su pareja. La pareja no es consciente de que está en una relación- tapadera, y es posible que nunca llegue a saberlo.

Matrimonio de Boston

Es un tipo de relación doméstica que existía entre dos mujeres, a finales del siglo XIX.

Unión Civil

Una unión civil es una de las varias denominaciones usadas para establecer un estado civil distinto al matrimonio. Creada principalmente para que las parejas homosexuales vivan de similares e iguales derechos y obligaciones de las que gozarían las parejas heterosexuales al estar civilmente casadas.

En muchos países, para las personas LGTBQ+, solo se concede la unión civil como alternativa a una unión válida ante la ley. Con esto, se quiere aparentar haber alcanzado una igualdad de derechos con las personas heterosexuales, pero realmente representa una opción más afable para la parte homofóbica de la sociedad. Todavía no se tolera del todo que personas del mismo sexo puedan casarse y que esa unión tenga el mismo nombre y valor simbólico y jurídico que el matrimonio.

EL CONTEXTO MÉDICO Y LAS ENFERMEDADES

Autogynefilia

Del griego, "amor hacia una misma como una mujer".

Es la tendencia de alguien que nace con órganos anatómicamente masculinos y que se excita sexualmente por la idea de ser una mujer, a veces se considera como una forma de trastorno de identidad de género o travestismo fetichista.

Otras subcategorías son:

- **Autoginefilia Transvestica**: Excitación por el acto o la fantasía de usar ropa típicamente femenina.
- **Autoginefilia Conductual**: Excitación al acto o fantasía de hacer algo considerado como femenino.
- **Autoginefilia Fisiológica**: Despertar fantasías de funciones corporales específicas de personas consideradas mujeres.
- **Autoginefilia Anatómica**: Despertar a la fantasía de tener un cuerpo normativo de mujer o partes de uno.

Por lo general, se utiliza para deslegitimar la feminidad de las mujeres trans. Forma parte de una narrativa cultural según la cual la feminidad trans supone una amenaza hacia la feminidad cis, porque no se acaba de reconocer de forma completa que una mujer trans, después de su transición, ya no es un hombre. A menudo, esta patología es usada como excusa para negar la auto determinación de género de estas personas. Actualmente, este diagnóstico ya no se encuentra en uso dentro de la comunidad psiquiátrica moderna.

Una definición más actual desarrollada por la bióloga Julia Serano, y menos estigmatizante del término, lo describe como tener pensamientos eróticos basados en ser una mujer, es decir que representa físicamente características femeninas.

Autonomía Corporal

Es la autodeterminación que tiene una persona sobre su propio cuerpo

Competencia de Gillick (Gillick Competente)

La competencia de Gillick es un término originario de Inglaterra tras el caso y se utiliza en la ley médica para decidir si un niñx, menor de 16 años, puede consentir su propio tratamiento médico, sin la necesidad de permiso o conocimiento de los padres.

Despatologización

Es el proceso según el cual lo que antes se consideraba como una patología, es decir una enfermedad, pasa a reconocerse como una de las muchas condiciones humanas que no entran en una categoría de enfermedad.

Despatologización Trans

La despatologización trans es un tipo de despatologización a través de la cual se lucha para que las personas trans no sean vistas como personas enfermas, sino con una percepción de la propia persona distinta de lxs individuxs cisgénero.

Forma parte de las acciones destinadas a conseguir que las instituciones médicas dejen de considerar la transexualidad como una enfermedad mental y pase a reconocerse como una manifestación más de la diversidad del ser humano.

Diversidad Funcional

Es aquella condición bajo la cual ciertas personas presentan alguna deficiencia física, intelectual o sensorial (características físicas, intelectuales o sensoriales que, en interacción con el contexto en el que vive) que a largo plazo afectan la forma de interactuar y participar plenamente en la sociedad.

El término **minusvalía** se considera peyorativo fuera del ámbito legal.

Discriminación contra las Personas con Discapacidad

Es un sistema totalizador que oprime a las personas discapacitadas y privilegia a las personas capacitadas. Como todas las opresiones, el privilegio de las personas capacitadas es sistémico, personal y en la mayoría de los casos está tan interiorizado que es difícil de reconocer.

Las personas con discapacidad tienen más probabilidades de sufrir violencia y es menos probable que se les crea sobre sus experiencias. A las personas con discapacidad se les

impide el acceso a espacios físicos que no son accesibles y enfrentan discriminaciones que les niegan el acceso socioeconómico y político a las oportunidades y la vida pública.

El capacitismo se cruza con otros sistemas de opresión para privar aún más a las personas con identidades marginadas mutuas. El capacitismo enmarca a las personas discapacitadas como una carga para los individuos y la sociedad.

La Teoría Crip
Una perspectiva crítica sobre la discapacidad que utiliza lentes similares a la teoría queer y se centra en la liberación de todas las personas discapacitadas, destacando que todos los cuerpos son interdependientes.

El lenguaje de individuxs "capaces" es el que consolida aún más el estigma de las discapacidades, incluido el estigma en torno a la salud mental, que muchas personas consideran incapacitante. El uso hiperbólico del uso peyorativo de ciertas palabras tiene sus raíces en la capacidad, incluso si esa no es la intención consciente del hablante.

Hacer un espacio accesible no solo significa instalar rampas para sillas de ruedas; significa considerar y satisfacer las necesidades no solo de las personas en silla de ruedas, sino también de personas con otras discapacidades de movilidad, personas con discapacidades cognitivas y del desarrollo, personas con discapacidades sensoriales y personas con dolor crónico.

Disforia

La disforia, del griego "de- difícil", y "llevar", se caracteriza generalmente como una emoción desagradable o molesta, como la tristeza (estado de ánimo depresivo), ansiedad, irritabilidad o inquietud. Es el opuesto etimológico de la euforia.

Aunque el término no tenga un lugar preestablecido en el diccionario, el concepto se emplea con frecuencia en el ámbito psicológico para referirse a una sensación opuesta a la euforia. Por estas características, la disforia puede ser un síntoma característico dentro de algunos trastornos mentales como pueden ser la ansiedad, la depresión y la esquizofrenia. Aun así, puede darse casos de forma aislada o que no estén necesariamente relacionados con un cuadro médico.

Disforia de Género

(Ver en Identidades de Género.)

La Escala de Kinsey

La escala de Kinsey es una escala creada por el biólogo Alfred Kinsey en el "Informe Kinsey", que establece siete diferentes grados de comportamientos sexuales, cuando tradicionalmente se consideraban solo tres: el heterosexual, el bisexual y el homosexual. Desarrolló esta escala evaluando el historial sexual de una persona o los episodios de su actividad sexual en un tiempo dado.

El uso de esta escala comienza desde 0, que marca un comportamiento únicamente heterosexual, hasta 6, que es la vertiente opuesta y marca un individux homosexual. De esta forma proporciona una gradación de la identidad sexual de cada persona, estableciendo grados de la actividad polisexual.

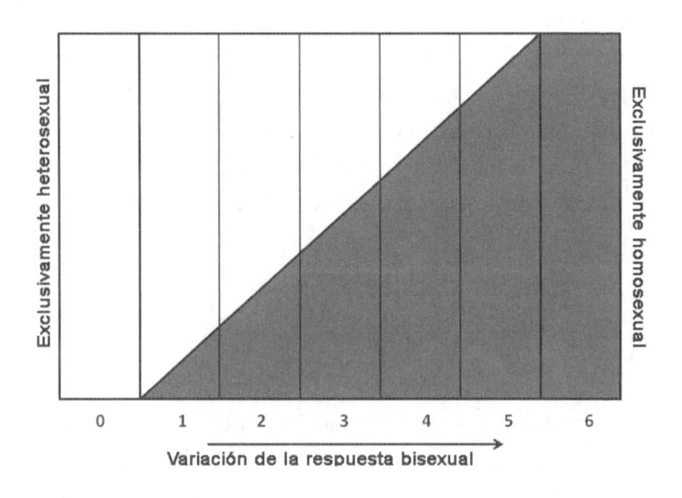

Patología

Es parte de la medicina que estudia los trastornos anatómicos o fisiológicos de los tejidos, órganos enfermos, y signos a través de los cuales se manifiestan enfermedades y las causas que las producen. También se reconoce como una enfermedad física o mental que padece una persona.

SIDA

Es la sigla de "Síndrome de Inmunodeficiencia Adquirida", y se trata de una enfermedad infecciosa, causada por el virus de inmunodeficiencia humana, que se transmite por vía sexual, a través de la sangre o de la madre al feto, y que hace disminuir las defensas naturales del organismo hasta llegar a su completa desaparición.

El **VIH** y el sida no son lo mismo, el VIH es el virus que entra en el cuerpo y que tiene unas fases evolutivas que atacan nuestros organismos, debilitándolo. Lo que ocurre si una persona no toma medidas de precaución o no se medica, es que el virus empieza a debilitar todo el sistema inmune hasta llegar a la tercera fase, que se llama "fase del Sida", que es el estadio en el que tenemos el sistema inmune tan debilitado que cuando ataca cualquier enfermedad, virus y/o bacteria el cuerpo no es capaz de defenderse y expulsarla del mismo. Por eso lo que provoca la muerte de la persona no es el VIH en sí, sino la enfermedad adquirida en un segundo momento que, dada la falta de fuerza en el cuerpo, lo lleva a deteriorarse todavía más hasta llevar, en la mayoría de los casos, esa persona a la muerte.

El VIH puede ser hereditario, es decir que se nace con él, o se transmite en mayor medida a través de la transmisión sexual. Los genitales no deben entrar en contacto directo con la sangre, el semen, y/o el flujo vaginal, que se convierten en los trasmisores directos de esta enfermedad que pueden pasar de un cuerpo a otro. La única forma de saber si se sufre de esta condición, es haciéndose la prueba específica.

LAS EXPRESIONES

Clock o Hacer Clocking

Es cuando una persona reconoce que otra no es cisgénero, sino que del espectro trans Normalmente tras esta realización, la persona que se ha dado cuenta suele hacer outing.

"Eres tan valiente"

Es una expresión condescendiente, dada como un cumplido que quiere reconocer la fuerza que personas de un cierto colectivo tienen al enfrentarse a ciertas situaciones que suponen para esas mismas personas una amenaza.

De esta forma, la opresión que viven las personas LGTBQ+, es romantizada y en vez de retar al sistema a que las dinámicas que las personas queer tienen que afrontar cambien o desaparezcan, las mantienen marcando la diferencia del "mundo hetero" a uno no normativo.

"Estar en el armario" (To be closeted)

Es cuando un individux que no está out, ya sea consigo mismx o con otras personas, acerca de su sexualidad y/o identidad de género, mantiene en secreto su identidad LGTBQ+, ya sea negando las especulaciones de forma activa o no diciendo nada.

Estar en el armario suele ser una decisión personal, consciente de las consecuencias que esta declaración podría aportar a su vida y/o relaciones externas de la persona.

El Laismo LGTBQ+

No solo es habitual que se reclamen términos, sino también formas de hablar y estructuras gramaticales. El ejemplo más común de este fenómeno es el "laísmo gay", conocido con el uso del pronombre femenino hacia personas que se identifican como hombres cuya sexualidad suele ser homosexual.

En un primer momento, dirigirse a hombres homosexuales, y en particular a hombres homosexuales con una expresión de género predominantemente femenina, se daba como insulto. El objetivo es el de avergonzar a la persona que recibe el insulto, dirigido para cuestionar su masculinidad y hacer que se sientan inferiores.

Ejemplo:

Se te ve muy guapa, chiquillo	Ella, que guapa va hoy

Como contestación a esta muestra de desprecio, el colectivo ha interiorizado el laísmo hacia personas de identidad masculina, convirtiéndolo en un elemento de fuerza que en parte les ayuda a remarcar su propia identidad. Sosteniendo que, porque una persona se identifique como hombres, no tiene por qué vestirse como la sociedad espera de él. Esto sucede en primera persona, sin embargo, también puede usarse en segunda y tercera persona. Puede ocurrir cuando un amigx se refiere a otrx directamente o hablando de una persona que no está presente.

Ejemplo:

Yo	Que guapa voy hoy
Tu	(Dicho por su pareja) Que guapa vas hoy, Pedro
El/Ella	(Dicho por un amigx) Que guapa va hoy, Percy

En este caso, hay que tener en cuenta cómo la persona a la que se hace referencia vive sus pronombres. Es decir, que si se quiere hablar de ella a un hombre que se identifica con los pronombres, "el" o a una persona de género neutro que usa "elle", será mejor preguntar si se sienten cómodxs recibiendo ese trato, y de ahí proceder o no hablándoles de esa forma.

El Síndrome del Pero

Pero
Es una conjunción adversativa que produce una contraposición entre dos proposiciones, con la finalidad de actuar como nexo.

Síndrome
Conjunto de síntomas que se presentan juntos y son característicos de una enfermedad o de un cuadro patológico determinado provocado, en ocasiones, por la concurrencia de más de una enfermedad, también puede significar un conjunto de fenómenos que concurren unos con otros y que caracterizan una determinada situación.

El síndrome "Del pero" es un fenómeno que puede cobrar vida en cualquier contexto en el que una opinión sea la que es considerada como socialmente correcta y con la cual las personas dicen estar de acuerdo, sin embargo, a la hora de expresar su propia opinión suelen exponer una serie de contradicciones o de opiniones negativas que no reflejan realmente lo que sostienen ser su verdadera opinión.

En el colectivo LGTBQ+ este síndrome se ve puesto en marcha por personas externas al colectivo que opinan sobre el mismo y sobre las personas que lo forman. El uso del pero supone un límite en la opinión de la persona, quien cree estar de acuerdo con una serie de ideas que luchan por la igualdad de los derechos humanos, sin embargo, con esa conjunción está limitando su propio pensamiento junto con los derechos y libertades de otrxs.

Ejemplo:
"Me parece bien que las personas LGTBQ+ celebren el Orgullo, pero...", "Yo tengo un amigx gay, pero...", "No tengo problema con que se casen, pero..."

Esta contradicción suele presentarse en conversaciones sobre el matrimonio igualitario, el posible adoctrinamiento en instituciones formativas, en los derechos legales de las personas, en la reclamación de derechos de visibilidad o de la vida e identidad de ciertxs individuxs y en el mismo acto de celebración del Orgullo.

El Síndrome del Impostorx Bisexual
Es "malestar" experimentado por personas polisexuales (bisexuales, pansexuales, omnisexuales, etc.) asociado con sentimientos de ser un fraude o de no cumplir suficientemente con los estereotipos y la visibilización de su propia orientación sexual. Estas personas sienten que, al estar en relaciones con personas del sexo opuesto al propio, deslegitimizan e invisibilizan su orientación sexual.

La sociedad se rige en la monosexualidad como norma, manteniendo la creencia que la atracción hacia más de un género no es una orientación sexual, por ello las personas que, si viven una atracción igual de fuerte hacia personas de distintos géneros, sienten una presión particularmente fuera a la hora de exponer su propia orientación, ya que no corresponde a una mirada binaria. Es decir que una mujer bisexual, al estar con una mujer, se siente forzada al etiquetarse como lesbiana, y en una situación opuesta como mujer heterosexual, sin embargo, no es ninguna de las dos, ya que se identifica como bisexual. Una tercera opción igual de válida y completa.

Incluso dentro del colectivo se les considera como personas "traidoras" y que aprovechan de su doble cara para "pasar como hetero" cuando les resulta conveniente o piensan que les puede favorecer, para evitar de esta forma la opresión y violencia que pueden encontrar en otro tipo de relación.

"Estar confusx"

La confusión es la falta de orden o de claridad cuando hay muchas personas o cosas juntas.

Este tipo de afirmación es recibida por personas del colectivo, normalmente en las fases que cuestionamiento de la propia identidad o tras haber hecho su salida del armario. Supone un deseo de control por parte de la persona que recibe la información, la cual cree entender mejor que le está efectivamente pasando a la otra, pero también posiciona un rechazo hacia la posibilidad de que lo que está diciendo la persona sea verdad. Esto lo convertiría en una realidad importante de aceptar y puede que la otra persona no esté lista a recibirla.

La Mirada Cis

También conocido como **"cis gaze"**, se refiere a la mirada, es decir a la expresión de una opinión personal, de las personas heterosexuales y cisgénero hacia cualquier tema que no afecta las personas con estas características de forma directa.

En este caso es la mirada cis hacia problemáticas del colectivo LGTBQ+ en general y de las personas que forman parte del mismo. Esta mirada se puede ver reflejada no solo en el pensamiento social, sino en la representación y la forma de tratar estas minorías. Por lo tanto, es la forma a través de la cual las personas cis perciben, opinan, actúan y replican la cultura queer tanto de forma individual como mediática.

Passing

Traducido en **"pasar como"** se refiere a la percepción externa del género, identidad sexual, estatus laboral, etc. que una persona transmite y que, por lo tanto, otras reciben.

En el contexto LGTBQ+ el passing tiene una connotación positiva de éxito cuando la persona se encuentra en un ambiente externo al colectivo y, por lo tanto, aparenta ser algo que no es.

> Ejemplo:
> Parecer una persona cisgénero y ser trans, parecer heterosexual y ser bisexual, etc.

Cis Passing

Es un tipo de passing específico a través del cual se reconocen las personas que aparentan ser cisgénero.

Privilegio del Passing

La ausencia de discriminación y violencia hacia las personas que aparentan ser cisgénero y/o heterosexuales.

"Reclamar un término"

Significa pedir o exigir a alguien una cosa a la que considera que tiene derecho, o expresar a una persona, oralmente o por escrito, su oposición, inconformidad o disgusto por un asunto que considera injusto o insatisfactorio.

Este proceso de reclamación pasa cuando un término, que suele nacer como un insulto hacia un determinado colectivo y/o grupo minoritario, se descontextualiza del entorno en el que nace y adquiere connotaciones positivas. Es una operación que pasa con frecuencia y con distintas palabras, para volver a encontrar la fuerza positiva y una identidad en conceptos que anteriormente suponían un elemento discriminatorio.

"Solo es una fase"

Una frase utilizada para deslegitimar a las personas queer sobre su experiencia. Es una expresión anti-queer que implica que en realidad las personas LGTBQ+ no son así. Desde el exterior se piensa que estas personas están confundidxs y tienen que encontrar un poco de sentido común y que a asimilar las expectativas cisheteronormativas normales y naturales.

"Salir del armario" (To come out)

Es la afirmación que sigue el proceso de descubrimiento personal mediante el cual unx acepta y/o llega a identificar su propia identidad. La salida del armario marca la manifestación voluntaria e individual de la orientación sexual no normativa de una persona hacia terceras personas o la sociedad en general. Se trata de un proceso personal de aceptación por la que suelen pasar personas que no están en proceso de reconocer la propia orientación sexual y/o identidad de género.

La expresión es relativamente moderna. Proviene directamente de la traducción de la frase anglosajona "**coming out** of the closet", de donde se origina el concepto, "salir del armario". A su vez derivada de otra expresión anglosajona "to have a skeleton in the closet", traducida como "tener un esqueleto en el armario" que significa tener algo vergonzoso que no se quería hacer público. "Salir del armario" conlleva manifestar abiertamente la propia orientación sexual no hetero y/o la propia identidad de género.

La heteronormatividad, tiene como efecto obligar a la población LGBT a salir continuamente del armario, ya que no incluye la diversidad afectivo-sexual e identidad de género como otra normalidad integrada socialmente. Algunas personas LGTBQ+ deciden mantener en privado esta parte de su identidad, mientras que otras deciden compartirla con seres queridxs, conocidxs o el público. El proceso de "salir", es decir ser

visible por una característica en particular, como es en este caso la orientación sexual, demuestra el resultado de un trabajo de autoaceptación y orgullo.

Sin embargo, es importante recordar que la experiencia de salida de cada persona es diferente, y el acto de salir puede ser difícil y emocional. La decisión de salir es profundamente personal. Cada persona debe tomar decisiones sobre la divulgación de la sexualidad y el género en su propio tiempo y forma.

"Estar out"

También conocido como **"estar fuera/salir del armario"** es el estado en el que se encuentra una persona que ya ha hecho *coming out* y, por lo tanto, exhibe o se siente empoderadx de su propia identidad.

"Hacer outing"

Supone la divulgación involuntaria o no deseada de la orientación sexual, identidad de género de parte de otra persona.

"Tener pluma"

Coloquialmente, se refiere a cuando una persona que se identifica como hombre tiene gestos y comportamientos que son considerados afeminados.

"Tener martillo"

Coloquialmente se refiere a cuando una persona que se identifica como mujer tiene gestos y comportamientos que son considerados masculinos.

CULTURA QUEER

Act Up

Del inglés "portarse mal", es el nombre de un grupo de acción activo en los años 80 hasta principios de los 2000, cuyo objetivo principal era la sensibilización mediática de la salud pública tras la epidemia del VIH/SIDA, a través de la prevención, de la información y del acceso a tratamientos.

El mote de este grupo era "Silencio = Muerte", y lo solían acompañar con símbolos LGTBQ+. La demanda de este grupo era de estimular la búsqueda sobre el tratamiento de las personas afectadas por el VIH. Erróneamente con lo que se pensaba, no representaba una "plaga gay", sino que es un virus que afecta a toda persona independientemente de su género y/o orientación sexual.

Activx

(Ver definición de *Top.)*

Bares Gays

Un bar es un establecimiento comercial donde se sirven bebidas y aperitivos, generalmente para ser consumidos de inmediato en el mismo establecimiento.

Actualmente, debida a la gentrificación de algunas de estas zonas y al aumento de la renta de ciertos edificios, muchos locales están desapareciendo. Los locales queer se caracterizan por ser regentados y frecuentados por personas que forman parte del colectivo LGTBQ+, aunque de forma cada vez más común su clientela se está ampliando a un público también cisheterosexual. Estos bares suelen ser lugares de encuentro para conocer a nuevas personas, ir con las ya conocidas y disfrutar de momentos sociales en un espacio seguro de homofobia.

Bent
Del inglés "doblar", se refiere a seguir y/o unas prácticas y/o costumbres cuyos orígenes, no son hetero. Es principalmente usada en un contexto BDSM, en el cual por las actividades eróticas que se practican, una persona dobla su cuerpo en distintas posiciones, de ahí su origen figurativo.

En inglés británico es usado también como sinónimo del término "queer".

> Ejemplo:
> Una persona heterosexual no suele frecuentar locales LGTBQ+, sin embargo, si se "dobla" a ello, está practicando una costumbre típica de la cultura queer.

En otros contextos, sería como decir que la persona se pliega al deseo de la mayoría del grupo, con la excepción de que las actividades que prevalecen pertenecen a las costumbres culturales queer.

BDSM
BDSM es un término creado para abarcar un grupo de prácticas eróticas libremente consensuadas que, en algunos casos, son consideradas como un estilo de vida. Se trata de una sigla que combina las letras iniciales de las palabras:

B - Bondage

D - Disciplina, Dominación

S - Sumisión, Sadismo

M - Masoquismo

Las preferencias sexuales que uno practica son independientes a su género y orientación sexual y dependen de los gustos de cada individux.

Bondage
Es un término inglés referido a la sujeción que implican ciertos vínculos, que se establecen en ciertas relaciones de subordinación. Históricamente, fue un término utilizado para referirse al lazo vincular restrictivo que unía a amos y esclavos.

También suele ser asociado a las ataduras con sogas u otros elementos de restricción, que se utilizan muchas veces en el BDSM, pero lingüísticamente la palabra "atadura" no proviene del término inglés "bond", sino del término inglés "bind". Las prácticas eróticas relacionadas con el bondage , son propiamente las que establecen roles de poder asimétricos, como amo-sumiso, jefe-empleado,

Disciplina

Es un término que hace referencia a prácticas eróticas relacionadas con reglas, castigos, adiestramiento, protocolos de comportamiento y posturas. Históricamente, está estrechamente relacionada con la erotización de la tradicional disciplina inglesa de la época victoriana, aplicada entonces sobre niñxs en la escuela y vida familiar, para modificar un mal comportamiento. Esto incluía prácticas como el **spanking** (golpes a mano abierta en las nalgas), el **caning** (golpes con varas), la humillación, etc.

Dominación y Sumisión

La dominación y la sumisión son prácticas complementarias de intercambios de poder: una o más personas dominan a una o más personas que se someten. Suelen ser referidas en conjunto como D/s, con mayúscula la D y minúscula la s, para denotar la naturaleza jerárquica de la relación.

Dominación

Es un término utilizado para referirse a las prácticas eróticas en las que una persona adopta un rol dominante para actuar de acuerdo a su voluntad y su deseo sobre otra u otras personas que adoptan un rol sumiso. La persona en el rol dominante manda y dispone.

Se trata siempre de una dominación sujeta constantemente al consenso y los límites establecidos por la persona que acepta ser dominada. El BDSM rechaza toda práctica de dominación, por mínima que sea, que no cuente con el consenso real, pleno, informado y constantemente actualizado de la persona que ocupa el rol sumiso. El consenso pleno en una cualquier relación erótica o sexual, exige como requisito previo que no exista una relación de sometimiento u obediencia real entre las personas involucradas.

La persona que ocupa el rol dominante suele recibir el apelativo de Amo, Ama, Dom, Señor, Señora, Mistress, Máster, Diosa, Reina, etc, siempre en mayúsculas.

Sumisión

Es un término utilizado para referirse a las prácticas eróticas en las que una persona adopta un rol sumiso en el que queda bajo la voluntad de otra u otras personas que adoptan un rol dominante. Es la situación complementaria de la dominación, por ello suele hablarse de relaciones D/s. La persona en el rol sumiso obedece o deja que se actúe sobre su cuerpo. Se trata siempre de una situación de sumisión voluntaria y orientada al disfrute erótico, estrictamente dentro del marco de los límites establecidos por la persona que adopta el rol sumiso, quien puede interrumpir la situación en cualquier instante. La persona que ocupa el

rol sumiso suele recibir el apelativo de esclavo, esclava, sumiso, sumisa, sub, etc, siempre en minúsculas.

Según las preferencias personales, las personas que las practican D/s pueden ocupar permanentemente el rol dominante o el rol sumiso, o pueden alternar los roles, en una misma sesión, o en sesiones diferentes o con personas diferentes.

Sadismo

Es un término que en este contexto se utiliza para referirse a prácticas eróticas en las que una persona obtiene placer causando dolor, humillación o incomodidad a otra persona que acepta esa situación. Se trata siempre de prácticas voluntarias basadas en la confianza, que no pueden ir más allá de los límites establecidos por la persona que recibe el dolor, la humillación o la incomodidad, y que pueden ser detenidas en cualquier momento. La persona que adopta el rol sádico, cuida en todo momento la situación de la persona que recibe el dolor, la humillación o la incomodidad, a fin de evitar cualquier daño. Se trata de una práctica erótica que no tiene ninguna similitud con el sadismo criminal.

Masoquismo

Es un término que en este contexto se utiliza para referirse a prácticas eróticas en las que una persona obtiene placer experimentando dolor, humillación o incomodidad, generalmente a manos de otra persona que acepta esa situación. Se trata siempre de prácticas voluntarias que no pueden ir más allá de los límites establecidos por la persona que recibe el dolor, la humillación o la incomodidad, y que pueden ser detenidas en cualquier momento.

Aunque los roles del sadismo y el masoquismo no son necesariamente complementarios, porque no se presuponen, es habitual vincularlos como un par, utilizando la expresión "sadomasoquismo" y la signa "S/M".

Bollodrama

También conocido como **lesbodrama**, este concepto se compone de "bollo", representa la abreviación de "bollera", juntada con "drama", una situación o suceso de la vida real en el que pasan desgracias o en el que alguien sufre desgracias.

Se suele usar este término en situaciones en las cuales dos o más personas que se identifican como mujeres y pertenecen al colectivo LGTBQ+ entran en conflicto. Normalmente suele pasar al estar en pareja, o cuando las respectivas ex parejas de terceras personas empiezan a formar una relación sexo-afectiva independiente de las anteriores.

Esta clasificación dentro de los tipos de conflictos que se reconocen entre humanxs, supone un cliché que se ha asociado a la cultura femenina de relaciones entre mujeres dentro del colectivo, incluso el propio colectivo lésbico lo acepta como un rasgo de las relaciones entre mujeres. Realmente, el drama inherente a la mujer naca de una idea machista propia del patriarcado en la que se percibe a la mujer como un ser inestable y emocional, es decir alguien incapaz de vivir objetivamente sus emociones e impulsos.

La verdad es que el drama en conflictos interpersonales, no tiene nada que ver con el sexo, género y/o orientación sexual de una persona, más bien está caracterizado por la personalidad del individux y su capacidad de afrontar o no sus propios problemas y emociones.

Cierto es que las personas con biología femenina suelen tener mayor tendencia a expresar sus emociones. Esto se debe a que su cerebro está más desarrollado en el área del lenguaje, pero también a que las personas masculinas están educadas más represivamente para que no muestre su vulnerabilidad. Así que dos mujeres verbalizando sentimientos puede acabar en un **"bollodrama" a los ojos de personas externas, ya sea porque no** consiguen comunicarse correctamente o por el simple hecho de ser dos mujeres que se encuentran en medio de un conflicto.

Pasivx

En el ámbito sexual, se refiere a la persona que es penetrada activamente por otra. Es quien "recibe".

Las personas pasivas, como indica la palabra misma, se asocian con una personalidad complaciente y suelen ser aquellas personas que suelen preferir recibir placer en vez de darlo. Muchas veces se les asocia con una figura femenina, debido a que en las relaciones heterosexuales se ubica a la mujer como la figura impotente que recibe. Aun así, en contextos normativos, no se reconoce la diferencia entre estos roles, ya que se da por hecho que la mujer, al estar dotar de vagina será quien sea penetrada con un pene por el hombre.

Las preferencias dentro de las prácticas sexuales no definen la identidad de una persona, a menos que esta misma decida que sea el caso. La división tan neta entre estos roles en el colectivo sirve para facilitar el encuentro, por la mayoría de carácter esporádico, entre dos personas.

Bareback

Jerga inglesa especifica del colectivo gay, traducido literalmente como "espalda desnuda", que se usa para referirse a aquellas personas que mantienen relaciones sexuales sin usar protección.

Aunque esto se pueda aplicar a todo tipo de parejas que mantienen relaciones, ha llegado a ser asociado directamente con los hombres GBT+ tras la crisis de SIDA. El uso de condones, guantes u otros métodos contraceptivos era la primera herramienta de educación sexual transmitida para evitar la propagación del contagio.

Bottom

(Ver definición de Pasivx.)

Camp

Es una sensibilidad estética basada en el artificio y la exageración.

Camp es una estilización que utiliza elementos de drama, parodia, hipérbole, grandiosidad, ironía, vulgaridad, extravagancia, carácter y humor. Es una lente a través de la cual se puede disfrutar de los intentos, éxitos y fracasos del "mal arte", también se lo conoce como el buen gusto dentro del mal gusto. El camp es un gusto snob mezclado con aburrimiento.

La naturaleza, la moral, la política y todo lo que se considera como serio no se pueden definir camp. Aunque se ubique principalmente como un estilo de vestir, el camping puede ser visto como una actitud que hace destacar el comportamiento de una persona por su forma de ser, moverse y vestirse con extravagancia, determinación, seguridad y un deseo de recibir atención.

> Ejemplo:
> El vestuario de las drags queens puede ser considerado como camp, al igual que el diseño de marcas como Moschino o el vestuario de artistas pop como Katy Perry o Elton John.

Casa de Baño

También conocidos como **baños públicos** o **termas**, en inglés "**bathhouse**", son unos edificios equipados para bañarse de forma comunal con otras personas en el mismo espacio. Su uso es el de poder bañarse y limpiar el propio cuerpo, junto al ofrecer un espacio en el que se puede socializar.

Los baños públicos están principalmente divididos entre hombres y mujeres, dada la división de estos espacios por género, los encuentros e intercambios sociales y sexuales entre personas de la misma orientación sexual son muy altas. Así que pronto, sobre todo para los hombres homosexuales, también las casas de baño se convirtieron en un lugar en el que poder practicar cruising, que ahora se ha visto desplazada a lugares como gimnasios, salas oscuras, discotecas, etc.

De los lugares de encuentro LGTBQ+ las casas de baño tienden a ser lugares más sociales que sexuales, por lo tanto, las personas queer lo perciben como un lugar para acercarse a otras personas como ellxs. Actualmente, estos espacios no solo están desapareciendo, sino que las nuevas generaciones LGTBQ+ los están sustituyendo a través de aplicaciones para conocer gente, locales específicos y/o fiestas temáticas, normalmente privadas.

Chemsex

También llamado **party and play** (fiesta y juego), o **wired play** (juego cableado) es el consumo de drogas para facilitar o intensificar la actividad sexual.

Cultura Queer

Una cultura diversa, construida y reproducida por personas queer a través de una alienación compartida tras la presencia de la cisheteronormatividad.

Para toda persona del colectivo representa referencias distintas que son debidas en medida más o menos grande por la cultura mainstream. La cultura negra ha supuesto una grande influencia para la cultura queer que a su vez ha sido de inspiración para la cultura cis. No hay una fuente principal de la cultura ya que todo se influencia con otras y es modificable en el tiempo.

Cruising

Según el historiador y escritor Tim Blanning, el término tiene su origen en el equivalente holandés "kruisen", es un término que define a la actividad sexual en lugares públicos, como parques, playas o descampados entre personas desconocidas.

En el contexto LGTBQ+ el cruising, cottaging o **cancaneo**, es la práctica de buscar una pareja sexual caminando o conduciendo por un lugar público, por lo general de manera anónima, ocasional y para una sola vez. El término también se utiliza para referirse a encuentros sexuales casuales a través de distintos medios, como sitios web o servicios telefónicos.

En un contexto específicamente sexual, el término "cruising" originalmente surgió como una "palabra clave" en el argot homosexual masculino, por el cual aquellos que lo "saben" entenderían la intención sexual del hablante. Esto sirvió como un mecanismo de protección sociolingüística para los hombres homosexuales que se reconocen entre sí, y para no ser reconocido por aquellos que deseen hacerles.

Las zonas frecuentadas por gente que practica el cruising, si presentan un público prevalentemente masculino y si es típico que sea un entorno LGTBQ+, sin embargo, la gente que se acerca a estas no es necesariamente queer y/o monógama. En la actualidad la búsqueda activa de una pareja sexual ocasional ocurre tanto en espacios públicos como online.

Facturas de los Baños

Conocidas en inglés como "**bathroom bills**", es una legislación activa en algunos países que obliga a sus habitantes a usar el cuarto de baño público que corresponda al género que le ha sido asignado al nacer y/o el que consta en el propio DNI.

La problemática de los espacios públicos basados en el género se desarrolla en la fijación de una identidad con un tipo específico y correspondiente de genitales, además de fomentar la leyenda urbana de que las personas no cisgénero pueden ser peligrosas y una amenaza en sí a las que lo son. No es una ley que protege un cierto lugar, sino que defiende una ideología de género binaria.

Esta práctica también se lleva a cabo en vestuarios, colas de aeropuertos y cualquier lugar en el que se tienda a dividir a las personas por género. En todo caso lo que hace esta ley es aislar y negar la identidad de las personas trans que, no solo se ven limitadas a la hora de usar estos espacios, son obligadas a usar un baño que no corresponde con la autodefinición de su propia persona.

Fetiche

Procede del latín facticius (artificial, inventado) y habría evolucionado en el portugués feitiço para referirse a los objetos de culto que encontraban los navegantes en sus viajes. Esta palabra, a su vez derivaría en lengua francesa como fetiche y de ahí al español.

Un fetiche es un objeto material de culto al que se conceden propiedades mágicas o sobrenaturales y llega a ser venerado como un ídolo. Este tipo de objetos se utilizaban especialmente en tribus y civilizaciones antiguas.

También se utiliza en psicología, aplicado al campo de la sexualidad, para referirse a un objeto o una parte del cuerpo no relacionada con el sexo y que provoca excitación. El término de "fetichismo sexual" fue creado por Sigmund Freud. En psicología es una manifestación sexual considerada una parafilia que consiste en tener alguna parte del cuerpo humano, una prenda o cualquier otro objeto como estímulo sexual que provoca deseo y excitación.

Ejemplo:
Este tipo de objetos se utilizan en la práctica sexual del sadomasoquismo, cierto tipo de vestuario como lencería, el calzado en general (retifismo), los zapatos de tacón alto (altocalcifilia) o partes del cuerpo como los pies (pedofilia).

No se suele considerar un fetiche sexual los objetos destinados a la estimulación física

Ejemplo:
Vibradores, satisfyer, etc.

Fisting
También conocido como **fist-fucking** es un término inglés con el que se designa la práctica de la inserción braquioproctal o vaginal. Es un acto sexual consistente en la introducción parcial o total de la mano en el recto o en la vagina de la pareja.

Grindr
Aplicación de conexión para hombres queer. Es notable porque produce cultura y narrativas gay a gran escala, cualquiera que sea visto como una mujer cis no es bienvenidx.

Leather
Traducido como "piel", es una importante subcultura queer con una estética muy precisa. Nació tras la I Guerra Mundial en un contexto principalmente masculino entre hombres en uniforme que, al terminar la guerra, volvieron a recrear estos espacios en bares o clubs de frecuentación prevalentemente masculina.

Métodos Contraceptivos
También conocidos como anticonceptivos, es aquel que impide o reduce significativamente las posibilidades de una fecundación, un em-

barazo o la transmisión de infecciones de transmisión sexual en las relaciones sexuales.

MicroLGTBQ+quismos

Son un lugar común que se basa en los estereotipos del colectivo LGTBQ+.

Molly House

Traducida en español como "casa de maricas" ("Molly" es un diminutivo de "Mary", al igual que en español "Marica" es un diminutivo de "María"). Es un término usado en Inglaterra entre el siglo XVIII y el siglo XIX para referirse a los lugares dedicados a los encuentros eróticos de hombres homosexuales como solían ser algunas tabernas, pubs y cafeterías.

Mollies

Es un término usado en la Inglaterra del siglo 18 hasta el siglo 19 para llamar a los hombres homosexuales y a sus lugares de encuentro, que eran conocidos como las "Casas Mollie".

Kink

Literalmente "traviesx", se refiere a una actitud y/o prácticas sexuales no convencionales y a menudo consideradas como desviadas.

Ejemplo:
Bondage, Juegos y roles de poder, la humillación sexual, el cross-dressing erótico, etc.

El término proviene de "bent, doblado", o una oposición general a las practicas convencionales hetero en el ámbito sexual. Las actividades kinky se encuentran en la dirección opuesta de las llamadas preferencias sexuales **"vainilla"** que supone unos gustos sencillos y para muchas personas clásicos.

Pasivofobia

Es la discriminación hacia los hombres que realizan penetración anal receptiva. Se basa en la idea misógina y sexista de que ser penetrado es degradante y está asociado con lo femenino. Tradicionalmente, lo femenino ha sido asociado como algo malo, débil y degradante, y cuando es asociado con un hombre, se pone en cuestión su masculinidad y su valía.

De esta forma en los hombres que tienen encuentros con hombres donde realizan penetración, socialmente se entiende como más masculino al que realiza la penetración, considerando al que la recibe como femenino y, por lo tanto, degradado. Sin embargo, las prácticas que realizamos no nos definen como persona, no hablan acerca de nuestro valor, no están ligadas a la expresión de género y no hay unas mejores que otras.

> Ejemplo:
> La gente puede sentir pasivofobia al experimentar vergüenza al contar que se realiza penetración anal receptiva. Pueden degradar o insultar a una persona por realizar esta práctica, asociar un valor determinado a cada práctica o asumir características de las personas que la realizan.

Sodomía

Penetración del pene en el ano. También se conoce en inglés como "**buggery**", jerga coloquial para indicar el sexo anal.

Top

En el ámbito sexual, se refiere a la persona quien penetra activamente a otra. Es quien "da".

El rol complementario al activx es el pasivx, y estos roles pueden ser tanto fijos como intercambiables a lo largo del encuentro sexual, se trata en todo momento de un intercambio de poder entre las personas involucradas. Aunque el rol que se tome puede variar, hay casos en los que una persona tiene preferencias específicas y tiende siempre a cumplir el mismo.

Estos casos han dado pie a los estereotipos ligados a la personalidad de las personas según sus preferencias sexuales, es decir que ahora simplemente por las apariencias que unx tenga, se da más o menos por hecho el rol o las preferencias sexuales.

En el caso de la persona activa, se la considera como aquella que toma las decisiones, la dominante y masculina.

Versátil
También conocido como **"switch"**, es decir "cambio" en inglés, o denominado como **"modernx"**, es aquella persona que en el ámbito sexual disfruta tanto de un rol top como del bottom. Por lo tanto, no solo no le supone un problema cambiar de ropa.

Vogue
Es un género de baile creado por las comunidades queer negras y latinas, nace en los años 70 en Harlem, donde se convierte en parte de la representación cultural y artística del colectivo LGTBQ+.

Como parte activa de la cultura de las ballroom, lxs **voguers** se enfrentan entre ellxs. Lx ganadorx recibiría un premio que llevar a su propia "casa", un grupo que suponía una afiliación competitiva, pero también una familia subrogada.

> Ejemplo:
> El estilo de baile "vogue" recuerda a una pasarela de modelxs en la cual cada pose recuerda un fotograma congelado

Wapo/Wapa
Aplicaciones de conexión para personas queer.

LENGUAJE DRAG AAVE

Es el acrónimo de "African-American Vernacular English", es decir la **"Jerga Afro- Americana Inglesa" (JAAE)**. El AAVE se caracteriza por ser una variedad de inglés hablado por mucho afro americano y afro canadienses, siendo un idioma con su propio vocabulario, estructura gramatical y acentos. Tiene sus raíces en el inglés del sur de Estados Unidos, pero no tiene ninguna derivación con **West African Pidgin English (Inglés Africano del Oeste Simplificado)** o los **Idiomas Criollo**.

Este término todavía sigue permaneciendo un debate entre la comunidad negra porque usa terminologías coloniales sobre la identidad de una persona negra con las cuales muchas personas de esta raza no se identifican, como es el uso del concepto "afro americanx".

Debido a que el AAVE es visto como un lenguaje inferior, es decir, no solo de clase baja, sino que, de personas sin una educación convencional, por esta razón quienes no hablan un inglés estándar son penalizadxs en contextos académicos y sociales. Muchos términos del colectivo, y palabras que pertenecen al idioma inglés, nacen gracias a la influencia de esta jerga que es erróneamente percibida como una desviación de la cultura blanca. Por lo tanto, las palabras han sido aligeradas y convertidas en un elemento deseable para las culturas externas a aquellas afrodescendientes que ahora las usan como si fueran de su propia cultura e idioma.

Algunas palabras que forman parte de la subcultura queer, como la del transformismo, cuando son usadas por personas de otras razas y/o descendencias, o no forman parte del colectivo LGTBQ+ son consideradas como apropiación cultural, ya que no reconocen el origen, de estos conceptos y los consideran propios. No se trata solo de contenido, sino de hablar con un tono y un ritmo específico.

Bar Queen

Es un tipo de Drag Queen o King cuya carrera ha empezado y se ha desarrollado principalmente en los "**gay bars**", bares donde la concentración de personas prevalece hacia un público masculino homosexual.

Boots

Traducido del inglés como "botas", tiene el respectivo significado de "increíble".

House Down Boots

Es el superlativo de "boots", junto a la expresión "bring the house down", es una posible reacción de una multitud de personas hacia un espectáculo, un discurso o una situación que les ha parecido increíble o muy entretenida.

Body-ody-ody

Se refiere a cuando una Drag tiene un cuerpo cuya forma es de reloj de arena, la persona es principalmente delgada y con curvas. Representa el ideal de cuerpo perfecto.

Eleganza, Extravaganza

Este concepto es un derivativo indirecto de la cultura de los ballroom, se usa en un contexto estético con respecto a la moda, para reconocer algo que destaca por ser extremadamente elegante y/o extravagante de forma positiva.

Familia Drag
Se refiere a una dinastía de drags, es decir a una serie de performers que llevan o heredan el mismo apellido de sus sucesorxs.

Gay Bar
Un bar que atiende principalmente a gente queer. Por lo tanto, se convierte en un lugar que celebra y promulga la cultura queer, con actuaciones, música y bailes.

Glamazon
Es la unión de "glamurosx" y "amazon", se refiere a una persona que es increíble y glamurosx.

Hijx Drag
También conocido como Hijo, Hija o Hijx Drag **(Drag Son, Drag Daughter)**, es alguien a quien se le enseña el arte de hacer drag a través de la mentoría de unx Madre o Padre Drag.

Este término en específico se refiere a la primera vez en la que una persona vive el cambio de su propia apariencia de su persona cotidiana a una drag queen, aconsejadx y guiado por alguien que tiene más experiencia en el sector. Después de esta primera experiencia, la nueva queen sigue siendo un hijx drag con la diferencia que sus padres representan un modelo de inspiración, mentoría y consejo a lo largo de la propia carrera. Cada persona puede tener más de un mentor, y eso acaba convirtiéndose en la propia Familia Drag.

Heather
Traducido como "brezo", deriva de la película Heathers, y se usa para identificar a un grupo de Drags o de chicas guapas.

Madre o Padre Drag
Suele ser una figura que introduce a un hijx en la cultura drag, la persona que ayuda a que se vista como su personaje por la primera vez y su mentor.

Slang Drag:

"Cooking and Baking"

Traducido como "cocinar y hornear", se refiere al momento de la transformación desde la propia persona al personaje Drag en el que una persona se está maquillando y ha llegado al pasaje de echarse polvos para matizar y solidificar la base. Durante este proceso, lx Drag seguirá cambiándose y procederá en su transformación de vestimenta, para luego terminar su propio maquillaje. Este momento intermedio de espera se le identifica como "cocinar y hornear".

"Banjee"

Término popularizado por el programa RuPaul's Drag Race, es una palabra que nace en los años 80 de uso callejero usado por la comunidad negra y latina para describir a hombres con una fuerte apariencia masculina y musculada.

"Werk"

Es un elogio en una situación en la que ves a alguien haciendo algo increíble, en la que una reacción muestra entusiasmo y apoyo hacia lx ejecutante. También se trata de la forma en la que se usa y dice la palabra, la emoción que usa para transmitir el mensaje que se desea transmitir.

Las personas de color queer crearon esta lengua vernácula porque crecieron rodeadxs de miembrxs de la propia familia que tenían una cierta forma de expresarse que se caracterizaba por su sencillez y sonoridad. Según se adentra unx en el mundo LGTBQ+ se puede apreciar cómo los hombres de color queer han seguido usando estas palabras de forma más juguetona y que ha ido encajando con las características excéntricas de su comunidad. Pero esta solo es la evolución de dichas expresiones que de un entorno hogareño han llegado a formar un rol importante para una comunidad internacional mucho más amplia.

"Yaass"

Traducido como un "Sí" con mucho énfasis, es término que se origina en la cultura de los ballroom de final de los años 80 en Nueva York, creada por personas negras y latinas.

Esta exclamación muestra una emoción espontánea que era usada a lo largo de las exhibiciones para mostrar entusiasmo y apreciación al espectáculo que se estaba viendo. En la actualidad, este término se ha expandido al entretenimiento de la vida nocturna, desde los bolos de drag queens a los entornos queer de forma más general.

Esta ampliación del término, y en cierto caso, apropiación del mismo, suponen una expansión de la jerga de las personas angloparlantes con descendencias latinas y africanas, que formaban parte del colectivo.

"Kween"

Es un deletreo alternativo de "queen", además de un conjunto entre "King" y "queen".

"To read somebody"

Significa "decir algo a esa persona/sobre ellxs mismxs". Cuando estás leyendo a alguien, estás dando a esa persona una mirada dentro de quienes son y se suele hacer con "shade" (traducido como "sombra", figurativamente se está tapando y oscureciendo a la persona.) se puede leer a alguien de forma amable o más ruda, a veces rozando el insulto. Puede ser una frase unilateral, o convertirse en un diálogo, es decir, en una "batalla de reads" en la que finalmente una de las dos partes gana.

Shade

Es una derivación de "**Reading**", la cual se considera la verdadera arte de insultar.

Ejemplo:
"No tengo que decirte que no eres guapx, ya lo sabes."

Serving Face

Literalmente "dar la cara" en inglés, se refiere a las poses o exhibiciones cuyo foco central se desarrolla en torno a la cara, denominada **mug**, y a sus expresiones. También existe **Serving Look,** es decir, presentarse con una combinación de ropa que destaca por su unicidad.

Purse First
Traducido al inglés como "primero el bolso", es una pose de entrada que se puede aplicar desde las pasarelas, a los escenarios, a la vida real, en la que una persona distiende primero el propio brazo sujetando el bolso en dirección de donde quiere dirigirse y luego empieza a andar hacia esa dirección.

Opulence
Significa que esa persona lo consigue y posee todo.

Otros ejemplos de términos AAVE son **extra, fierce, "here for it", "looking like a snack"** (estar como un queso), **thirst, thicc, shook, on point**. También se pueden ver incorporados online con palabras como **as fuck / af, boi.**

Squirrel Friends
Traducido del inglés como "amigxs ardilla", representa un grupo de amigxs que están siempre juntxs e intercambian sus propias vivencias personales.

Tea
Traducido del inglés como "té", además de ser una bebida, se usa como sinónimo de "gossip/salseo".

The Children
Literalmente "los hijxs" es un término paraguas usado por las Drag tanto hacia otras Drags y personas queer, como a su público en general.

Tucking
Literalmente "remeter", también conocido como **Meaty Tuck**, traducido como "remeter la carne", es el pliegue que hacen las Drag para esconder temporalmente sus genitales para crear la ilusión de no tener respectivamente un pene, una vagina o unos pechos.

El tucking también puede practicarse entre personas trans que deciden no operar sus propios genitales o que lo practican como solución temporal antes de poder operarse.

Untucking
Es el proceso opuesto a tucking.

Puta o Zorra

Usado en inglés como **"bitch"**, es un término derogatorio utilizado para insultar a mujeres quienes se consideran rencorosas, maliciosas y autoritarias.

Tanto los hombres GBT+ como los hombres que se dedican a hacer transformismo, han reclamado esta palabra para usarla de forma tanto despectiva como cariñosa hacia otros hombres queer y/o drag queens. Estas personas consideran oportuno usar este término ya que su identidad pone en discusión la presentación y forma de vivir la masculinidad normativa.

OTRXS REPRESENTANTES

Activista

Es una persona que, dentro de una sociedad o un grupo político o social, se dedica a la propaganda y a promover las actividades de lxs asociadxs. O un militante de un movimiento.

Aliadx (Ally)

Un aliadx es una persona, normalmente heterosexual, cisgénero y/o que se encuentra fuera del colectivo LGTBQ+, que apoya, respeta los miembros de la comunidad LGTBQ+ como si formara parta de ella.

Lo que destaca en un aliadx es su participación activa y en primera línea en las lucha y defensa de los derechos de las personas queer. El rol del aliadx en cualquier situación de activismo, seria de ayudar y elevar el grupo oprimido, normalmente a través del lugar de privilegio desde donde se encuentra quien proporciona la ayuda.

En algunos casos una persona también puede definirse como aliadx y en realidad formar parte del colectivo, es una manera para que la persona se sienta cercana a las causas políticas, sociales, culturales y económicas de este grupo sin sobreexponerse. Estos casos se dan cuando la persona no desea hacer coming out, ya sea por razones personales o por su entorno que no le concede apoyo y/o seguridad como para hacerlo.

Colega
Existe la distinción entre aliadx y colega, persona con la que se mantiene una relación de amistad o de trabajo, que marca la diferencia de un aliadx-activista, es decir que escucha a las personas que forman parte de minoría para que se las pueda oír, a aquellas que viven el trabajo de activismo como una aportación personal. O se consideran personas que, si respetan a lxs pertenecientes al colectivo, pero no se posicionan socialmente ni se convierten en figuras sistematizadas de apoyo.

Defensorx (Advocate)
Es una persona que participa activamente en la labor de educar personas sobre temas en particular, cuyo deseo es terminar la intolerancia y apoyar la igualdad social entre grupos marginalizados.

SOFFA
Es un término paraguas con el que se incluyen todas aquellas personas importantes para un individux LGTBQ+, que lx apoyan. Es decir, familia, amigxs, aliadxs, profesionales, desconocidxs, etc.

LOS PRONOMBRES

Los Pronombres son palabras que sustituyen al nombre para evitar su repetición. Es decir, señalan o representan a personas, cosas o hechos que son conocidos por el que habla y el que escucha. Existen distintas clases de pronombres: demostrativos, posesivos, indefinidos, relativos, numerales, interrogativos y exclamativos. Sin embargo, se desarrolla la función de los pronombres personales. Estos pronombres sustituyen a las personas gramaticales y van delante de los verbos.

Pronombres Personales	Yo, tú, el ella, nosotros/nosotras, vosotros/vosotras, ellos/ellas

Los pronombres se usan en el habla y escritura diaria, para sustituir el nombre de las personas, objetos o animales, solemos usarlos sin darnos cuenta que están tomando posesión de nuestra frase. A menudo cuando hablamos en tercera o en sexta persona, estos pronombres implican un género. El lenguaje es una herramienta de comunicación, al igual que la sociedad avanza, la forma de comunicarnos sigue su crecimiento y evolución con ella.

El neutro universal masculino se nos ha sido impuesto por el desarrollo de nuestro idioma, que no hace otra cosa que reflejar las dinámicas de nuestra sociedad en la que predomina un liderazgo masculino cuyo poder se refleja en dinámicas autoritarias, mensajes subliminales y en la forma de hablar. Esto no solo pasa en un contexto de sexismo, sino de falta de igualdad de género y de binarismo. Al ser una forma de hablar que se interioriza, a menudo se olvida que también puede subir un cambio.

Las personas que deciden emplear giros no sexistas del lenguaje están trabajando de forma activa por unos principios igualitarios. Una buena alternativa frente a la concepción androcéntrica del lenguaje es cambiar el uso del masculino genérico por uno general que no excluya a las mujeres, tal y como se hizo al sustituir "derechos del hombre" por "derechos humanos". Ahora se quiere avanzar todavía más, incluyendo en el lenguaje a todas aquellas personas que no se identifican con ninguno de los géneros anteriores, o a aquellos grupos que incorporan más de un género.

Declinación Normativa	Masculino: Los presidentes, el alumno Femenino: Las presidentas, la alumna Plural: Los presidentes, los alumnos

EL GÉNERO NEUTRO

Un lenguaje de género neutro o de género inclusivo, es un idioma que evita la declinación de las palabras hacia un sexo o un género social. Existen palabras que son género específicas, como pueden ser el camarero y la camarera, ambas palabras especifican un género. En cambio, hay otras que son género no específicas como puede

ser auxiliar de vuelo u oficial de policía. También existen excepciones con palabras como el batería o el amante que no declinan el género.

Históricamente, el uso de pronombres masculinos en lugar de genéricos se consideraba no sexista, pero varias formas de lenguaje neutral en cuanto al género se convirtieron en una característica común en las versiones escritas y habladas de muchos idiomas a fines del siglo XX. A seguir de la oleada feminista de los años 70, se desarrolló el pensamiento que sostiene que la práctica de asignar el género masculino a antecedentes genéricos provenía del lenguaje que reflejaba los prejuicios de la sociedad en la que evolucionó, y el idioma evolucionó durante la mayor parte de su historia en una sociedad patriarcal centrada en los hombres.

Durante esos años el movimiento de igualdad de género amplió su lucha también sobre lenguaje neutral en cuanto al género que se estableció para reformar el lenguaje sexista existente, se decía que excluía y deshumanizaba a las mujeres. En la década de 1980, se hicieron muchos esfuerzos para reformar el lenguaje androcéntrico. Esta determinación ha logrado alcanzar un género neutro que ha alcanzado algunos entornos académicos y gubernamentales para transmitir la inclusión de todos los sexos o géneros. Esto es lo que se conoce como lenguaje inclusivo de género, el que pone a hombres y mujeres de forma igualitaria ante la palabra.

Declinación Igualitaria Inclusiva	Masculino: Los presidentes, el alumno Femenino: Las presidentas, la alumna Plural: Los presidentes y las presidentas, los alumnos y las alumnas

Sin embargo, ahora que se puede ver muy bien reflejado en el marketing de juguetes, que cada día más se alejan de la estética binaria de género, en la moda y, por lo tanto, en el código de vestimenta y en la educación social y escolar, con cambios que ya no dividen los baños, los deportes y otras muchas actividades y espacios según el género. Esta relación entre la identidad de género social y las actividades, los espacios y las formas de pensar traza una línea directa entre las que creemos ser nuestras creencias y la opinión social. Somos lo que nos rodea, lo que pensamos y, por lo tanto, lo que decimos.

Estas asociaciones no siempre son precisas o útiles. La condición humana es compleja al igual que su identidad, no se acostumbra a vivir en la diferencia o en la tolerancia, por lo tanto, hasta ahora no se ha conseguido interiorizar un mecanismo que no dé a entender la identidad de género por una persona por otro medio que no sea su expresión de género o su sexo.

Por ejemplo, una mujer con una expresión de género femenina difícilmente se le hablará de él y viceversa con un hombre, porque representan el ideal social binario. Sin embargo, con personas que no se sienten reflejadas según el ideal estético social que refleja el binarismo femenino y masculino surgen, por llamarlas de alguna forma, confusiones. Pese a cierta obstinación por querer ver el mundo en blanco y negro, estamos rodeadxs de grises.

Confundir o asumir los pronombres de una persona sin preguntar primero, confunde su género y envía un mensaje dañino, usar los pronombres de género correctos de alguien es una de las formas más básicas para mostrar su respeto por su identidad. Se ha intentado dar a entender que las personas vienen preconfeccionadas: niños que usan el pronombre "él" y visten de azul, niñas con lazos en el pelo a las que se habla de "ella". Afortunada o desafortunadamente, no es así. Al igual que la identidad de género de una persona no es determinada por su sexo biológico al nacer, tampoco lo son su presentación estética, su forma de ser y también sus pronombres.

Femenino	Masculino	Género Neutro
Hermana	Hermano	Hermanes
Madre	Padre	Padres

Este proceso de aprendizaje puede ser complejo, ya que exige una dedicación completa al cambio, queriendo de-construir una concepción de género y de vocablos que ya no refleja toda la sociedad.

Un pronombre neutral de género o inclusivo de género es un pronombre que no asocia un género con el individuo que se está discutiendo. Algunos idiomas no tienen un pronombre de género neutral o de tercer género disponible, esto ha supuesto un problema para el colectivo de personas no binarias, ya que, en muchos casos, cuando toca referirse a un individux no les queda otra opción que declinarlo con su supuesto género. Además, la dicotomía de "él y ella" no deja espacio para otras identidades de género, lo cual es una fuente de frustración para las comunidades trans y queer.

Declinación Inclusiva con Género Neutro	Masculino: Los presidentes, el alumno Femenino: Las presidentas, la alumna Género Neutro: Les presidentes, el alumne Plural: Los presidentes, los alumnos; las presidentas, las alumnas Plural Género Neutro: Les presidentes, les alumnes

GÉNERO PLURAL INCLUSIVO NEUTRO

En 1795 en Estados Unidos, las autoridades lingüísticas, entre otrxs Lindley Murray, Joseph Priestly y Hugh Blair, hicieron una campaña contra las irregularidades en el uso de pronombres. Para solucionar el problema se plantean dos soluciones que comportan crear nuevas palabras y declinaciones, o llegar hacia un género neutral a través de construcciones sintácticas diferentes que no requieran acuñar palabras. En este caso, esto solo se puede hacer en tercera persona del singular mediante el uso de términos compuestos como "su".

Ejemplo:
Está automatizado el "diagnóstico" del género cuando hay un encuentro con alguien que no nos es familiar. Si parece una mujer se le hablará de ella, y si es un hombre de él. Ahora que el activismo de los pronombres ha alcanzado la sensibilización en entorno también fuera del contexto del colectivo, si es importante no dar por hecho una identidad, la binariedad ya nos es la base de partida.

"Mi novio todavía no sabe qué carrera estudiar" o "Mi amiga y yo vamos a salir esta tarde."

Parece imposible deshacernos del género ante situaciones en las que se necesite usar un plural inclusivo, como puede ser en una conferencia o en una clase donde haya alumnxs de más de una identidad – razón por la cual usar "todos" nunca será una buena opción, a menos que sea un grupo de personas las cuales todas se identifiquen como hombres. Puede ser una buena solución usar palabras genéricas o llegar al mismo sujeto rodeando el concepto al que estamos acostumbradxs a referirnos, por lo tanto, ya no se usará "novio", sino que otros sinónimos, parece complejo, pero como todo, solo es cuestión de practicarlo y de transformarlo en una costumbre.

"Mi pareja todavía no sabe que carrera estudiar" o "La persona con la que estoy saliendo todavía no sabe en qué centrar sus estudios."

Los gramáticos desde 1879 hasta los años 70 han aceptado "ellos/ellas" como un término singular que podría usarse en lugar de "él" o "él o ella", aunque a veces lo limitan a construcciones informales. Otros argumentaron en contra, aun así, independientemente de la opinión de los gramáticos, las personas han estado usando el singular "ellos" durante los últimos 600 años, solo se puede aplicar en ciertos casos, si no se adoptan nuevos pronombres neutrales en cuanto al género, este debate seguirá permaneciendo abierto y en activo. No se está tratando con un idioma muerto, sino con una exigencia que refleja la evolución de la humanidad en la sociedad actual.

LOS PRONOMBRES APLICADOS A LOS IDIOMAS

Las personas que están limitadas por idiomas que no incluyen pronombres de género neutro han intentado crearlos, en aras de una mayor igualdad. No es una información académica, sino que es un movimiento joven que ha encontrado su cuna en redes sociales entre lxs individuxs que se han visto afectadxs por esta falta de representación en el idioma, que sigue expandiéndose en otros contextos.

Todxs tenemos claro el concepto de qué es una planta, tanto a nivel estético, como de género, se sabe cómo tratarla y cuáles son los cuidados que necesita recibir para que se la identifique de esta forma. Bien, por un momento imaginemos que esa "cosa verde que a veces tiene también colores" ya no tiene nombre, ¿se buscaría una forma para identificarla o encontrándonos frente a un bosque fingiríamos que no existe tal exigencia? Pues este caso presenta la misma paradoja y exigencia.

Género Singular

Ella

Pronombre femenino que se utiliza con aquellas personas que se identifican con la identidad de mujer (que se diferencia de la expresión de género femenina), ya sea por su sexo biológico, por su expresión de género y/o por su identidad de género.

Ejemplo:
Ella ha ido a una tienda a comprarse un gorro. Hoy la he visto mientras lo llevaba.

Él

Pronombre masculino que se utiliza con aquellas personas que se identifican con la identidad de hombre, ya sea por su sexo biológico, por su expresión de género y/o por su identidad de género.

Ejemplo:
Ayer él fue a comprarse un gorro. Hoy le he visto mientras lo llevaba.

Persona	Definición	Número	Pronombres
3º Persona	Nombra a las personas o cosas de las que se habla.	Singular Plural	El, ella, ello, lo, la, los, las, le, les, se, si, consigo Lo, las, les, sí, consigo

Género Singular Inclusivo Neutro

Elle/Le/Su (They/Them/Theirs)

Pronombre de género neutro que se utiliza con aquellas personas que se identifican con la identidad de género neutro, ya sea por su sexo biológico, por su expresión de género y/o por su identidad de género.

Ejemplo:
They went to the store and bought themselves a hat. I saw them wearing their hat today.

Elle ha ido al supermercado para comprarse para le misme un gorro. Hoy les he visto llevar su gorro.

La traducción respectiva de "elle" en un contexto internacional es "they". Estos pronombres se pueden usar tanto de forma singular como plural. Aunque se acostumbre a interpretar "they" en plural, la neutralidad que adquiere es que ahora junta todo lo que existe entre medias del espectro femenino y el masculino. En el caso de referirse a un grupo de personas con el elle plural, se da la posibilidad de que se esté hablando a dos tipos de conjuntos: en el contexto de un grupo de personas no binarias o que sí se identifican con un sexo biológico binario, pero no con una identidad de género binaria.

> Ejemplo:
> ¿Todavía no ha llegado elle? O ¿Todavía no han llegado todes, vamos a esperar esperarles?
> Aquí el grupo sujeto es exclusivo hacia las personas que se sientan representadxs e identificadxs en la neutralidad de los pronombres.

Al ser que algunas personas angloparlantes encuentran confuso el uso de they/them, que no deja de significar "ellxs", se ha empezado a aplicar el uso del pronombre neutral singular de tercera persona **thon.** Esta palabra es una contracción de "that one", es decir "ese", y fue creada por el compositor Charles Crozart Converse en 1858.

O grupos de personas que incluyan tanto individuxs que encuentran una representación efectiva bajo la binariedad, como los que no.

> Ejemplo:
> Inma saludó a todes sus alumnes o Inma saludó a todos, todas y todes sus alumnos, alumnas y alumnes.
> En este uso se juntan las personas que se identifican como hombres, mujeres, y otrxs que se identifiquen en un punto intermedio.

Neopronombres

"Nuevos" pronombres, opuestos a los tradicionales.

- **Ve/Ver** > Pronombre neutral que nace de la derivación de él/él y ella/ella.

- **Ne/Nir** > Pronombre neutral que nace de la derivación de él/él y ella/ella.

  Ejemplo:
  Ve es buenx persona. O, Nir nos saludará en un momento.

Otras Opciones

No obstante, el uso del género plural inclusivo se centre principalmente en el uso de la vocal **E**, también existen otras opciones específicas que a la hora de declinar utilizan la vocal **U**. Sin embargo, existen corrientes que hasta a la hora de declinar, prefieren mantener una neutralidad más radical, y por eso utilizan símbolos no declinables y neutros, como son la **X** y el *.

Vocales Para declinar.	**E** (Español), **U** (Italiano) Ejemplo: Todes, Tuttu
Otros Para mantener, hasta en un contexto neutro, una neutralidad todavía más marcada.	**X**, * (Internacional) Ejemplo: Todxs, Tutt*

El Grupo Ze

Corresponden al grupo de pronombres neutros ingleses que sustituyen "el" y "ella" en un contexto neutro. Estos pronombres están indicados para aquellas personas quienes no se identifican completamente con un género femenino o masculino, pero si comparten algunas características. Por lo tanto, no usan la declinación tradicional, sino esta adaptación dentro de las declinaciones neutras, la cual mantiene una aptitud neutral no obstante tenga una leve inclinación hacia un lado respecto a otro.

- **Ze/Hir/Hir** (He/Him/His, El)

  Ejemplo:
  Ze went to the store to buy hirself a hat. I saw hir wearing hir hat today (Ze ha ido a la tienda para comprar a hir un gorro. Hoy ze he visto llevándohir.)

- **Ze/Zem/Zir** o **Ey/Em/Eir** (She/Her/Hers, Ella)

  Ejemplo:
  Ze went to the store to buy zirself a hat. I saw zem wearing hir hat today.
  (Ze ha ido a la tienda para comprar a zem un gorro. Hoy ze he visto llevándozir.)
  Ey went to the store to buy emself a hat. I saw em wearing eir hat today.
  (Ey ha ido a la tienda para comprar a em un gorro. Hoy ey he visto llevándoeir.)

Aun así, sigue habiendo personas que prefieren usar un género neutro general como sucede con "They/their", o con la declinación neutra de esta agrupación "Xe/xem".

- **Xe/Xem/Xyr** (They/Them/Theirs - Ellxs)

  Ejemplo:
  Xe went to the store to buy xemself a hat. I saw xyr wearing xyrs hat today.
  (Xe ha ido a la tienda para comprar a xem un gorro. Hoy xe he visto llevándoxyr.)

Es cierto que, aunque las declinaciones de este grupo resulten familiares dada la estructura parecida con los pronombres con los que se estructura todo idioma por defecto, muchas personas que utilizan activamente estos pronombres no siguen necesariamente la diferencia que se propone para distinguirlos a nivel teórico. Prevale la percepción personal de pronombres y no la gramatical, por esta razón muchas personas queer pueden sentirse a gusto con más de un pronombre porqué de alguna forma siguen sintiéndose identificadxs en ambas situaciones.

Ejemplo:
Puedes dirigirte a mí hablándome de ella y de elles.

Los Pronombres Spivak
Son un set de pronombres de género neutro que han sido promulgados por la comunidad online LambdaMOO basándose en la propuesta del matemático Michael Spivak.

Todavía se encuentran en fase de discusión, ya que hay dos propuestas principales para la declinación. Sin embargo, queda claro que este lenguaje neutral es de uso exclusivo para todas aquellas personas no binarias o que no se identifican con los pronombres femeninos, masculinos y/o con el plural inclusivo neutro.

- **Ey, Em, Eir** (Elle)

  Ejemplo:
  Ey went to the store to buy a hat. I hugged em. Eir thanked me.
  Elle ha ido a la tienda para comprar un gorro. Le abrazé. Elle me dio las gracias.

Pronombres Binarios y de Género Neutro					
	Sujeto	Objeto	Adj. Posesivo	Pronombre	Reflexivo
Ella (She)	Ella	La	Mi	Mia	
El (He)	Él	Lo	Mi	Mio	
Elle (They)	El	Le	Mi	Mie	Mesme (misme)
Ze	Ze	Hir	Hir	Hirs	Hirself
Ze	Ze	Zem	Zir	Zirs	Zirself
Xe	Xe	Xem	Xyr	Xyrs	Xemself
Ey	Ey	Em	Eir	Eirs	Eirself

CONCEPTOS RELACIONADOS

Lyss

Basado en el término inglés "lass" y pronunciado como "li-ss", esta es una forma específica de referirse a una persona cuya identidad se encuentre entre la femenina y la neutra.

Ejemplo:
Lyss are walking the dogs.
(Lyss está paseando a los perros.)

Nombre Proprio

Algunas personas prefieren deshacerse formalmente de los pronombres, por lo tanto, se identificarán solo bajo el nombre con el cual decidan presentarse, no necesariamente con el que les ha sido dado al nacer.

> Ejemplo:
> Ashley ate Ashley's food because Ashley was hungry.
> (Ashley ha comido la comida de Ashley porqué Ashley tenía hambre.)

PGP (Pronombres de Género Preferido)

Esta sigla es una abreviación que se utiliza a menudo en un contexto de presentación. Cada vez más se está convirtiendo en una práctica automática la de añadir ante un contexto de presentación personal como son los pronombres personales.

Como los pronombres no son algo que se puede dar por hecho, es conveniente crear un lugar a lo largo de un intercambio entre personas en el que se hable de ello.

> Ejemplo:
> Hola, me llamo Pilar y prefiero que me hables de ella. Oh, Hola, me llamo Pilar y mi pronombre es ella.

Las introducciones verbales son una gran oportunidad de sacar a la luz el tema de los pronombres, otra grande forma de actuar puede ser incorporar en los textos y mensajes, que se intercambian hacia fuera, un uso del género neutro inclusivo. Esta predisposición no solo demuestra una actitud de tolerancia y escucha, sino una abertura al diálogo. Al ser que los pronombres no son un elemento de la identidad de la persona, como muchas otras, que se pueden asumir o deducir. En un primer momento, este acercamiento será incómodo y forzado para aquellxs que no lo practiquen de forma común, sin embargo, será un gran punto a favor para quienes lo reciben.

Escrito	Oral
Incorpore pronombres de género en el uso diario, como puede ser escribiendo mensajes/cartas/textos hacia un amplio grupo de personas, en el cual no se pueda saber con exactitud el género de cada unx.	Oralmente se puede abordar el tema haciendo preguntas, tanto de forma directa, como indirecta, usando a nuestra propia persona como:
Edita la firma de correo electrónico o tu nombre en redes sociales, incluyendo tus pronombres al lado. Ejemplo: Elena G., Ella/Elle o Bea R., Ella	¿Mis pronombres son Él, pero no me importa que me hablen de Elle? O preguntando directamente: ¿Qué pronombres usas?, ¿Cómo te gustaría que me refiera a ti/que te llamara?, ¿Puedes recordarme qué pronombres te gustan para ti?

LISTA DE TODOS LOS TÉRMINOS

D

E

F

G

H

I

J

K

L

M

N

O

P

Q

R

S

T

U

V

W

X

Z

Símbolos

BIBLIOGRAFÍA RECOMENDADA

A continuación, indico algunas de las lecturas que han sido necesarias para la profundización de los temas que ha contenido el libro. Decido compartirlas con vosotrxs para que podáis desarrollar y profundizar sobre el mundo LGTBQ+, las identidades de género, las orientaciones romántico-sexuales y relacionales, la sexualidad de forma independiente y personal.

Al tratarse de una guía nuestro objetivo es crear un lugar de encuentro para todos estos conceptos, por esta razón somos conscientes que hay otros lugares y muchos materiales de los que podéis disfrutar para sumergiros en la categoría que más os llame la atención, las cuales han sido estudiadas y profundizadas de ante mano por profesionales y expertxs en cada disciplina. Por lo tanto, vale la pena echarles un vistazo de forma profundizada ya que nuestro proyecto quiere ser el primer paso de formación hacia un mundo y un camino mucho más complejo y amplio.

HISTORIA LGTBQ+

- Meg John Barker, Julia Scheele, *Queer: A Graphic History (Introducing...)*
- Matthew Riemer, Leighton Brown, *We Are Everywhere*
- Ashley Molesso, Chessie Needham, *The Gay Agenda - A History Of The LGBTQ+ Community*
- New York Public Library, *The Stonewall Reader*
- Pandora Mirabilia, Mar Guixé, *Feminismos y LGTBQ+*, ¡Imparables!
- Amelia Abraham, *Queer intentions: A (Personal) Journey Through LGBTQ+ Culture*
- Adam Ely, *The New Queer Conscience*
- Beatriz Preciado, *Queer: Historia de una Palabra*

- Ramón Martinez, *Lo Nuestro si que es Mundial: Una introducción a la historia del movimiento LGTB en España*
- Susan Stryker, *Transgender History: The Roots of Today's Revolution*
- Hugh Ryan, *When Brooklyn Was Queer*
-Beatriz Gimeno, *Historia y Análisis Político del Lesbianismo*
- Queer Grief Zine, *Queer Grief: Death and Grief in the LGBT+ Community*
- Roberta Marrero, *We Can be Heroes: Una Celebración de la Cultura LGTBQ+*
- Juan-Ramón Barbancho, *Cicatrices en la Memoria – Testimonios de Infancias LGTB Robadas*
- Víctor Mora, Geoffroy Huard, *40 Años Después: La Despenalización de la Homosexualidad en España*
- Raymond Luczak, *QDA: A Queer Disability Anthology*
- Gracia Trujillo, Eva Abril, *Maternidades Cuir*
- Ramón Martínez, *La Cultura de la Homofobia*
- Èlisabeth Lebovici, *Sida*
- Alex Espinoza, *Cruising: Historia Intima de un Pasatiempo Radical*

ORIENTACIONES SEXUALES

- Carol Queen, Lawrence Schimel, *PoMosexuals: Challenging Assumptions About Gender and Sexuality*
- COGAM, *Guía Educativa sobre Diversidad Afectivo-Sexual e Identidad de Géneroo*
- COGAM, *Respuestas sobre la Orientación Afectivo-Sexual y la Identidad de Géneroo*
- Elizabeth Lapovsky Kennedy, Madeline D. Davis, *Boots of Leather, Slippers of Gold: The History of a Lesbian Community*
- Gabriel G. Martín, *Gay Sex: Manual obre Sexualidad y Autoestima para Hombres Homosexuales*
- Ignacio Elpidio Domínguez Ruíz, *Bifobia: Etnografía de la Bisexualidad en el Activismo LGBT+*
- Meg John Barker, Julia Scheele, *Sexuality: A Graphic Guide (Introducing...)*
- Maja Kobabe, *Genderqueer: A Memoir*
- Ph.D. John Dececco, Michael Shively, *Origins of Sexuality and Homosexuality: Critical Theoretical Issues (Research on Homosexuality)*
- Leslie Geinberg, *Stone Butch Blues*
- Julie Sondra Decker, *The Invisible Orientation: An introduction to Asexuality*

ORIENTACIÓNES ROMÁNTICAS

- Coral Herrera Gómez, *La Construcción Sociocultural del Amor Romántico: 323*
- Errico Malatesta, *Amor y Anarquía*
- Elisa Coll, *Mitos del Amor Romántico: Causas, Consecuencias y Alternativas*

IDENTIDADES DE GÉNERO

- Alex Iantaffi, Meg-John Barker, *Cómo Entender tu Género: Una Guía Práctica para explorar Quién eres*
- Libertad 2004, *Manual para Defenderte del Adoctrinamiento de Género: Mi Testimonio Personal con el Adoctrinamiento en Ideología de Género dentro de las Aulas Españolas.*
- Iris Gottlieb, *Seeing Gender: An Illustrated Guide to Identity and Expression*
- Jacob Tobi, *Sissy: A Coming-of-Gender Story*
- Fox Fisher, Owl Fisher, *Trans Teen Survival Guide*
- Alok Vaid-Menon, *Beyond Gender Binary*
- Jack Halberstam, *Trans: Una Guía Rápida y Peculiar de la Variabilidad de Genero*
- Charlie McNabb, *Nonbinary Gender Identities: History, Culture, Resources*
- Lorenzo Gasparrini, *Diventare Uomini*
- Ma-Nee Chacaby; Mary Louisa Plummer, *A Two-Spirit Journey: The Autobiography of a Lesbian Ojibwa-Cree Elder*
- Mark Rifkin, *When Did Indians Become Straight?: Kinship, the History of Sexuality, and Native Sovereignty*
- Will Roscoe, *Changing Ones: Third and Fourth Genders in Native North America*

EXPRESIÓNES DE GÉNERO

- Diane Ehrensaft, *The Gender Creative Child: Pathways for Nurturing and Supporting Children who live Outside Gender Boxes*
- Felix Le Freak, *Serving Face*
- Sharon Brown, *Drag: The Complete Story*
- Jake Hall, Sofie Birkin, Helen Li, Jasyot Singh Hans, *The Art of Drag*

GÉNERO NEUTRO

- Archie Bongiovanni, Tristan Jimerson, *A Quick and Easy Guide to They/Them Pronouns*
- Casey Miller, Kate Swift, *The Handbook of Nonsexist Writing*
- María Martín, *Ni Por Favor, Ni Por Favora: Cómo hablar con lenguaje inclusivo sin que se note (demasiado)*
- Math Transnobinarie, *Género Neutro y Lenguaje Inclusivo: Una pequeña Guía Práctica*
- Universitat Autònoma de Barcelona, *Guía para el uso no Sexista del Lenguaje*
- Sally Hines, *Is Gender Fluid? A Primer of the 21st Century*

SEXUALIDAD

- AsexualityArchive.com, Asexuality: A Brief Introduction
- Rebecca Burgess, How to Be Ace: A Memoir of Growing Up Asexual
- Angela Chen, ACE – What Asexuality Reveals About Desire, Society, and the Meaning of Sex
- Califia, *Sapphistry: the Book on Lesbian Sexuality*
- David Córdoba, Javier Sáez, Paco Vidarte, *Teoría Queer: Políticas Bolleras, Maricas, Trans, Mestizas*
- Erwin J. Haeberle, *Atlas de la Sexualidad*
- Flo Perry, *Sexo como Quieras: Una Guía Ilustrada y Explicita*
- Félix López Sánchez, *Amores y Desamores: Procesos de Vinculación y Desvinculación Sexuales y Afectivos*
- Meg John Barker, Julia Scheele, *Sexuality: A Graphic Story (Introducing...)*
- Noemí Casquet, *Mala Mujer: La Revolución que te hará Libre*
- Tu Dedo Corazón: La Sexualidad Lesbiana
- Jüne Plā, Club Godo: Una Cartografía del Placer
- Juno Orche, *Queer Sex: a Trans and Non-Binary Guide to Intimacy, Pleasure and Relationships*

ORIENTACIÓNES RELACIONALES

- Brigitte Vasallo, *Pensamiento monógamo terror poliamoroso*
- Dossie Easton, Janet W. Hardy, Ética *Promiscua*

- Elisabeth Sheff, *When Someone You Love Is Polyamorous: Understanding Poly People and Relationships*
- Elisabeth Sheff, *Stories from the Polycule - Real Life in Polyamorous Families*
- *Franklin Veaux, Eve Rickert, More Than Two – A Practical Guide to Ethical Polyamor*
- Franklin Veaux, *Más allá de la Pareja. Una Guía para el Poliamor* Ético
- Marina Beloki, Tikva Wolf, *Poliamor: Lo mejor de Kimchi Cuddles (La pasión de Mary Read)*
- Oh! Mami Blues, *Familias*
- Tristan Taormino, *Opening Up: Una Guía para Crear y Mantener Relaciones Abiertas*
- Janet Hardy, *The Ethical Slut: A Practical Guide to Polyamory, Open Relationships and Other Freedoms in Sex and Love*
- VV. AA., *(H) Amor 1, 2, 3*
- Kathy Labriola, *The Polyamory Breakup Book: Causes, Prevention, and Survival*

CRECIMIENTO PERSONAL

- Elisabeth Sheff, *Apuntes sobre el Poliamor: Una Guía para comprender a las Personas Poliamorosas*
- Daniel Valero, *LGTB para Principiantes (100 Preguntas y Respuestas para saberlo todo sobre el colectivo)*
- Eve Kosofsky Sedgwick, *Epistemology of the Closet (Teoría Queer)*
- Golfxs con Principios, Umbrella Coaching, *Aclarar tu Orientación Relacional*
- Grayson Perry, *La Caída del Hombre*
- Meg-John Barker, *Reinventa las reglas: Una guía de anti-autoayuda sobre el amor, el sexo y las relaciones*
- Octavio Salazar, *El Hombre que no Deberíamos ser*
- Ph.D. Vivienne Cass., *A Quick Guide to the Cass Theory of Lesbian & Gay Identity Formation*
- University of South Dakota, *The Spectrum Model Of Sex, Gender and Sexuality*
- Paula Alcaide, *Como Superar un Bollodrama*
- Robert McRuer, *Crip Theory: Cultural Signs of Queerness and Disability*

- Kathleen Y. Ritter, Anthony I. Terndrup, *Handbook of Affirmative Psychotherapy with Lesbians and Gay Men*
- Kathy Labriola, *The Jealousy Workbook: Exercises and Insights for Managing Open Relationships*
- Juno Dawson, *This Book Is Gay*
- Janine Rodiles, *Un Mundo sin Tabú: Diversas Sexualidades*
- Joan Roughgarden, *Evolution's Rainbow: Diversity, Gender and Sexuality in Nature and* People

SIMBOLOGÍA

- Andy Campbell, *Queer x Design: 50 years of Signs, Symbols, Banners, Logos, and Graphic Art of LGBTQ*

OTROS DICCIONARIOS

- Ashley Mardell, *The ABC's of LGBT+ (Gender Identity Book for Teens)*
- Harriet Dyer, *From Ace to Ze: The Little Book of LGBT Terms*
- Morgan Lev Edward Holleb, *The A-Z of Gender and Sexuality*
- A. K. Andrews, Ace & Proud An Asexual Anthology
- Bartomeu Doménech, Sibil-la Martí, *Diccionario Multilingüe de BDSM*
- Mady G., J. K. Zuckemberg, *A Quick & Easy Guide to Queer & Trans Identities*
- Chloe O. Davis, *The LGBTQIA+ Dictionary of Lingo and Colloquial Phrases*
- Jorge Luis Peralta, Rafael Mérida Jiménez, *Palabras para una Tribu: Estudio sobre argot gay en España, Argentina y México*

ACTIVISTAS

Todo el temario que aborda nuestra guía corresponde a un mundo que está vivo, en plena evolución y cuyo desarrollo no ha terminado. Por eso es importante rodearse de creadores de contenido que estén especializados sobre nuestra área de interés para continuar formándonos, aprender más, y sobre todo poderlo aplicar a nuestra vida diría.

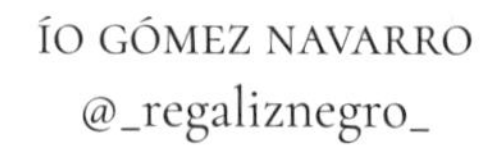

ÍO GÓMEZ NAVARRO
@_regaliznegro_

Ío Gómez Navarro (2000) crecide en las afueras de Madrid. Graduade en la carrera de Bellas Artes en la Universidad Complutense.

Se pueden apreciar sus trabajos en el poemario *Temas que mi madre no me deja tratar en la mesa*, o en sus fanzines *Autocuidado* y El *gusano en mi tripa* en los que entrelaza su pasión por la escritura y su propensión por el arte.

ANDREA MARTÍNEZ FERNÁNDEZ
@andreaylasexologia

Andrea Martínez Fernández (1989) originaria de Salamanca, está licenciada en Psicología por la Universidad de Deusto, en la rama de Psicología Clínica.

En la actualidad trabaja como terapeuta en Avance Psicólogos, como voluntaria en Educación COGAM y como divulgadora y formadora en Santa Mandanga y Sex Academy.

CLARA RICCI CURBASTRO
@thiisgirlhasnoname

Clara Ricci Curbastro (2004) alumna de excelencia, activista y actual estudiante de ciencias políticas en la Universidad de Amsterdam con enfoque en estudios de género y política queer.

ÍNDICE

PARTE II